Carnet de route de Gaby

TRANSCRIT INTÉGRALEMENT PAR SA MÈRE

Du 4 Août 1914 au 9 Mai 1915.

LIBRAIRIE EMMANUEL VITTE

LYON
3, place Bellecour, 3

PARIS
5, rue Garancière, 5 (VIe)

1918

Carnet

de route

de Gaby

Carnet de route de Gaby

TRANSCRIT INTÉGRALEMENT PAR SA MÈRE

Du 4 Août 1914 au 9 Mai 1915.

LIBRAIRIE EMMANUEL VITTE

LYON | PARIS
3, place Bellecour, 3 | 5, rue Garancière, 5 (VIe)

1918

BRIANÇON

Mardi, 4 août 1914.

Départ à 5 h. ½ de la maison. Me suis arraché des bras de mon père et de maman, ai pu leur cacher mon angoisse, leur ai crié : « Non, pas adieu ! mais au revoir ! »... La pluie se met à tomber. Bien triste ! Moral des camarades excellent. — Attente mortelle ! — Des bruits circulent : le régiment va au Maroc, à Gérardmer, à Besançon... De café en café, on va, pour s'étourdir. A 11 heures, on apprend qu'on partira seulement à 1 heure. — A*** m'annonce que ma mère a essayé de me voir une dernière fois. Pourquoi, mon Dieu, ne me suis-je pas trouvé là? Cela vaut mieux sans doute... Ne nous amollissons pas ! Je songe pourtant à toutes mes affections que je vais quitter peut-être pour toujours... Il *pleut* à torrents. — A une heure enfin, départ de l'Ecole de Santé.— Parqués à la gare jusqu'à trois heures. — Le « cafard » disparaît un peu. — Les Lyonnais nous font des adieux touchants. — Des fleurs et des branches accrochées au long des wagons. — Vienne, Valence, Livron, 9 heures. « Vous n'avez pas vu Guillaume? » — De Lyon à Livron, 2e classe ; de Livron à Briançon, wagons à bestiaux. Lenteur désespérante. — On essaie de dormir, impossible ! reins fourbus ; il fait noir comme dans un four. Un soldat, ayant travaillé en Luxembourg, nous tient constamment en gaieté. — Tout au long des voies, la territoriale monte la garde. — On agite des drapeaux, on applaudit, la foule sort les mouchoirs, trépigne ; les femmes envoient des baisers, des fleurs... C'est fini !...

Mercredi, 5 août 1914.

La lune a éclairé toute la nuit ; des buées ont monté du sol. La journée s'annonce splendide. — L'allure du train est celle d'une tortue. — Longs arrêts ; on ne voit plus personne ; il est vrai qu'il est bien matin. Je pense à beaucoup de choses que j'essaie vainement de chasser... Mon Dieu ! que c'est pénible d'être ainsi fait... — Veynes, 7 h. 40.—Des nouvelles de la guerre: bruits et contradictions. — Gap, réservistes 17e descendent. — Personne à la gare. — On va en pays perdu... Allure de charrette. — Arrêts longs comme un jour sans pain. — Les hommes ne parlent que de casser la g..... à Guillaume et aux Allemands. — Jeunes et vieux sont pleins d'enthousiasme. — A Chorges, on m'a demandé, me voyant écrire, si je prenais des notes pour un journal ; cela m'a fait plaisir. Par exemple, je revois les Alpes sans allégresse... De vieux souvenirs, pas très gais tous, affluent dans ma cervelle fatiguée par une nuit d'insomnie et un **voyage fatigant. — Des combattants de 70 parlent** de s'engager. C'est beau et réconfortant ! Aucun service d'ordre dans le train : les hommes ont pleine liberté, et chacun avec cela se montre discipliné. — A Prunières, on s'exerce au tir sur des bouteilles juchées sur des cubilots de bois. — Savines, 10 h. 50. — Ai aperçu quelques jolies filles. — Ovations. — Embrun, 1 h. 40, peu d'arrêt. — Vu à La Roche de Rame, la rame du train tamponné le matin : deux wagons enfoncés. — Arrivée à Briançon à 4 heures du soir. — Cantonné aux usines de la Chappe. Retrouvé camarades anciens et amis. Mais apprenons mauvaise nouvelle : on nous verse dans l'active. Passé, malgré tout, une assez bonne nuit.

Jeudi, 6 août 1914.

Pluie et temps couvert. Vais à Berwick. Suis affecté à la 9e Cie, sans affectation spéciale. Noir épouvantable !... Que de choses auxquelles je pense tristement ! Ma famille, mes amis, ma Nette, mon Yvonne, restée une bonne camarade, et mes souvenirs aussi !... Vais-je leur dire adieu pour toujours? — On m'a habillé dans la matinée.—Ce qui m'attriste, c'est que je n'ai point vu de jeunes gens avec qui je puisse lier connaissance. C'est un peu partout un brouhaha indescriptible : des territoriaux, des réservistes, de l'artillerie et du train ; du 110e, du 275e, du 16e, du 54e, du 159e, du 359e, etc. — Des hommes ne sont pas encore habillés. On couche sur la paille, à la diable, où l'on peut ! — Et les nouvelles de la guerre? Les bruits les plus fantastiques circulent : nous sommes à Colmar ! grandes batailles... et toujours des espions. — Ma tristesse se dissipe un peu. Il faut bien être philosophe !— J'écris à ma famille, à mes amis et amies. — Au soir, à 5 heures, je vais avec D*** et ses amis : nous dînons chez F***. Un bon moment, certes ! à passer ensemble. Mais qu'adviendra-t-il à la nuit? — Vu mon ancien capitaine L***. Je vais tâcher d'avoir un poste, mais cela me paraît difficile. — Dans les rues de Sainte-Catherine, le soir, un monde fou ; les cafés regorgent, on ne s'entend pas... — Une nuit divine ! Couché sur la paille avec un matelas dessus, au magasin : ce n'est sans doute pas souvent que cela m'arrivera !

Vendredi, 7 août 1914.

Temps superbe ! Aspect des casernes aussi touffu que les jours précédents. — Nous ne savons toujours pas ce que nous allons faire. On rôde, on tourne, on s'assied au soleil... et l'on songe à ceux qu'on a quittés !... — Ma famille n'a peut-être pas ma tranquillité d'esprit et doit se demander où nous en sommes. — Et ma Nette, pense-t-elle quelquefois à moi? Je suis presque plus sûr de l'affection d'Yvonne, et cependant, ce n'est pas vers elle que j'incline le plus. Le temps passé et notre amour défunt sont malgré tout toujours là entre nous deux... — Tous ceux que je chéris ont-ils reçu mes lettres? Sinon, on va me croire mort ou disparu. — Il arrive des hommes à tout instant et de tous les côtés. Vraiment ! chacun y a mis cette fois du sien. — Ma compagnie est cantonnée à la Boucle. Je la rejoins vers deux heures. Je n'y connais personne, et cela m'attriste au-delà de tout ce qu'on peut imaginer ! J'en ai même pleuré.. Un noir épouvantable m'a assailli... — Mis dans la 2e section, le capitaine me propose pour le dépôt. Au point où j'en suis, cela vaut mieux sans doute ! — Je couche à la Boucle, mais ne puis dormir ; il fait très froid, l'on est sur la dure, les uns sur les autres... et les puces me mangent !...

Samedi, 8 août 1914.

Réveil à 4 heures. — Visite médicale à 8 heures. Serai-je pris? On vient de m'envoyer au dépôt, je me demande pourquoi. D'un côté, j'en suis très heureux, quoique ne sachant trop ce qu'on va faire de moi. C'est qu'il faut s'attendre à tout ! Voilà donc encore un changement d'adresse, et les lettres que j'attends me parviendront-elles? — Je ne pense plus qu'à ceux que j'ai quittés... — A 11 heures, passe le 52e alpin de réserve. Il vient, paraît-il, de Paris, c'est bien douteux ! — J'ai mangé à la Boucle, puis enfin ai été versé à la 29e Cie de dépôt. — Les hommes y paraissent de meilleure fréquentation et plus serviables. — Capitaine bon enfant. — L'aspect des routes est curieux : ce ne sont que voitures de ravitaillement, charrettes, hommes de toutes classes et de tous régiments. — Tohu-bohu indescriptible, les cafés sont toujours pleins. — Couché sur un matelas, mais peu dormi.

Dimanche, 9 août 1914.

Commandé de garde à la gare. Toujours temps superbe..., et pas de lettres ! — Je garde un pont à un kilomètre de la gare. Je redoute la nuit. — Aperçu à la gare une amie, semble-t-il, de Lisette. On s'est regardé, mais pas causé. D'ailleurs, j'ai bien trop peur qu'on me trouve laid... et sale ! — Je songe toujours à Lyon et à ce qu'il renferme. — Ma Nette est-elle sérieuse? J'en doute fort, car, les premiers moments passés, la nature doit reprendre, il me paraît, le dessus. — Vu également en faction deux chevaux crevés qu'un camion transportait. — Quand reviendrons-nous à Lyon?..... — La gare est très animée et me procure ainsi quelques heures de distractions. — La garde de nuit sur la voie ferrée s'est très bien passée, mais il faisait froid, la lune brillait d'un éclat inaccoutumé. — Par tous les trains arrivent des mobilisés. — On a des dépêches de la guerre, nous sommes victorieux, on a poussé jusqu'à Mulhouse ! De tous côtés, on se soulève contre l'Allemagne ; l'Alsace est en ébullition. — Et les bruits de départ du 159e se **font plus nombreux, plus autorisés...**

Lundi, 10 août 1914.

Un ciel uniformément bleu, une chaleur accablante, une poussière épouvantable. — Je souffre énormément des pieds, depuis ces derniers jours surtout. J'ai de la peine à avancer, et j'ai bien plusieurs nuits de sommeil en retard ! Pourtant ! ce n'est guère la bombe qui me fatigue ! Où trouverais-je des femmes à mon goût, ou simplement des femmes? ... Le métier militaire a de ces rigueurs... — Moralement, je dois souffrir bien plus que la plupart de mes camarades. Voilà où conduit l'éducation intellectuelle ! — Au dépôt, l'on fait des corvées et l'on prendra la garde. C'est peu digne d'un vrai Français, mais quand j'irai au feu, il faudra se résoudre à marcher, même avec des gens qui ne me comprendront pas. Nul être à qui se confier ! C'est triste et décourageant... J'ai plutôt le « cafard » de me sentir pour l'instant ainsi inactif, un de ces impédimenta, comme il y en a tant ! — Je pense aux bons moments passés à Lyon, et j'en viens presque à regretter jusqu'aux vicissitudes de la grande ville et au bizarre caractère des femmes. M'ont-elles pourtant causé d'ennuis, celles-là ! — En revenant de garde, on m'apprend que j'ai une lettre. Vainement je la cherche. De qui peut-elle donc être?... — Nuit bonne, autant qu'elle puisse l'être.

Mardi, 11 août 1914.

Toujours le beau temps. — Il y a des hommes vraiment intéressants avec moi. J'entends d'une situation sociale équivalente à la mienne. Nous paraissons tous unis dans un même sentiment de confraternité. — Le bruit court que le 159e va partir à Sathonay. — Je vais m'occuper demain, de chercher un emploi dans un bureau, car je ne me sens guère capable de marcher et de faire des corvées. Mes pieds sont en capilotade. — Je cherche également ma place dans ma section, je ne sais encore à quelle escouade je suis. — Le mouvement des troupes diminue, la concentration est presque achevée, mais quel fouillis dans les compagnies de dépôt! Je viens d'avoir un moment de noir épouvantable... Il y a huit jours que je suis parti, et je n'ai eu aucune nouvelle des êtres qui me sont chers !... En leur écrivant, je viens de pleurer à chaudes larmes, au milieu de la chambrée. Je vais m'efforcer de ne plus songer à ma vie passée, sinon cela me bouleverse et me plonge dans la neurasthénie. Mon Dieu, ayez pitié de moi... Moralement, je souffre trop... je suis bien sûr de la tendresse et de l'affection de mes parents, mais de celle de Nette?... Si je pouvais savoir qu'elle a seulement une pensée pour moi par jour, j'en serais tout ragaillardi... — Des Alsaciens viennent d'arriver, ils s'engagent dans l'armée, sont reçus chaleureusement, et reçoivent le produit d'une quête. — Le noir me reprend ! Décidément, je suis bien repris par ma vie passée... Quelle envie de pleurer... Plus de vie de famille ! plus de baisers de ma mère... — On n'a pas le temps de se laver. Je suis repoussant de malpropreté. Maman !... Nette ! si vous saviez !... Je subis actuellement la plus dure des pénitences ; durera-t-elle longtemps? — Je ne sais comment faire pour expédier mes lettres et les faire parvenir à coup sûr ; cela augmente encore ma peine. Mon Dieu, quelle journée... — Le casernement est plein de puces, j'en suis couvert ; cela me rappellera bientôt la campagne de Russie... — Accoudé à la fenêtre, je revois mon passé si joyeux, et les larmes sont aux yeux ! — La soirée est complète : je pars en corvée de charbon ; j'en reviens pis un charbonnier... Quel métier !

Mercredi, 12 août 1914.

J'ai passé une demi-heure à me nettoyer, sans arriver à un résultat complet. Mes yeux sont abîmés, j'ai arraché une grande partie de sourcils et de cils ; à la fin de la campagne, il ne me restera plus rien. — Toujours pas de lettres ! mais la plupart sont dans ce cas. — A midi, corvée à la gare. Rien fait. — Et toujours le ciel bleu inlassablement. — Le mouvement diminue ; — je suis avec quelques gentils garçons, mais peu instruits. — Mauvaise nuit à cause des puces et de la chaleur. — Et toujours des pensées pour Lyon ! — Je me fais raser pour la première fois depuis mon départ.

Jeudi, 13 août 1914.

Un peu d'exercice le matin. — Pieds malades encore, mais j'espère que cela s'arrangera. — Hier, j'ai fait une tentative malheureuse pour entrer, comme secrétaire à la trésorerie, par l'intermédiaire de C*** ; le capitaine m'a cependant laissé une vague lueur d'espérance. — A midi, corvée à la gare, aux balles de foin. — A 4 heures ½, sérieuse ondée qui rafraîchit la température. — Il arrive sans cesse des Alsaciens, ils nous ressemblent bien ! — Par contre, des hommes quittent le dépôt pour entrer dans l'active. A quand mon tour? — Il me semble qu'il y a six mois que je suis parti ; le temps est bigrement long ! Et je songe à ceux que j'ai quittés ! — A 5 h. ½, le ciel est noir comme de l'encre, orage épouvantable. La cour est transformée en lac : il pleut, il grêle, il tonne, éclairs fulgurants. Pauvres chevaux qui, sous la pluie, renâclent et essaient de briser leurs longes ! Il en « crève »... — Sorti quand même, mais je rentre trempé.

Vendredi, 14 août 1914.

Beau temps. — Levé à 4 heures. Suis de chambrée. — Vu L***, un ancien camarade du régiment, cela fait plaisir ! Nous restons constamment ensemble; d'autant plus qu'il est versé à la 29e Cie. — Journée des plus calmes, au point de vue travail. — Arrivée du 1er bataillon du 159e dans la cour du quartier. — Ondées successives. — Je vais dire adieu aux camarades qui partent, D*** surtout, G***, B***, R***, etc. La ville est en ébullition. Le départ se fait à 8 h. ½. Ovations, acclamations, les femmes pleurent, les soldats crient et applaudissent. Malgré tout, impression très pénible : voir partir dans la nuit des hommes qui ne reviendront peut-être jamais. Adieu ! non..., au revoir !... Comme je voudrais les suivre... Cris de « A Berlin ! à Berlin ! » — Les bataillons doivent se succéder de six heures en six heures. — Des nouvelles contradictoires de la guerre : revers et succès, on est toujours dans l'attente. — Encore pas de lettres ! Cela devient incompréhensible. Toutefois, il me semble que si ma famille n'avait rien reçu, elle aurait envoyé un télégramme, mais le service est des plus défectueux, les sergents d'ailleurs ne me paraissent pas faire leur service. — Des maux de ventre. Je tousse un peu sur le soir. Nuit assez bonne.

Samedi, 15 août 1914.

La fête de ma Nette ! Et je suis si loin d'elle... Je lui ai écrit hier soir et l'ai par précaution oblitérée. Que devient-elle? Est-elle heureuse, et pense-t-elle un peu à moi? J'aime à croire qu'elle a dû se débrouiller et tirer son épingle du jeu. Lorsque j'y songe, cela me fait une peine atroce ! C'est que les femmes ne peuvent s'imaginer quelle existence est la nôtre ! Cette vie de caserne, où l'on est là, parqués les uns sur les autres, sales, couverts de puces, mangeant avec les doigts, dormant comme des brutes, et agissant de même. Pauvres de nous ! Et moi, certes, j'en souffre affreusement, parce que plus délicat, plus impressionnable... — Je suis sûr que si je recevais une lettre d'elle, j'en aurais quelque consolation, mais elle n'aime point à écrire, et d'ailleurs lui ai-je jamais été vraiment à cœur? — Triste, triste ! — D'Yvonne, rien non plus. Celle-là serait plus attachée, mais le chiendent est qu'elle m'intéresse moins. — Que peuvent devenir les amis? Sur certains, je suis suffisamment rassuré. Mais C***, C***, D***?... A cette heure, ils ont sans doute reçu le baptême du feu. — Au courrier de 10 heures, une lettre d'Yvonne, la première qui me parvienne depuis mon départ. Elle m'explique ce silence prolongé. Ma famille a dû m'écrire aussi, certes, et tout s'est perdu ou entassé au dépôt... Brave Yvonne, malgré tout, sa missive, très gentille, m'a causé une grande joie ; de tout mon cœur, je souhaite qu'elle ne soit pas malheureuse. — Hier, j'ai revu Mme F***, avec qui j'avais entamé, dans l'active, une sorte de flirt ; elle m'a reconnu de suite, et est venue très gentiment à moi. J'en ai été, comme bien on pense, fortement touché. — Le bruit court d'un déraillement du côté de Gap : il y aurait des morts parmi les hommes partis ce matin de Briançon. Déjà, il y avait eu une catastrophe ces jours derniers, sous le tunnel de Largentière : 5 morts et un capitaine asphyxiés, wagons se détachant sous le tunnel de Largentière et en panne pendant deux heures ; obscurité, fumée, manque d'air, affolement, piétinements, secours tardifs... on voit d'ici ! — Toujours maux de ventre, cela paraît se calmer sur le soir toutefois. — Au lit, j'ai pensé à tous les Lyonnais que j'ai quittés. — Qu'a pu bien faire Nette, un jour de fête? en temps de guerre? Je me la figure assise à « l'Etoile », en train de humer placidement son café, avec qui ?... Mystère !... Non, vraiment, il faut s'efforcer de n'y plus songer... Quelle fête ici ! On ne sait plus comment l'on vit ! — Après-midi, lavage à la Guisanne.

Dimanche, 16 août 1914.

Un temps noir, puis les nuages crèvent vers les sept heures ½ du matin, et c'est la pluie. Les nuées s'accrochent aux monts, s'effilochent, s'évaporent. Je pars en corvée à 5 heures à la Manutention. Il fait humide, j'ai froid, je tousse assez, j'ai des crampes et des tranchées. On parle d'épidémies, et cela me fiche le trac ! Je vais prendre toutes les précautions nécessaires. On nous a recommandé, du reste, beaucoup d'hygiène et de la propreté. Ce serait par trop bête de râler sur un lit d'hôpital... Que voilà une mort peu glorieuse pour un soldat français ! — Je m'étonne de n'avoir point reçu de nouvelles lettres ; ce qui m'inquiète actuellement le plus, c'est de ne point avoir reçu signe de vie de mes parents. J'écarte toute idée de maladie, mais tout de même !... La poste, quelle peste ! — Les nouvelles de la guerre paraissent plutôt bonnes et réconfortantes. Une grande bataille est engagée ; l'issue en est attendue, Dieu sait avec quelle secrète angoisse ! — Briançon se vide, le 159e est presque tout parti. Que fais-je donc ici, moi? On a libéré cinq ou six classes de territoriaux. De fait, le va-et-vient est moins prononcé. Cela se tasse; la concentration doit être à peu près complètement achevée. — A 5 heures, une lettre de ma Nette, c'est la troisième qu'elle m'envoie et la première reçue. Elle n'a pas l'air heureux du tout, mais malgré cela, elle semble me témoigner une certaine certaine affection... peut-être intéressée ! Serais-je la planche de salut? De ces nouvelles, j'éprouve une tristesse indéfinissable : la vie civile qui renaît... Pauvre Nette ! que nous sommes donc loin l'un de l'autre... — Et toujours la pluie ! Une pluie serrée et froide, des rues détrempées, des ruisseaux tortueux et sales, une humidité dangereuse pour nos bronches et notre gorge. — A 8 heures, grave nouvelle apportée par un secrétaire du bureau : on va nous mettre à notre tour sur pied de guerre dans le plus bref délai. Et les potins et les plus folles hypothèses d'aller leur train ! Moi, je suis optimiste : en effet, il ne me paraît pas étonnant qu'on nous équipe, puisque on n'a encore rien fait pour nous. Il est tout naturel qu'on soit prêt à toute éventualité fâcheuse, mais, de là à notre départ précipité, il me semble y avoir plus d'un pas. Je me trouve mieux depuis que j'ai mis ma ceinture bleue serrée autour du ventre et pris du café. L'amélioration constatée doit provenir de là — Nuit assez bonne. Journée on ne peut plus calme. On s'est traîné d'un lit à l'autre. — Je me suis fait couper les cheveux et raser par un homme du métier.

Lundi, 17 août 1914.

Lever 5 heures. Le temps est humide et couvert, mais le soleil semble vouloir prendre le dessus. On commence à nous équiper : je touche des chemises, caleçon, bonnet, mouchoirs. — A 10 heures, une lettre de ma famille... enfin !... qui naturellement m'annonce m'écrire pour la quatrième fois !... Que de lettres perdues, alors ! Ma mère bluffe sans doute sur son courage, elle ne tient que par les nerfs... Pauvre maman ! une rapide détente doit vite faire place à cette exaspération. Du fait qu'elle ne parle point du choc, c'est que les événements sont favorables à nos armes, et que leur vie, à eux deux, s'écoule normalement. Oh ! tant mieux ! Un peu d'exercice, école de section. C'est fastidieux au possible ! — Dîner en ville, chez Françon : affreuse popote, ne valant pas la fruste et vulgaire gamelle. — Je me fais des reproches de n'être point parti avec l'active. J'aurais dû insister plus fortement, étant donné mes idées exaltées de patriotisme. Pourquoi ne m'a-t-on pas écouté? — Toutefois, j'opposerai quelques excuses qui reposent à mon sens sur un fond solide. Si j'étais parti dès les premiers jours, je n'aurais pu faire campagne : j'ai souffert beaucoup des pieds où des durillons me brûlent et me piquent comme des épingles. Et alors comment aurais-je pu marcher? Pour être un traînard, pas la peine ! Ensuite, ce fait qu'on m'avait placé simplement dans le rang, comme soldat ordinaire, alors que j'escomptais un poste de télégraphie où j'aurais pu faire preuve d'initiative, où j'aurais eu une responsabilité, où j'aurais été dans une certaine mesure, libre de mes mouvements et de mes actes ; où, en quelque sorte, j'aurais apporté au service de la patrie mon intelligence, ma mémoire, « mon orignalité », « ma tactique militaire ». Enfin aussi, il faut bien le dire, comment marcher avec des hommes que je ne connais pas, au milieu d'une masse qui m'est absolument étrangère, à laquelle je ne puis me fier moralement? Il me manque, dans cette compagnie, un camarade qui, au cas de malheur, puisse rapporter aux miens, mon dernier souvenir, ma dernière pensée ; ce ressort moral, indispensable, sans lequel on marche à contre-cœur, et où le découragement et la mauvaise volonté prennent la plus large et la plus forte place... Vraiment ! oui il vaut mieux être encore ici... D'ailleurs, ça n'est sans doute pas pour longtemps. Et l'on fera bien son devoir !

Mardi, 18 août 1914.

Il fait froid mais la journée s'annonce belle. Je me me prépare à prendre la garde à l'arsenal. Nous y arrivons à 10 h. ½. De jour, le rôle de la sentinelle est simple : il se réduit à celui de planton. Je feuillette le livre de garde, et brusquement « le cafard » me prend. Je revois mon temps passé dans l'active, et les côtés stupides du métier militaire. Après la soupe, j'envie le sort des camarades qui vont prendre l'air de la ville tout tranquillement. — J'incrimine fort le plat dans lequel je mange qui me donne ces maux de ventre dont je me plains. Il faudra surveiller cela. — J'ai repris la faction de 10 heures à minuit avec consigne de surveiller des chevaux parqués en plein air, derrière le bâtiment. Ce bruit continu de longes qui s'entrechoquent, de chevaux qui s'ébrouent, qui piaffent, s'énervent, se querellent, se détachent ; ces ombres qui se meuvent dans la nuit, s'estompent, prennent des formes démesurées, des figures d'apocalypse, semblent se précipiter sur vous, menaçantes et terribles : produit d'une imagination surexcitée, d'un cerveau passablement endolori par la veille, l'insomnie. Un ruisseau qui roule ses eaux chantantes, des lumières clignotant dans le lointain, des rumeurs étouffées, un coup de vent bruissant dans les sapins... Telles sont, résumées, mes impressions de garde cette nuit-ci. Et, mêlée à tout cela, ma pensée franchissant l'espace, les montagnes, se reportant là-bas, à Lyon, où sont restés les êtres chers à mon cœur d'abord, à mes sens, à mes habitudes ; et, dans l'Est, où mes amis montent peut-être, à la même heure, une faction autrement dangereuse et fatigante que la mienne : celle en face de l'ennemi sournois, à l'affût d'un relâchement de surveillance, d'une méprise possible, d'une négligence coupable en fait, parfois excusable en droit..... — Et je songe aussi à Nette qui, à cette heure également, promène sans doute à travers les rues de la ville ses toilettes et sa beauté, qui se pavane dans un café, brillamment éclairé, ou bien qui se prête toute à quelque nouvel amant procuré par la nécessité impérieuse du moment, ou qui se donne à un qu'elle aime, qui m'a remplacé... tandis que moi, je veille dans la nuit, fidèle à ma consigne, brisé de fatigue, les yeux bouffis de sommeil, le corps las, l'esprit à la dérive et le cœur angoissé... Oh ! on paie bien cher maintenant ces heures de plaisir, au-delà peut-être de ce qu'elles valent !... — Couché sur le bat-flanc, mal dormi. D'ailleurs, depuis ces derniers jours, les reins me font mal. Bast ! j'en verrai bien d'autres !...

Mercredi, 19 août 1914.

Repris la faction à 4 heures du matin, au jour levant. Un coq chante, les poules sortent picorer, des moineaux piaillent, le soleil dore la crête des monts, et je vais de long en large pour me réchauffer. — Relevé de garde à 10 h. ½. — A 1 h. ½, école de section et de compagnie du côté du polygone du génie. Travail modéré. A 5 heures, j'ai deux lettres et une dépêche de maman. Grande joie !

Jeudi, 20 août 1914.

Je me lève avec d'affreux maux de reins. Ce doit être le couchage sur la dure ! — Les jeunes gens instruits et de bonne famille de ma compagnie, arrivés depuis peu, engagent des conversations avec les officiers et les cherchent. Ils se font voir ! Je n'ai jamais pu adopter cette méthode ! Si l'on ne vient pas à moi, je suis incapable de faire les premières avances. Aussi, je passe inaperçu, du moins, j'en ai la sensation. Quand donc me résoudrai-je à me payer de toupet et à aller de l'avant? d'autant que je ne crois pas manquer de moyens pour réussir... — Au matin, école de section individuelle de compagnie ; on se croirait nouveau venu, appelé pour la première fois sous les drapeaux. Ce sont les mouvements des premiers mois de service, sur les mêmes routes. Et alors, je les revois, ces premières heures de caserne, loin de tout ! Je ne connais rien de plus pénible pour un tempérament impressionnable comme le mien... Fort heureusement, les officiers sont gentils, ils pensent comme nous, et l'on fait surtout la pause. — Je me demande souvent, par l'étude de nos faits et gestes, ce que nous faisons de réellement utile ici ! Tandis que les camarades peinent, endurent faim et soif, font marches et contre-marches, insomnies et fatigues de toute nature, risquant leur vie à tout instant, là-haut dans l'Est, exposés à des embuscades, à des surprises, à des batailles de plusieurs jours, nous vivons nous ici tranquillement, geignant, traînant notre paresse, astreints à des corvées stupides, répétant à l'envi des mouvements ineptes, n'aspirant qu'à deux heures : celle de la soupe, et celle du lit... ! Encore une fois, grands dieux, que fais-je donc à Briançon? Que l'heure du départ sonne vite, ou je m'amollirai à un

point que mon énergie s'en ira à vau-l'eau. — L***
et C*** sont réformés. J'envierais presque leur sort,
par instants, si ma noble conception du devoir de
tout citoyen français n'arrêtait brutalement ce dé-
sir. Tout de même ils vont revenir dans leurs foyers,
reprendre leurs anciennes habitudes, retrouver leurs
affections ! Ma pauvre maman ! ma Nette ! mes amis !
qu'en dites-vous?... Et pourtant, n'y a-t-il pas quelque
chose de plus grand, de plus digne? un sacrifice indispensable, une conception plus noble : la Patrie?... Ah !
quelle folie de penser le contraire... — Les hommes
s'amusent comme des gosses de dix ans. Beaucoup
sont mariés, beaucoup ont des enfants, on dirait qu'ils
ont pris leur place ! Ceci est un état assez singulier
que j'avais déjà eu l'occasion de remarquer du temps
de mon service actif. — Cette après-midi, corvée de
fusils transportés à la caserne de Vault. Plutôt en-
nuyeuse et lassante. — Vu là-haut un spectacle infiniment triste ! L'enterrement d'un pauvre territorial :
prêtre, enfant de chœur, cercueil recouvert d'un linceul constellé de larmes, misérable corbillard, quelques vieux soldats en armes et derrière... personne !...
quelque chose de plus terrible que la mort : l'*Oubli* !...
Nous saluons respectueusement. — J'ai toujours les
pieds en capilotade, il m'est impossible d'appuyer
dessus. Malgré toute la bonne volonté du monde il
me serait présentement impossible de couvrir cinq
kilomètres même sans sac ni équipement. Quelle
loque je suis ! S'ils me ressemblaient tous là-bas à la
frontière ! — De Nette, j'ai reçu une carte, beaucoup

plus aimable que sa missive de la veille. Un accès
d'épanchement, un tantinet voulu, peut-être. Il est
curieux que, étant donnée l'affection profonde que
je ressens pour elle, je puisse discuter, raisonner « cette
passionnette » ; chercher à lire entre les lignes, mesu-
rer la portée de ses déclarations ! Pourtant, j'avais
toujours entendu dire que l'amour est aveugle et que
la passion étant une « cristallisation morbide de sentiments », elle ne laisse aucune place à la réflexion,
à la pondération, à la retenue. C'est qu'alors ce n'est
rien de tout cela et que le cerveau seul travaille ! Et
d'ailleurs, je dois avoir particulièrement développé
la spontanéité de la réaction... Mes idées politiques,
à elles seules, en fourniraient une preuve.

Vendredi, 21 août 1914.

Une aube salie par des nuages épais et ruisselants
d'eau. Ayant eu mal au ventre, je vais à l'infirmerie,
demander une cuillerée d'élixir parégorique, qui paraît me soulager, et je mets ma ceinture pour me réchauffer. — On procède au nettoyage du casernement,
il en avait besoin ! Je confectionne plusieurs paque-
tages tant bien que mal, plutôt mal que bien. Dans
l'active, je ne m'avance pas en déclarant que je n'en
avais jamais tant fait ! Décidément, la mobilisation
a du bon !... ou du mauvais. — Le bruit a couru, puis
a été confirmé officiellement par le rapport, qu'on
procèderait à la formation de 55 à 60 hommes, dans

chaque compagnie, pour renforcer le 159e actif. A cet effet, on va passer une visite médicale pour nous déclarer apte ou inapte à faire campagne. Je me demande si, ayant été versé au dépôt par le major, je vais être obligé de la subir à nouveau? Les hommes sont dans l'attente : les uns, en minorité du reste, préféreraient ne pas être choisis. Ce sera, à mon sens, autant une question de chance que d'aptitude !... — car la science des majors !... leur diagnostic... — J'ai enfin reçu une lettre d'A***, accompagnée d'une de ma mère. Douce joie ! Maman me donne certains détails de la vie intérieure de Lyon, mais aucune nouvelle de l'extérieur de la guerre. Par prudence sans doute. J*** me paraît bien déprimé et doit souffrir de notre absence à tous. Il paraît fort inquiet sur le sort de certains. Il est de fait que leur situation au front es plutôt périlleuse... Et moi qui me plains ! Mais mon existence actuelle est un paradis comparée à la leur ! Mon Dieu ! protégez mes amis ! — Cette après-midi, école de section dans la cour. Je suis faible, mes jambes flageolent, mais je vais quand même. Je n'en écris rien à maman qui se tourmenterait trop... — Il paraîtrait que peu d'hommes viennent d'être reconnus inaptes au service. Mais alors, combien vont rester en route?

Samedi, 22 août 1914.

Une magnifique journée. J'ai bien passé une meilleure nuit, ayant eu la précaution de me couvrir chaudement. Sommeil toutefois interrompu par un bien vilain rêve : Nette s'y montrant des plus méchantes ! une vraie peste ! J'en voyais de toutes les couleurs, et je répandais des ruisseaux de larmes... Fort heureusement, il y a loin du rêve à la réalité !... du moins, je veux le croire. — Le ciel à nouveau est pur, le soleil luit brillamment, la nature ce matin semble en fête. — Ecole de section devant la Guisanne, travail nul. — Croisé la 24ᵉ et la 17ᵉ compagnies et ai salué au passage d'anciens amis. — Le 359ᵉ paraît marcher mieux que nous, d'ailleurs cela n'a rien de difficile. — Après-midi, corvée fatigante à la gare : déchargement de wagons de foin. Poussière, brindilles de paille, les yeux rouges, le cou et les oreilles sales. Aussi, je m'endors harassé, n'en pouvant plus.

Dimanche, 23 août 1914.

Lavage au bord de la Guisanne : cela me rappelle le Durzon, à Nant (Aveyron). Hélas ! cette année, nous n'irons pas pêcher les écrevisses... — Je viens d'effectuer un retour en arrière. Décidément, on n'apprécie la vie civile que lorsqu'on l'a quittée. Je cherche à me figurer ce que peuvent bien faire ceux que j'ai laissés... Je vois mes parents se rendant à la messe, priant ardemment, hymnes montant vers le ciel, pour leur Gaby dont ils attendent le retour dans la confiance. J'entends les vœux de victoire, les actions de grâces, les demandes de protection, la sauvegarde des petits pioupious, partis là-bas à la frontière. Je vois tous les fidèles prosternés dans une commune prière. — Et Nette, reste-t-elle chez elle, calfeutrée, se traînant d'une chaise à l'autre toujours songeuse et rêveuse, élucubrant des combinaisons, essayant aussi de se tracer une ligne de conduite, et pensant à celui qui l'aime? Où sont nos dîners, nos promenades en autos, nos conversations animées aux « Négociants », nos éclats de rire, nos blagues entre amis se réunissant aux mêmes heures?.. Ici, l'on ne sait pas comment l'on vit. Est-ce que je vis seulement? Ces hommes qui m'entourent, affalés sur les paillasses, ces repas à la hâte, ces sommeils lourds, ces bourdonnements continus, ces mille pensées dans les cervelles, ces bruits de guerre, ces nouvelles de victoires ou d'échecs..., et là-dessus, ce paysage riant, aujourd'hui gai, ce soleil inondant la campagne, cette verdure, ce quartier morne, désert, ce dimanche : à peine quelque soldat qui passe, cette attente angoissante des événements... Si je pouvais écrire tout ce que je ressens ! Mais mon crayon me trahit. A quoi bon d'ailleurs? puisque, si j'en réchappe ! — les heures joyeuses auront tôt fait de dissiper les mauvaises et les funèbres, celles pourtant qu'on a le plus ressenties, le mieux vécues !...— Hier soir, à 8 heures, le 52e alpin s'est embarqué précipitamment dans la nuit noire. Destination inconnue. « Au revoir ! au revoir ! » — Des hommes essaient de sortir du quartier, je ne m'en sens pas le courage... Où aller? que faire? Triste ! triste !.. — Et cette visite médicale qui me tracasse continuellement. Ces pieds

qui me font toujours beaucoup souffrir, peu habitués
qu'ils sont à ces gros.godillots ! tout l'organisme enfin
contre moi ! Je viens de ressentir de violentes douleurs dans la tête. Par ma foi, on dirait que tout s'en
mêle ! Soirée également magnifique, nuit étoilée. Je
rêve à la fenêtre, et mes rêveries ne sont pas couleur
de rose !

Lundi, 24 août 1914.

On prépare les sections actives. Premier service
en campagne du côté de Villars-Saint-Pancrace. Je
suis avec peine : mes pieds refusent tout service. —
Rumeurs très mauvaises sur la guerre : nous reculons
jusqu'après Lunéville, ce qui indiquerait une défaite.
De plus le 159e aurait été fort éprouvé. Nombreux
morts et blessés. Ce dernier bruit me paraît absolument dénué de fondement, inexplicable ! Comment
admettre, en effet, qu'un régiment parti il y a dix
jours, ait été déjà porté sur la ligne de feu, alors que
d'autres régiments ont été concentrés et établis en
position bien avant lui? Toujours est-il que l'état
d'esprit est très défavorablement surexcité : les visages sont consternés, les hommes discutent à tort et
à travers. Attendons ! ne nous affolons pas..., rien
n'est perdu, bien au contraire, à mon humble avis !
Nous avons passé l'après-midi cette visite médicale
que je redoutais tant, à juste titre. En effet, on m'a
trouvé capable de faire mon service. Les majors
m'ont paru, — histoire d'habitude ! — manquer tota-

lement de coup d'œil et de connaissances médicales : examen très sommaire, reconnaissances d'hommes valides, alors que de véritables malingres sont obligés de peiner et de souffrir. J'ai eu, à la suite de cette inspection, un grand moment de découragement, et dans un retour vers le passé, j'ai revu toute ma vie, ce que j'allais perdre à tout jamais peut-être !... Depuis, j'ai des moments de révolte, il ne me semble pas possible d'être envoyé au feu ! Notre enthousiasme est tombé, et ces quelques jours de calme relatif dans lesquels on nous a fait vivre, ont détruit notre emballement, trop porté notre cerveau à la réflexion, endormi notre ardeur guerrière qui nous poussait à marcher et à agir... — Une lettre de ma famille m'a réconforté un peu, mais il faut que j'ose écrire (puisque c'est pour moi seul que je l'écris), ce que je sens de plus en plus, à savoir : que je suis retenu par toute la tendresse que j'ai pour mon père et ma mère, par tous les liens qui m'attachent à Nette, et à mes amis... Et, d'autre part, ce sentiment du devoir, cette conscience qui me crie de ne pas le perdre de vue, qu'il faut se sacrifier, si besoin en est... Cruelle incertitude ! mortelle situation où je me débats sans résultat... Gaby !... Gaby !... serais-tu lâche?... — Pourtant, en guerre comme dans la vie ordinaire, il doit y avoir des favoris, des chançards, il y en a ! Pourquoi certains sont-ils plus à l'abri que d'autres? Pourquoi ne bougent-ils pas de leurs casernements, attendant patiemment la fin des hostilités, alors que d'autres, moins débrouillards, tout aussi intelligents, valant tout autant socialement parlant, sont fauchés impitoyablement, ou râlent des mois durant sur un lit d'hôpital, avec d'horribles blessures?... Pourquoi ces deux poids, ces deux mesures, cette flagrante disproportion entre tous ces hommes, appelés pourtant à la même tâche, au même honneur... Pourquoi? Pourquoi? Gaby, mon ami, va droit ton chemin, fais ton devoir... Qu'importe le reste?...

Mardi, 25 août 1914.

La Saint-Louis ! Ecrit à mon père pour lui souhaiter sa fête... Nuit assez bonne. — Exercice du côté de Villars-Saint-Pancrace. N'étaient ces maudits pieds en dentelle, il n'aurait guère été pénible. Mais je commence à boiter éperdument. — Nouvelles rumeurs plus suivies sur le désastre du 159e. On achève l'équipement et la préparation de la « section de fer » qui doit être la première à partir au premier signal. Je crois que les beaux jours sont finis et que nous sommes tous appelés à marcher d'un moment à l'autre. — L'après-midi, marche, promenade au pont Baldy ; je souffle pour monter, pieds toujours malades. — Une nuit épouvantable ! Des pensées funèbres, des moments d'affolement, de désespérance, d'angoisse inexplicables ! Je ne me reconnais plus... D'ailleurs, l'organisme est détraqué : je ressens une lassitude, un écœurement, des malaises, puis brusquement de violentes douleurs dans la tête, Je marche à force d'énergie et de volonté. Mais cela durera-t-il longtemps? — Dîner chez F***, au Champ de Mars. J'ai voulu réagir pour changer le cours de mes idées et me distraire un peu. — Nouvelles très pessimistes de la guerre : les Allemands seraient à Tourcoing et Roubaix. Les visages se renfrognent, les regards s'attristent, les éclats de rire s'éteignent, on subit cette attente anxieuse et angoissante... Si nous sommes battus, voilà la guerre prolongée de plusieurs mois encore... Mon Dieu ! préservez-nous d'une pareille catastrophe, et arrêtez au plus vite ce fléau dévastateur !

Mercredi, 26 août 1914.

Je me suis endormi fort tard dans la nuit. Depuis lundi de sombres idées me hantent... J'ai peur de lâcher en route, et de rester abandonné sur le bord d'un chemin, dans un fossé... Mon père ! maman ! J'ai l'âme bouleversée, le cerveau fatigué, les sens en pleine déroute... Vous ne pouvez vous imaginer ce que je souffre et ce que j'endure de privations et de contraintes morales ! Comme je vous aime ! comme je vous regrette, vous que j'ai laissés !... surtout si, comme la pensée s'ancre de plus en plus en ma cervelle, je ne dois plus vous revoir !... Quelle tristesse ! quelle angoisse !... quel sacrifice surhumain !... — On vient de nous donner au rapport confirmation officielle de l'engagement du 159e du côté de Mulhouse. On nous a même lu les noms des officiers tués ou blessés. Il y aurait environ 500 hommes hors de combat. Je n'arrive pas à m'expliquer la précipitation apportée à faire marcher au feu un régiment parti cependant bien après les autres ! Suivant les uns, le colonel aurait été destitué, suivant le plus grand nombre, il aurait été promu général de brigade. — Après-midi, travail au magasin. On s'entretient plus que jamais des événements et l'on suppute notre départ. — La compagnie est consignée pour piquet d'incendie à 6 h. ½, le quartier l'est également, et les officiers rappelés sans délai. — Un moment d'angoisse et d'affolement. Puis on apprend que vingt-cinq hommes par compagnie vont partir au matin pour une destination inconnue, probablement en renfort du 159e. — A 9 heures, la section est constituée. On leur prépare plusieurs repas froids on les équipe à la hâte ; la plupart ne sont pas exercés : bleus ou Alsaciens-Lorrains. Je me demande un peu comment ils vont se comporter? Et sur tout ce branle-bas une pluie diluvienne.

Jeudi, 27 août 1914.

Temps couvert. — Les 150 hommes désignés font leurs derniers préparatifs et partent à 7 h. ½. On leur dit au revoir ! — Nous allons au tir, le mien est très mauvais. A 10 heures, le temps semble se lever. — Au cas d'un départ précipité, j'ai écrit une longue lettre à mes parents pour les préparer peut-être... à leur deuil ! Qui vivra verra... Et j'écris également à Nette et à J*** A***. A tous, longs détails. — Le sort en est jeté ! Je suis désigné pour le prochain départ... On vient d'appeler les classes les plus jeunes : ce n'est en toute sincerité que justice. Place aux jeunes ! J'en suis enchanté d'un côté, car cette attente était démoralisante. Mais, tout au fond de mon être, j'en ressens une angoisse atroce. Cette épée de Damoclès suspendue maintenant à deux doigts de ma tête... Les pensées roulent et déferlent dans mon cerveau : c'est un amas, un fouillis, une cohue sans nom de souvenirs, de regrets, de visions du passé, de sensations pénibles, d'espoir quand même !... — Pourrai-je marcher avec ces pieds qui me font si mal? Dans quelles conditions, et où va-t-on nous diriger? Et là-bas, que pourra-t-il bien se passer? Quelle fièvre ! quel tohu-bohu ! quelles épreuves ! Si du moins, je pouvais lire mon avenir ! — Je commence à prendre mes dernières dispositions, ou tout au moins, j'essaie... C'est bien dur ! — Je reçois une lettre de ma famille, réconfortante comme toutes les précédentes, avec des détails intéressants et une certaine confiance. Mais de loin, on ne peut s'imaginer quelle existence est la nôtre avec ces alternatives de crainte et de courage... Non, on ne le peut ! — Je consomme énormément de chocolat : j'ai trouvé des bouchées Klauss que je grignote avec satisfaction.

Vendredi, 28 août 1914.

Un réveil diluvien ! horizon noir, des nuages épais, la neige sur les montagnes. Le Grand Aéra en est couvert, ainsi que les sommets environnant Briançon. Serait-ce la mauvaise saison qui commence? — Nous restons dans la chambre qu'on parcourt de long en large. On discute ferme les positions des belligérants, nos chances de succès. La situation ressort plutôt mauvaise. — Espérons !... et surtout soyons forts ! — On nous a placés par escouade. Je suis maintenant près d'une fenêtre. On me blague parce que j'écris un journal de route. Qui sait si, plus tard, on n'y trouvera pas entre mille choses anodines, quelque point de vue original, quelque impression plus recherchée, quelque chose de senti et de vécu? — La pluie tombe toujours, repos complet ; on flâne, on discute encore. Les nouvelles sont meilleures. — Je reçois une lettre de Nette que j'attendais avec une grande impatience, et une de J***, fort intéressante. J'en éprouve d'autant plus de satisfaction qu'elles dissipent un peu mon noir. — Le soir, en rentrant, pour l'appel, je croise des ambulances qui vont, paraît-il, transporter des blessés attendus par le train de 10 h. ½, et des prisonniers allemands ! Pauvres blessés ! les premiers sans doute des premiers jours... — Je prends une douche : la première depuis mon départ. Elle me fait du bien.

Samedi, 29 août 1914.

Partis à l'exercice, nous rentrons sous la pluie, nos bourgerons traversés. — Des blessés et prisonniers sont bien arrivés. — Je m'attends toujours à un départ précipité, avec, toutefois, un secret espoir chimérique. En réfléchissant, j'ai des instants vraiment pénibles, un découragement absolu, de la lâcheté même. J'essaye de me défendre de pareilles idées, de lutter contre toute pensée amollissante, mais je me révolte devant les injustices que l'on commet ici tous les jours. Nous devrions tous partir à la fois ! Cet envoi par paquets individuels détruit la meilleure volonté, affaiblit tout courage, vous rend poltron, vous engage à « vous tirer des pieds » le plus rapidement possible. D'ailleurs, je n'en veux pour preuve que ces discussions après, ces protestations toujours plus nombreuses qui se manifestent parmi les hommes de ma compagnie. On sent très bien que chacun d'eux cherche à tirer son épingle du jeu. Et cet élément si amollissant, cette note sombre, insigne de peur et de faiblesse, ces voix de révolte et de menaces, mille fois entendues, m'enlèvent à moi tout courage et toute énergie. Je le constate une fois de plus : cette inaction où on nous laisse, cette passivité, sont contraires à notre moral de soldat et désagrègent peu à peu notre volonté. Quand donc partirons-nous enfin? Je me connais : une fois que nous en serons là, je suis sûr de moi... — En disant adieu à mes parents, je leur ai

promis de faire mon devoir jusqu'au bout. Je le ferai,
avec l'aide de Dieu... — J'ai pu causer avec un blessé
du 159e, revenant du feu, avec le pied éraflé par un
ricochet de balle. Il est hébété, on est obligé de lui
arracher les mots, il parle par bribes. On se rend
compte qu'il a toujours devant lui cette vision sanglante, affreuse, du combat auquel il a assisté. Le
159e, arrivé à minuit à Belfort, est porté tout de suite
sur la ligne de feu ; après six heures de marche, il y
est entré, et les morts et les blessés ont commencé à
tomber ! Embuscade, sans soutien d'artillerie, régiment déployé en tirailleurs : trois bataillons tirant,
le quatrième chargeant à la baïonnette, sous une rafale de balles et de plombs... Ce blessé, de la 7e Cie, a
eu son adjudant et son sergent tués à ses côtés ; le
capitaine frappé au ventre d'un éclat d'obus : en-
trailles pendantes, mort dans la soirée. A sa compagnie, 17 morts et un chiffre élevé d'hommes hors de
combat. Blessures principalement aux pieds et aux
mains. Il a vu l'effet terrible produit par nos canons
de 75, tandis que les canons allemands n'éclatent pas
et font, en somme, peu de mal. Mais ces mitrailleuses
et ces nuées d'Allemands se suivent et se remplacent
l'une l'autre ! Beaucoup d'avions, surtout français,
très audacieux, lançant bombes avec résultat. Mon
blessé a pris des conserves allemandes, trouvées sur
le champ de bataille, et comme je les ai goûtées, je
les trouve, à mon avis, meilleures que les françaises.
Sur le passage des troupes, a ajouté mon camarade,
femmes enthousiastes, chargées de friandises de toutes

sortes, et m'apprend enfin qu'au retour du feu, le régiment a été dirigé sur Epinal. Et, comble de malheur, le 3e bataillon est tamponné à l'arrêt par un train d'artillerie, en gare de Bruyères. Quatre-vingt-quatre morts et nombreux blessés... Spectacle horrible : wagons renversés, télescopés, voie couverte de débris, maculée de sang ! Pauvre 159e ! il joue vraiment de malchance. — A ces récits entrecoupés, arrachés phrase à phrase, j'ai frissonné... C'est bien terrible la guerre ! Une boucherie sans nom, une hécatombe épouvantable, un sanglant et douloureux holocauste... — Les pertes allemandes seraient plus élevées encore que les nôtres, mais les vides sont plus vite et plus facilement comblés de leur côté, Le droit n'aura-t-il donc pas raison de la barbarie? — Temps couvert et frais. — Après-midi, un peu d'exercice et revue d'effets des hommes de la section appelée à partir la première.

Dimanche, 30 août 1914.

Je n'ai pu avoir de renseignements sur D*** et autres camarades engagés dans le combat du 19 courant. Que sont-ils devenus? Mon pauvre J*** ! Cette absence de nouvelles est terrible, d'autant plus que je pense à la situation de ma famille, de mes affections, de mes amis, quand je serai là-bas, à la frontière !... — Mauvaise nuit, à cause de ces impressions tristes. — Ce matin, on revoit notre habillement et notre équipement. Voilà bien l'entraînement prescrit ! — On pensait que le quartier serait déconsigné l'après-midi, mais on a préféré nous laisser flâner dans les chambres et la cour. Des groupes se forment, discutant les nouvelles qui ne sont pas bonnes, les Allemands ayant troué du côté de Saint-Quentin. — Lavage de mes effets personnels. — A 5 h. ½, je vais dîner au Champ de Mars : civet de lapin, omelette, pommes frites, un vrai régal pour 2 fr. 50 ! — Nuit assez bonne. — Je reçois une carte de J*** A***, me donnant des nouvelles d'H*** C***. Il était en excellent état le 21, quoique ayant participé à deux violents combats. — Ai écrit à ma famille.

Lundi, 31 août 1914.

Temps radieux. Exercice assez prolongé du côté de Saint-Chaffray. — Nouvelles mauvaises du côté des opérations : les Allemands menaceraient La Fère. On ne peut comprendre ce que font nos vingt corps d'armée... Où sont-ils donc, s'ils n'occupent pas la frontière? Emploierait-on toujours cette méthode militaire qui nous a été si funeste en 70? Procéder par petits paquets d'hommes, alors que l'ennemi avance par masses profondes? L'opinion est très inquiète et les visages se rembrunissent de plus en plus. Pourquoi alors, si cela marche si mal, laisse-t-on tant de troupes dans les dépôts, et que faisons-nous ici, moi le premier? Mais qu'on nous donne donc l'ordre de partir, et qu'on en finisse ! — Il est à supposer pourtant et à espérer que l'état-major français y voit mieux que nous, et qu'il agit suivant un plan largement étudié à l'avance, et par tactique aussi. Sinon, c'est le gâchis, l'incompréhension, l'abattement, la déroute, la fin... —

D'ailleurs on paraît opérer par coupes sombres dans les hauts commandements. Les généraux « républicains », les « fichards », seraient tous dégommés :
Les bureaucrates également :   par exemple.   L'après-midi, une chaleur accablante, un soleil de plomb sur la nuque. — Fort heureusement, simple promenade de santé sous les feuillées, du côté des bois, à Chabrit. — Cueillette abondante de noisettes, et j'ai pensé à maman qui les aime beaucoup. Il paraîtrait que le 159e se serait battu à nouveau en Belgique et aurait été anéanti : il en resterait à peine la valeur d'un bataillon. En ce cas il serait probablement mis hors cadre. — Les nouvelles de la campagne sont de plus en plus mauvaises : les Allemands avanceraient de tous les côtés, tels une nuée de sauterelles et seraient en vue de Compiègne. On ajoute même que nos troupes sont démoralisées et se débandent... Nous sommes consternés... Les dépêches officielles sont rares, fort brèves, laconiques, et paraissent laisser pressentir la défaite. Pourtant, je ne cesserai de le répéter : nous avons des troupes fraîches un peu partout. Qu'attend-on donc, grands dieux, pour nous

utiliser? On dit, il est vrai, qu'il est parti 120.000 hommes de Lyon ; on procède donc toujours par petits paquets? Déplorable façon d'agir !... à mon humble avis. — A 6 heures, agréable surprise : A*** me donne rendez-vous à l'hôtel de la Paix. Je le trouve chez L***, avec sa famille, m'apportant des nouvelles de la mienne. Grande joie, réconfort, excellente soirée, succulent dîner offert par Mme A*** (truites, artichauts, poulet, etc.). On parle beaucoup des êtres chers qui sont si loin ; de Lyon, qui ne s'affole point, et conserve le plus ferme espoir. — A 8 h. ½, bonne nouvelle : un corps ennemi, deux même, coupés du gros des forces allemandes, auraient été cernés et anéantis. Et immédiatement, l'enthousiasme ; les visages s'illuminent, la confiance renaît ; on rit, on bavarde gaiement. Voilà bien le tempérament français ! Oui, mais tout cela demande confirmation. — Aucune nouvelle d'Yvonne, ce qui commence à m'inquiéter sérieusement. Cartes et lettres de mes parents! de C***, de L***, toujours à Lyon, le veinard ! bon souper, bon gîte... et le reste ... — Nuit bonne.

Mardi, 1er septembre 1914.

Marche manœuvre jusqu'à Val-des-Prés, par temps splendide : service de sûreté en marche. Je fais partie du gros. La marche aurait été parfaite, si je n'avais peiné énormément, toujours à cause de mes pieds.

Et ces douleurs ne sont point apparentes ! — Hélas ! aucune confirmation d'une victoire ! La dépêche officielle annonce au contraire que nous reculons sans cesse avec des pertes ! — Notre emploi du temps est très mal établi : on nous fait descendre et remonter dans nos chambres à tout instant. Cela fatigue, énerve, lasse ; les hommes ronchonnent, les sous-officiers attrapent les caporaux et se font tancer eux-mêmes par les officiers... En somme, c'est la vie de caserne dans toute son horreur stupide ! De quoi vous faire hausser les épaules et vous décourager. — L'après-midi, sans ces fausses manœuvres, eût été des plus calmes. — J'écris à ma famille pour lui accuser réception d'un mandat télégraphique qui a été le bienvenu, et à Yvonne, dont le manque de nouvelles me paraît assez extraordinaire.—La compagnie étant de piquet, je réside au quartier. Pour la première fois, je vais à la Cantine Pilloux. — Un moment d'émotion : le quartier reste consigné un quart d'heure à tout le monde : serait-ce un nouveau et brusque départ ? Hélas ! il n'en est rien... — Une nuit divine, le ciel pur, la lune éclairant brillamment la campagne, détachant nettement les monts, bleutant toutes choses... un de ces spectacles inoubliables pour un touriste, mais pour un soldat fort négligeable, car on préférerait être chez soi, par nuit noire et pluie torrentielle. — Nuit assez bonne.

Mercredi, 2 septembre 1914.

« Je suis de chambre ». Tir au stand assez bon : 4 et
2 sur 8 balles. Puis, exercice stupide du côté du polygone. — J'ai eu une vive discussion avec un caporal
du pays, bête, vieille brute, incapable de commander,
qui nous agace par ses propos incohérents et ses rires
idiots. Je lui réponds vertement. Toutefois, il faudrait s'en méfier, car il est assez intelligent pour vous
porter un motif digne de vous faire fusiller. — Revue d'arme passée par le lieutenant, simple forma-
lité. Après-midi, par ce fait, des plus calmes. — On
attend les « bleus » pour le 5 ou le 10 du mois, et il
se pourrait qu'on nous fasse, à cette occasion, vider
les lieux. On parle également de nous envoyer dans
quelque place comme dépôt d'un régiment ou comme
régiment de siège. Pourquoi? Je renonce à comprendre. Toujours est-il que les hommes s'endorment dans
une certaine sécurité qui, pour moi, leur garde un
réveil brutal et pénible. — Les nouvelles de la guerre
sans être meilleures, sont stationnaires, et tout de
suite l'on reprend courage et l'on espère ! — Encore
aussi sans nouvelles de Nette, ce qui est des plus extraordinaire. Par contre, missive maternelle, s'effor-
çant de remonter le moral. Maman est particulièrement pressante à me donner du courage, mais on sent
le bluff... Que de larmes derrière ces lignes! D'ailleurs cette lettre interrompue n'indique-t-elle pas
une crise plus violente? une lutte entre sa tendresse

et le devoir qu'elle m'a inculqué, et auquel je ne manquerai pas ?... Mais du moment qu'on ne nous a pas encore prévenus d'un départ et qu'il semble y avoir un répit, il faut que je l'avertisse pour la rassurer et la consoler. Elle aura bien le temps de souffrir par la suite ! ... — A 8 h. ½, alerte pour la 30e ! encore un moment d'émotion... — Lune idéale. — Nuit bonne.

Jeudi, 3 septembre 1914.

Hier, il y a eu juste un mois que la mobilisation a été décrétée. Que de sang versé depuis! Que d'épreuves ! que de souffrances ! de deuils de mères, de veuves et d'orphelins ! Et nous qui nous plaignons ! Combien de ceux qui sont tombés sur le champ de bataille ou râlent sur un lit d'hôpital, auraient souhaité notre place ! Malgré tout, il me semble qu'il y a bien longtemps que je suis ici ; que même, je suis en train de faire mes trois ans. — Ce matin, marche jusqu'aux abords de Villeneuve. Après Chantemerle, le découragement me saisit, je souffre toujours des pieds, et, pour la première fois, je reste en route et m'assieds sur le bord du chemin. Retour encore plus pénible, et je boite ! Plusieurs de mes camarades rament en ma compagnie derrière la colonne. Piteuse rentrée à la caserne. — Les « bleus » commencent à arriver ; les premiers sont du recrutement régional : petits, imberbes, paraissant malingres, gauches, ces recrues font songer aux moblots de 70 : l'espoir cependant de la Jeune France ! — Le gouvernement français annonce que, vu les circonstances extérieures, il se voit obligé de quitter Paris. Et le spectacle épouvantable de 1870 se présente à mes yeux ! Gambetta ! Bordeaux ! Douloureux souvenirs, désastreuse période, de notre histoire que Dieu nous épargne de revivre ! La situation semble des plus mauvaises, nous devons avoir subi des échecs sérieux, surtout nous ne devons pas être prêts... On n'a pas écouté les hommes de bonne volonté qui voyaient clair, qui nous rappelaient ce vieux proverbe latin : « *Si vis pacem, para bellum* », et nous exhortaient à le mettre en pratique. On les a écoutés trop tard, quand les idées humanitaires, les utopies de paix universelle, de désarmement général avaient creusé leur sillon en nos cerveaux, ravalé notre patriotisme, aveuli nos âmes et nos énergies !... Pourtant, j'ai confiance encore, une confiance absolue faite de foi dans la justice divine, et de raison dans la balance des forces en présence. Nous souffrirons, nous subirons des pertes énormes, — qui sait même si, nous qui sommes ici, en réchapperons ? — mais au bout du Calvaire, c'est l'auréole glorieuse de la victoire, mathématique, incontestable, l'écrasement brutal de l'ennemi, et la paix renaissante avec tout son cortège de joie, de gloire, de prospérité, de grandeur, de fécondité... — Depuis plusieurs jours, une dizaine au moins, le souvenir de Nette et d'Yvonne, semble s'estomper, se fondre, submergé par les pensées sérieuses et présentes, les fatigues physiques, ce besoin de vivre, cet effort perpétuel, pour sauvegarder son existence et l'employer plus utilement, c'est-à-dire à la défense du pays. D'ailleurs, pourquoi ajouter à ces souffrances les mille et un mouvements de l'âme endolorie?... Chaque rappel du passé, c'est un aiguillon qui vous transperce, une passion qui se secoue et se réveille, une sensation qui renaît et vous traverse, un choc sentimental qui vous heurte et vous agite... O mes êtres si chers : père, mère, amis et amies ! Quand je songe à vous, la tristesse m'envahit, je vous sens agir dans un cadre connu, ou vous mouvoir dans un milieu que je cherche à me figurer, et j'ai peur... peur que vous m'ayez oublié !... Oh ! pas vous, mes parents si bons, si tendres, parce qu'on ne peut pas oublier son enfant ! Mais vous, passion, amour de ma jeunesse, et j'ai peur que vous soyez allées à d'autres qui vous courtisaient, qui vous flattaient, qui me remplacent aujourd'hui peut-être..... Ou bien encore, qu'à mon exemple, vous ayez subi cette emprise du temps écoulé, troqué vos sentiments contre les dures sensations du moment, et que ce besoin de vivre n'ait rejeté à l'arrière votre affection, votre amour pour moi !... Ah ! certes, oui, l'heure est triste, terrible pour tous. Il y a des moments où l'on pense : « Vivre d'abord ! l'on verra bien ensuite... » et la matière prime l'esprit..... — Après-midi calme, et sous l'averse qui tombe, les bleus continuent d'arriver. — Après la soupe, je trouve chez P*** un caporal de la 7e Cie blessé au mollet par un coup de baïonnette et contusionné aux reins par un éclat d'obus. — Au 20 août, D*** et mes autres camarades étaient sains et saufs.

Voilà qui me fait du bien ! Mais, depuis cette date, ce caporal ne sait rien, ayant été évacué le 20 sur Lyon. Il me donne d'abondants détails sur les journées de marches et de contre-marches, de batailles et de combats, me nomme les endroits traversés (Morvilvillard, Fühler, Dorbach, etc.), les péripéties, les angoisses... Il est resté sous le feu cinq heures, derrière un tronc d'arbre et a été emporté évanoui par des camarades blessés. Il parle d'abondance, très joyeux heureux d'avoir reçu le baptême du feu, des obus et des balles... et d'en être réchappé aussi ! Il me confirme l'engagement du 159e sans soutien, sous une rafale de balles, mais sans aucun effet, au-delà de 100 mètres. Obus n'éclatant pas, blessés français peu grièvement atteints en général. Les Allemands s'avançant par masses compactes, en ordre, par quatre, très difficilement visibles par suite de leur tenue grisâtre, mais formations de réserves tombant comme des mouches, les vides aussitôt comblés. Une lutte enfin d'une poignée d'hommes (quatre mille contre trente à quarante mille !) et cette petite troupe tenant toute une journée, secourue seulement le soir par l'artillerie et le 157e de ligne... Quels héros ! J'admire en silence...

Vendredi, 4 septembre 1914.

Un réveil brusque à 2 h. ½, un brouhaha, des cris, des appels, des bruits sensationnels, l'alerte ! Ordre de se tenir tout prêts : tout le dépôt reconnu apte à marcher... Ce sont alors des allées et venues, des ordres et des contre-ordres, des exclamations, des interpellations. On nous habille à la hâte, on place dans le sac ses effets personnels, on envoie ses lettres faites à la diable, on fait, en somme, tous les préparatifs de départ. — A 7 h. ½, le capitaine nous donne la permission de sortir en ville effectuer nos achats, porter nos effets civils à la gare, envoyer télégrammes pour être sûr qu'ils parviendront plus qu'une lettre. N'aurais-je pas mieux agi en attendant la dernière extrémité? — Malgré tout, je ne m'affole pas, un grand calme se fait en moi, le calme des moments tragiques ! J'en ai déjà vu bien d'autres... Les hommes sont relativement gais, car ils partent tous, ou du moins ils y comptent. Il est certain que c'est un coefficient moral qui n'est pas à négliger : on a l'habitude de vivre côte à côte, on a pu sympathiser avec quelques-uns, très fortement même ! et c'est de toute justice qu'on soit ensemble à la peine et à l'honneur ! — Ce matin, une carte de ma famille, fort tendre. Cela me réconforte un peu et compense la peine que j'éprouve de ne rien recevoir de Nette. Aurait-elle quitté Lyon, ou serait-elle malade? J'ose plutôt croire que ses lettres se sont perdues, mais j'en ressens une angoisse atroce. — Jusqu'à 3 h. ½, repos, puis, revue générale, en tenue de campagne, par le commandant. Nous restons debout dans la cour jusqu'à 5 h. ½. — Profitant de ce que le quartier est libre, je vais dîner avec quelques camarades à l'Hôtel Terminus. Menu convenable, bien servi. Autour d'une table voisine de la nôtre,

quelques familles venues voir leurs fils, leurs maris...
et quelques demi-mondaines, pas très affriolantes,
certes, dans une grande ville, mais qui, ici, produisent
un effet considérable... Et la nuit se passe, bonne, sans
alerte.

Samedi, 5 septembre 1914.

Petit exercice en tenue de campagne du côté de
Saint-Chaffrey. Au retour, on nous annonce que nous
allons quitter Berwick pour loger à la manutention.
Grand branle-bas en perspective! C'est donc que l'on
ne songe pas encore à nous expédier... De moins en
moins compréhensible. — Une lettre de J***, fort
intéressante ; une carte de Nette, laconique, triste,
indifférente, où percent la préoccupation et le souci
de vivre, la lutte pour l'existence quotidienne. Pourtant, je fais tout ce que je peux pour elle, et je partage toujours de moitié l'argent que je possède. Certes
je suis à peu près sûr qu'elle a dû se faire quelque nouvel ami et qu'elle a cherché à renouveler les liens qui
l'unissaient à celui qu'elle connaissait déjà et qui
n'est point parti... Devant mes yeux, je vois passer
certaines figures qui gravitaient autour d'elle, et qui
doivent se réjouir de trouver maintenant le champ
libre. Résiste-t-elle? Bien mollement sans doute, car
les besoins matériels doivent être les plus forts, les
plus pressants. Nette, habituée à l'aisance, au confort,
ne doit pouvoir se résoudre à cette vie de midinette, à une existence sévère, à un strict aussi rigou-

reux. Et alors. ma foi ! tous les moyens sont bons...
Je ne crois pas Nette vicieuse: je ne l'aurais pas ai-
mée... Je ne pense pas qu'elle se donne corps et âme,
mais bien qu'elle se prête. Et voilà une réflexion
odieuse qui me cause une peine atroce et je suis obligé
de ronger mon frein en silence ! — Au reste je la
connais fort peu, Nette ! physiologiquement parlant...
(car ma nature me porte plutôt à aimer avec mon cerveau et mon cœur qu'avec mes sens). Et de ce fait,
nous nous sommes alors si peu aimés !... Quelle drôle
d'aventure ! quel problème sentimental ! quel roman
de passion mystérieuse, original, unique !... Je l'écri-
rai peut-être un jour... si Dieu me prête vie. De toute
façon, j'aurai accompli mon devoir d'honnête homme.
Je répète que je partage pour ainsi dire avec elle tout
ce que je reçois, que je l'entoure de toute ma sollicitude, de tout mon dévouement, de tout mon amour.
Je cherche à garder, quoique bien loin d'elle, une
petite place dans sa pensée, dans son cœur. L'avenir
me donnera sans doute le résultat de tout cela. —
Vis-à-vis d'Yvonne, je ne me comporte pas de la
même manière. Elle n'a fait aucun appel à ma grati-
tude. Serait-ce par délicatesse, ou bien parce qu'elle
n'en a point éprouvé la nécessité? Il y a, certes! quelqu'un derrière, et j'ai toutes raisons de croire qu'il
suffit ! Yvonne s'est assagie : sa vie passée a été mar-
quée de péripéties suffisantes pour l'avoir modérée.
Elle me paraît être devenue plus raisonnable, plus
réservée, plus rassise. C'est la femme qui cherche une
affection solide dans une aisance relative. « Peu, mais

bien », me paraît être sa devise et sa façon de vivre.
Notre vieille amitié, notre vieil amour, ne sont point
altérés : ils sont simplement classés, mesurés ; nous
en connaissons le poids, l'étendue, la valeur. Toutefois, à son premier appel, à un mot d'elle, je répondrai
en souvenir du passé défunt, de ce rêve de mes vingt
ans !... De temps en temps, apparaissent fâlotement
certaines figures de femmes que j'ai connues, et ce
sont quelques bons souvenirs qui me reviennent
en mémoire. Celles-là m'ont aimé peut-être, mais je
ne leur ai donné qu'un regard distrait, quelques heures
de désœuvrement, mais rien d'intime et de personnel
parce que... pris ailleurs ! Mais tout ceci, ne serait-ce
pas une consolation ? la naissance d'un regret moindre
de quitter la vie ? de mourir ?... Ou ne serait-ce pas
plutôt le contraire ?... Que me voici loin du théâtre
de mes préoccupations actuelles ! et quelle diversion !
— Il y a un mois que je suis arrivé à Briançon, un
mois que je me morfonds dans une attente angoissante et que je subis des épreuves physiques et morales, de toute nature ! Ces ordres de départ précipités, suivis de contre-ordres non moins précipités,
sont déprimants au possible ; je ne cesserai de le
répéter. On entend les hommes redire à satiété :
« Mais qu'est-ce qu'on f... de nous ici ? » Il est
certain qu'il est incompréhensible, inexplicable qu'on
laisse au dépôt, dans beaucoup de garnisons, tant
d'hommes valides animés des meilleures intentions.
Qu'on prenne garde ! Ces hommes s'impatientent,
s'énervent, se lassent, leur courage et leur volonté

de se battre s'émoussent ; ils s'endorment dans une sécurité, dans une torpeur funestes. Est-ce qu'un réveil véritable « pour de bon » les trouvera vraiment prêts à accomplir vaillamment leur lourde tâche de soldat français? — Pour varier un peu, pour rompre cette monotonie, on nous a transportés aux nouveaux bâtiments de la manutention. Salles propres, bien aérées, nous y serons parfaitement, mais pour combien de temps? Nous passons l'après-midi à nous installer. A 5 heures, le lieutenant nous autorise à sortir. Joyeux dîner au Temple : l'on se sent revivre. Je savoure un demi-londrès. Eclairage brillant « de la carrée » mais nuit troublée par des rêves pénibles, et par des vols et des piqûres de mouches. — Ecrit à maman et à J***. — Rasé pour la troisième fois à Briançon,

Dimanche, 6 septembre 1914.

Matinée calme. On va laver à la Durance. — Nouvelles de la guerre encore mauvaises : les Allemands sont à Reims sans résistance. Les journaux pourtant sont calmes et plutôt rassurants : ordre supérieur sans doute. Mais, vrai ! c'est à n'y rien comprendre... A 11 heures, je monte à la ville haute, avec plusieurs camarades, assister à la grand'messe en mémoire des soldats du 159e, tombés au champ d'honneur. Foule dense, on s'écrase aux portes, beaucoup sont obligés de rester dehors. Des femmes, des officiers, des soldats. Un silence recueilli : même les incroyants qui baissent la tête et prient. De ci, de là, on essuie une larme. Comme ces cérémonies ont dû être imposantes dans les grands centres ! J'ai prié Dieu pour les miens, pour mes amis, pour mes camarades... Je l'ai supplié de nous accorder la victoire, même, s'il le faut, au prix d'énormes sacrifices..., et je suis sorti de l'église tout réconforté. — Après-midi, calme et repos à peu près complet. — Dîner à l'Hôtel de la Paix : bon menu, bon service, un rayon de joie dans l'anxiété où nous vivons... Nuit bonne. — Ecrit à ma famille.

Lundi, 7 septembre 1914.

Je me lève avec mal aux reins. Serait-ce une position défectueuse, ou plutôt de la fatigue? — Revue à 7 h. ½, par le gouverneur. On reste une heure en stationnement, ce qui est énervant et lassant au possible. Puis une promenade, du côté du Pont de Cervières. Le sac est bien lourd, et j'ai les pieds en compote. J'ai des moments de découragement pendant cette marche, l'envie de me jeter brusquement dans le fossé, de crier ma souffrance, de me révolter... mais le sentiment du devoir est encore plus fort, et je marche, claudicant, suant, la tête basse, serrant les poings, rageur quand même ! Au retour, je suis tombé sur mon lit, exténué. — Après-midi, exercice du même côté, en patrouille, sans trop de fatigue. Une averse, et l'on rentre. — Nous avons des caporaux incapables, bornés, de vraies bûches ! et il faut leur obéir... Nous nous en plaignons tous ; un changement surviendra-t-il peut-être?... — Cuisine moins bonne qu'à Berwick, faite par des hommes ignorant les principes élémentaires, « une tambouille », où les meilleures choses sont gâtées par l'inexpérience, aussi le chocolat joue-t-il un rôle prepondérant ! — Les nouvelles des opérations paraissent meilleures : les Allemands semblent à bout de forces. Difficultés de ravitaillement, manque de troupes fraîches, de repos, de sommeil, de but précis ; ils s'épuisent et se lassent... Serait-ce le commencement de la fin? Ou plutôt une feinte, une embûche, un plan, une impression? Toujours est-il que leurs masses semblent avancer moins vite, avec plus de circonspection. Dieu puisse-t-il confirmer cette situation ! — On nous a enlevé nos paillasses pour nous placer sur la paille seule. Malgré les nombreuses bottes apportées, je passe une mauvaise nuit, agitée, troublée par des coups de poing, que me décoche dans mon sommeil, mon voisin de gauche, M***, aux prises sans doute, avec quelques brutes allemandes !

Mardi, 8 septembre 1914.

Réveil à 4 heures moins le quart, pour effectuer une manœuvre du côté de Val-des-Prés. Forte et compréhensible appréhension ! Eh bien, contrairement à ce manque de confiance, mes pieds se sont bien

comportés et m'ont donné relativement peu de peine;
quant au sac, l'ayant allégé de ma veste, il a été très
supportable. — J'ai pu, dans cette manœuvre, constater l'absence complète de commandement : nous
avons fort mal manœuvré, les sections se gênant et
s'enchevêtrant l'une l'autre, les officiers ne connaissant pas les divers mouvements à effectuer, une lenteur désespérante à exécuter les ordres ; en somme,
ce qu'on appelle en langage militaire : « la pagaye »
la plus complète ! — J'ose croire qu'il en est dans
l'Est tout autrement, les troupes étant très sérieusement entraînées, et les officiers des plus brillants et
des meilleurs. Dans le cas contraire, ce serait bien peu
rassurant et expliquerait alors clairement nos échecs
précédents... — Depuis quelques jours, les punitions
tombent drues pour des motifs bénins, mais il faut
reconnaître que certains hommes abusent de la liberté
relative du temps de guerre, et compromettent la discipline « force principale des armées ». — Une lettre
de mon père des plus affectueuses et des plus enjouées.
— Après-midi, calme, lavage au long de la Guisanne.
— Je dévore des bouchées au chocolat. De ma vie, je
crois, je n'en avais fait une telle consommation ! —
Nuit assez agitée : cette paille m'insupporte, elle vous
pique les côtes et vous raye le visage. Du reste, je
manque d'appui, ma tête est trop basse, et je m'éveille
à plusieurs reprises, pris de lourdeurs. J'en verrai
bien d'autres !...

Mercredi, 9 septembre 1914.

Au matin d'abord, du tir au stand ; le mien est mauvais (une balle sur 8) ! puis du service en campagne du côté de Vortville. Cent mètres de pas gymnastique, retour sous la pluie. — Après la soupe, je rêve un moment, et je me dis que la guerre finira bien un jour, que j'en reviendrai aussi, après avoir fait tout mon devoir, et alors dans le très lointain, je vois quelque chose de brillant, de clair, de réconfortant : un peut-être !... doux, caressant : une espérance de fonder un foyer avec une jeune fille que je choisirai parmi les meilleures, et que j'aimerai de toute mon âme.... Mais d'ici là, que d'aléas ! que de dangers !.. que d'événements !... Vraiment les gens d'ici sont peu aimables pour les soldats ! Ils vivent cependant grâce à eux, et ils les traitent pis que des bêtes ! Avec cela, sans enthousiasme, sans idéal, abrutis, confinés dans leurs caves ou dans leurs taudis, brutes qui s'agitent dans le même cercle et se comprennent tout juste entre elles. Commerçants de pacotille, Français de situation mais non de cœur, race créée par le climat, par le sol, par son existence sédentaire, abâtardie, rachitique... Contrée à bouleverser de fond en comble, à refondre, à vivifier... Je les ai en horreur, ces gens-là ! Et nous devons assister à ce spectacle dégradant, avilissant, en temps de guerre ! Quel homme, fût-il exceptionnel, résisterait à pareille désagrégation de son organisme, de ses sens, de sa pensée, de ses aspirations?... Et voilà les goitreux !... Triste, infiniment triste !... — Décidément, les nouvelles sont bonnes depuis deux jours, l'élan allemand semble, non seulement maintenu, arrêté, mais brisé sur certains points. La masse usée, limée, fondue, paraît sur le point de se rompre, de se disloquer, de s'anéantir enfin dans la plus terrible des débandades. Ne chantons pas néanmoins victoire encore ! Le pays ennemi a peut-être en réserve certaines ressources immenses, inconnues de nous, mais il est à supposer qu'il a fourni son plus grand effort. Son résultat médiocre est signe de décadence. Hosannah ! Que le ciel confirme ces échecs et nous accorde une victoire écrasante et annonciatrice de rénovation et de paix universelles. — Reçu une lettre de ma famille qui me suppose parti ; il vaut mieux cela d'ailleurs, qu'elle se soit faite à cette idée : la brusque réalité la surprendra moins... — Une après-midi délicieuse pour le troupier : il a pu souffler, jouer aux cartes, flâner et rêver tout à son aise. Par contre, dehors, une trombe d'eau, un ciel noir comme l'encre, les nuages au ras des toits, une humidité pénétrante. Sur le soir, le temps s'est éclairci, mais il fait frais, froid même. Et toujours rien de Nette !

Jeudi, 10 septembre 1914.

Exercice du côté de Villars-Saint-Pancrace. Ecole de compagnie sous le feu. Pas trop pénible mais une rosée abondante. Des prés traîtres avec leurs ruisseaux couverts d'herbes où l'on trébuche, des chemins et des terres détrempés. Je suis rentré avec de la boue jusqu'aux genoux et les chaussures emplies d'eau. Mon vieux Gaby, tout ça, ce n'est que le prélude ! Tu verras plus tard... Et là-dessus, un chaud soleil de septembre, un ciel presque pur, à peine quelques échappées de nuages aux flancs des monts. — Ma grande distraction est de lire les journaux italiens, leurs six et huit pages regorgent des récits de campagnes et d'anecdotes guerrières. Beaucoup de « canards », de fantaisies, de fioritures, de développements exagérés, mais fort intéressants tout de même à lire ; puis, à côté des faits divers, des nouvelles personnelles de l'Italie, du théâtre, du sport, de la politique. Enfin, tout ce que j'aime... Je m'habitue à nouveau à déchiffrer cette jolie langue latine, que j'avais assez travaillée, et mes études antérieures me reviennent facilement en mémoire. — Une autre distraction, moins intellectuelle celle-là ! est d'aller prendre son café après la soupe du soir, et de faire quelques parties de manille ou de cinq cents. — Enfin, une lettre de Nette ! des lignes touchantes qui me paraissent sincères, toujours de la tristesse et de la mélancolie à cause de mon absence. — Après-midi, petit exercice en avant de Villars-Saint-Pancrace, de l'exercice à la baïonnette : rien de bien terrible, il m'a semblé... — Un bruit sensationnel ! Nous partirions demain !... *Chi lo sa* ?... — A 8 h. ½, en patrouille. Service qui me paraît bien fait. Rentré à 9 h. 20 sans incident.

LES VOSGES

Vendredi, 11 septembre 1914.

75 hommes par compagnie viennent d'être désignés pour un départ probable ce soir... Serait-ce donc ce fameux jour à la fois tant attendu et redouté?... On nous a distribué des vivres, on nous a fait noircir nos campements et nos gamelles. Les cerveaux sont en ébullition, les langues se délient, on parle à perte de vue, on échafaude des suppositions les plus risquées, les plus folles ; les bruits les plus contradictoires circulent comme une traînée de poudre, s'enflent démesurément pour éclater plus rapidement encore : on nous envoie en Belgique, à Orléans, reformer le 159e. Toutefois, la nouvelle la plus digne de foi est celle d'une concentration à Orléans. Je cherche à ne pas m'affoler et à envisager avec calme la situation. D'ailleurs, nous en avons déjà tant eu de ces alertes. J'ai préparé des lettres pour les miens, pour mes amis ; j'attends la confirmation officielle, l'heure certaine du départ, pour les confier à un camarade complaisant. Car les classes 1900 et 1901 (en partie) restent ici jusqu'à nouvel ordre. J'aurais bien aimé que nous nous embarquions tous, d'autant que je laisse plusieurs bons camarades, mais tout de même je

trouve parmi mes compagnons de route, un appui
fidèle, des hommes sur lesquels je peux compter...
Je me tâte, je fais agir tous mes membres, comme si
je devais en perdre ou en mutiler quelqu'un au cours
de la campagne. C'est une impression très bizarre,
très compréhensible, très humaine... Allons, tout va
bien ! Et maintenant, à Dieu, vat !... C'est curieux
comme je suis calme ! comme je me sens l'âme se-
reine ! comme mon énergie des grandes heures est
centuplée... comme je suis presque joyeux !... — Après
la soupe, les soldats se sont réunis ; ils ont chanté pour
noyer leur tristesse sans doute. J'ai « poussé » la
mienne, pour me dégonfler un peu, mais ma voix, je
le sentais, sonnait faux par instants... — Après-midi,
je suis sorti une heure pour me faire raser et friction-
ner la tête : la dernière fois peut-être de la campagne.
— Le capitaine a passé, pour la forme, une revue à
4 heures, et le lieutenant nous a rappelé nos devoirs
en chemin de fer. Nous mangeons peut-être notre
dernière soupe sur une table, puis il y a concert vocal
et instrumental. — A 6 h. ½, tout le monde en bas !
Les 75 dont je suis, quittent le cantonnement, embras-
sés par ceux qui restent. Cette fois, c'est la bonne !...
— Embarquement à 8 heures moins le quart. Nous
tombons dans un wagon de troisième, très peu confortable. Comble de guigne, le lumignon s'éteint...
on s'éclaire à la bougie. Départ à 8 h. ½ ; beaucoup
de monde à la gare. On crie : « Adieu les goitreux ! »
Exclamations, coups de gueule, chants. — L'on est
bien mal ! Enfin, on peut se mettre à l'aise : les sacs,

les fusils, les musettes, l'équipement, tout est placé
à la diable. On mange, on boit, on essaie de dormir.
Ah ! ouatch !... C'est comme si on voulait attraper la
lune avec les dents... On se tourne, on se retourne,
on se heurte durement au bois, on jure, on peste...
J'ai des impatiences dans les jambes, les membres
ankylosés, la tête lourde, les yeux bouffis.., et
tout au long du chemin les chants s'égrènent, éclatent en fanfare ; les refrains se reprennent de wagon
en wagon. Cette foule armée qui crie dans le noir, cette
clameur qui transperce les ténèbres, puis cette torpeur, cette atmosphère lourde, empuantie, ces silences
coupés de soupirs, d'imprécations, des mille bruits
d'un bataillon harassé, fourbu, en route pour la frontière... tout cela se heurte dans mon cerveau alourdi.
Je me suis assoupi à peine quelques instants. — Passage à Embrun : 10 h. 45 ; arrêts dans cette ville et
à Gap. — Arrivée à Veynes à 3 h. 45. Nuit noire, il a
dû pleuvoir le long du parcours. Long arrêt. J'en
profite pour me débarbouiller et avaler un café juste
potable ; mais qui, en cette occasion, me paraît un
nectar ! — Départ à 5 h. ½, au petit jour, il fait humide. — A Aspres-sur-Buech, nous prenons la ligne
de Livron. — Un ciel pommelé, des éclaircies, un peu
de soleil.

Samedi, 12 septembre 1914.

Je ne veux penser à rien... Tant de choses vibrent
en moi !... — Des tunnels à n'en plus finir, une allure

ralentie, des courants d'air suivis de bouffées de chaleur. — On passe à Die à 9 h. 20, on en repart à 12 h.40
et le train file sur Valence. — Valence à 1 h. 40. Fol
enthousiasme ! Une multitude de femmes, de dames
de la Croix-Rouge, des jeunes filles. Un empressement
à nous être agréables, à nous réconforter. Distribu-
tion de médailles que l'on s'arrache. Quelle différence
avec les Hautes-Alpes ! L'on sent cette foule qui
vibre à l'unisson : mêmes aspirations, mêmes batte-
ments de cœur et d'âme... La Patrie ! qui se dresse
tout entière, d'un seul coup, contre l'envahisseur...
Et il en sera ainsi tout au long du chemin. — Dans
toutes les stations, les barrières craquent sous le poids
des gens qui s'y pressent. Des mouchoirs qu'on
agite, des mains qui applaudissent, des femmes, des
enfants, des vieillards, qui nous crient : « Rapportez-
nous la tête à Guillaume ! »«Au revoir!» «Bon voyage! »
« Bonne chance ! »« A bientôt ! » — Aperçu quelques
jolies créatures qui m'ont rappelé mon amie, et j'ai
songé aux miens, à mon Lyon, à ma jeunesse dorée !...
— A Saint-Rambert-d'Albon, des jeunes filles se pré-
cipitent aux portières, paniers et bouteilles pleins.
On se rue à l'assaut ! Tout cela est dû aux libéralités
des Dames de la Croix-Rouge et des habitants. Et
tous de crier : « On voit bien qu'on n'est plus chez les
goitreux ! » L'enthousiasme va crescendo. — Le bruit
court en route qu'on serait dirigé sur Belfort. La
« casse » serait alors plus proche... Attendons, et ne
perdons pas notre sang-froid ! Vienne ! — 4 h. 10. —
On suppute les chances d'un arrêt à Lyon. De beaux

projets : les parents, la femme, les gosses, l'amie, qu'on va retrouver un instant, le bon dîner au foyer familial, où l'on vous mangera de caresses, le bon lit qu'on ne connaît plus... et le reste ! — Chasse... La douche froide, glacée, inévitable : on se détourne de Lyon. Direction Givors, Paray-le-Monial... Les visages se renfrognent, on murmure, les beaux rêves croulent comme un château de cartes... La nouvelle ne m'étonne, ni ne m'émeut ! Je n'avais point caressé pareille chimère... D'ailleurs, ne vaut-il pas mieux ?... N'aurait-on pas retiré de ce revoir si court une tristesse plus grande, « un cafard » épouvantable?... N'aurait-on pas été enclin à commettre la gaffe, ou même de s'oublier, de déserter le détachement, de risquer la prison, plus peut-être?... C'est ma conviction certaine ; beaucoup d'hommes ne sont pas de mon avis. Mon sacrifice à moi était fait... alors, pourquoi l'esquiver?... Si j'avais revu mes parents, ma Nette, Yvonne, mon beau Lyon, que de souvenirs et de regrets remontés à la surface !... N'aurait-ce pas été retourner le couteau dans la plaie? — Tout est bien ainsi ! — Nous stationnons au moins deux heures à la gare de triage de Givors. Quelques instants de « noir » qui me reprennent... Tout de même ! sentir Lyon à quelques kilomètres, et ne point y aller ! Les hommes sont furieux ; quelques-uns même parlent de s'y rendre sans autorisation, certaines fortes têtes, paraît-il, ont mis leur projet à exécution. — Départ de Givors à 7 h. ½. — Nous nous sommes procuré une lanterne, mais son éclat, assez terne, finit lui-même par disparaître. Et c'est l'obscurité presque complète... — Nous nous arrêtons à Tassin-La-Demi-Lune, à un quart d'heure de Lyon ! de quoi vous plonger dans la plus sombre neurasthénie... A la gare, beaucoup de familles lyonnaises ayant essayé de voir les leurs ; parmi elles, les M***. — N'y aurait-il pas là quelqu'un de connaissance, maman peut-être, qui me chercherait?... Hélas ! comment cela se pourrait-il puisqu'elle ne sait rien?... — Lozanne, la Mure, Paray-le-Monial. — Allongé sur un des côtés du wagon, j'ai vainement cherché le sommeil ; j'en ai retiré une bonne courbature, et voilà tout... Long arrêt à Paray (où nous sommes arrivés à minuit 30 environ). Le train revient sur ses pas et semble prendre la direction de l'Est, et non celle de Moulins, d'Orléans. Je m'assoupis vaguement sur cette mauvaise impression. — Montchanin : 3 h. 40. On nous apprend que nous sommes en Saône-et-Loire. Mon appréhension était donc bien justifiée ! C'est encore la douche glacée ! On nous dirige sur l'Est... Toutefois un vague espoir : plusieurs lignes peuvent être encore empruntées qui nous rejetteraient sur la grande ligne Dijon-Paris, et les villes de Langres et Chaumont, placées en deuxième plan. — Je m'assoupis à nouveau, les hommes baissent la tête et réfléchissent..

Dimanche, 13 septembre 1914.

Le jour pointe : Arrivée à Alleray à 6 h. 10. — Nous y apercevons le premier convoi de blessés. — Il

a dû pleuvoir toute la nuit. car les routes sont détrempées il pleuviote encore. — C'est bien vers l'Est qu'on
semble nous diriger. On discute sur notre rôle à remplir. — Aperçu en route des wagons complètement
démolis, à la suite d'un tamponnement. — Saint-
Jean-de-Losne, 7 h. 25. Court arrêt. — En vue de
Gray, longue station. La gare regorge de trains, de
troupes, de matériel d'artillerie. Ça commence à sentir
la guerre, la poudre, les ravitaillements par derrière.
— Pose de 10 heures à midi. — Grande ramification
de voies ferrées, nous nous perdons dans leur sillage.
— Le pays est plat, mais riant et riche. D'abord, des
vignes, des terres labourées, puis des champs coupés
de bois et de taillis. — Le temps malheureusement est
sombre ; des nuées traînent. Vers Séveux, il semble
s'éclaircir un peu. — Là, halte de trois quarts d'heure
environ. — De 1 heure à 1 h. 3/4, la territoriale nous
offre le café. Sont joints à nous, des chasseurs à pied
(17e), de l'artillerie (6e), des chasseurs d'Afrique, le
157e. Nous formons ainsi un train qui n'en finit plus !
Et un souffle d'enthousiasme nous est apporté par
eux. On déclame, on joue du clairon, on agite des drapeaux... Où va-t-on? On suppute sans certitude. D'ailleurs, il paraîtrait que les ordres n'arrivent aux bifur-
cations qu'à la dernière minute. — A Villemon, cau-
sette avec les habitants, puis Veuvres, une région
marécageuse, d'immenses prés où paissent des vaches,
des bois. — Port-d'Atelier : 3 h. ½, et l'on prend la
route d'Epinal, laissant de côté celle de Chaumont
par Langres. C'est donc en Alsace et Lorraine qu'on

va opérer? — Saint-Loup, Aillevillers, halte d'un quart d'heure. Les femmes et les enfants nous acclament au long de la voie, près des barrières. — Des bois qui paraissent être de bouleaux et de chênes, des pâturages, un terrain vallonné, coupé de ruisselets. Des canaux (sont-ce bien des canaux?) sillonnent le sol en tout sens, s'entremêlant aux voies ferrées. A partir d'Aillevillers, le bois s'épaissit : massifs touffus, coupés de clairières. — Bavin, 5 h. 40. — Le temps s'est éclairci, et le soleil rougeâtre lance ses derniers feux. L'horizon reflète des couleurs d'incendie, sans doute ces soleils de soir de bataille ! — Les environs de la ligne sont bordés de prairies ; au fond, une bande plus sombre continue... Et toujours des trains ! — Quatre batteries d'artillerie descendent sur Gray, revenant du feu, superbes sous leur carapace de boue et de poussière. Les hommes, empilés dans les wagons, poussent à notre passage des clameurs guerrières. Il paraît que c'est le 13e corps qui descend et que nous sommes chargés de le remplacer. — Mes camarades ont des idées funèbres : ils se voient éventrés, « les tripes au soleil », la mâchoire fracassée, les jambes brisées... Je trouve la plaisanterie de mauvais goût et fort déplacée. Cela me donne presque la chair de poule, et je suis obligé de les morigéner. — Epinal, 7 h. ½. Une gare immense, encombrée de trains. On attend toujours des ordres. On annonce que les Allemands sont en déroute sur tous les points. — J'aperçois quelques blessés : des soldats de toutes armes. Au buffet, dans le hall, des civils sont calmes. On voit

simplement des femmes et des enfants, leur baluchon
sur l'épaule, qui fuient leur pays menacé et envahi.
L'on se fait donc à tout?... — Des hommes disent
apercevoir deux dirigeables défendant la ville des attaques des « taubes ». — Départ d'Epinal vers 9 h. 1/4.
On nous dirige sur Saint-Dié. Je m'efforce de dormir,
mais la machine a des à-coups, et je puis à peine m'as-
soupir. Cette nuit est-elle la veillée des armes?... —
Un bon point à Gaby... Il n'a pas parlé de Nette ici
depuis plusieurs jours. Son image pâlit !... Par contre,
combien celle d'une maman, laissée là-bas, est présente et lumineuse !...

Lundi, 14 septembre 1914.

On nous arrête à Autrey-Sainte-Hélène, à 1 h. 55
du matin. Descente du train. Nous campons en pleins
champs, nuit noire et sombre avec humidité. Je suis
brisé de fatigue. Nous allumons de grands feux et l'on
se presse autour. On dirait « le Rêve » de Detaille... —
Départ vers 6 h. 1/2. Dorénavant, je vais employer une
méthode spéciale pour les indications des villes et villages. D'ailleurs, il me sera très difficile de tenir mon
journal à jour. Le paysage est toujours le même : prés
et bois sur terrain vallonné. Nous traversons Hous-
seras. Les routes sont détrempées, il y a bien dix centimètres d'eau. Puis j'aperçois des trous creusés par
les obus. Les Allemands se sont donc avancés fort
loin. Les arbres sont fauchés par endroit et criblés de
balles, de même les fermes parsemées sur le parcours.

Plus on avance, et plus les traces des derniers combats sont nombreuses. En avant d'Etival, des tombes, des cadavres de chevaux, une multitude de capotes, vestes, képis, tout cela en lambeaux..., fusils en morceaux, rouillés, maculés de boue et de sang... A Saint-Benoît, vision horrible ! Maisons écroulées, en cendres, cadavres carbonisés, odeurs pestilentielles !... Dans le bois, le spectacle est plus horrible encore : il s'est livré là une bataille acharnée où ont donné le 159e, le 17e, les coloniaux. — Nous franchissons le col de la Chipotte et redescendons sur Etival, où il y a encore mille traces de luttes et de combats. — Une pluie diluvienne. Je souffre vivement des épaules, le sac me meurtrit ; mon esprit est bouleversé par toutes ces horreurs ! — Nous campons à Etival. Fontaine claire où nous buvons et près de laquelle nous faisons halte. — Il passe encore des régiments d'artillerie, et encore des obus, des équipements et des tombes, des fils télégraphiques coupés, des maisons mises à sac... Les Allemands ont fui précipitamment. — Nous allons coucher à Moyenmoutier, dans une maison attenant à une ferme. — « Cafard terrible », esprit en capilotade ! Ah ! mes parents, ma jeunesse, mes affections, mes amis !... Que ceux qui restent là-bas sont donc heureux ! S'ils pouvaient voir cette désolation, ce carnage, cette horreur... — Je ne m'appartiens plus désormais. Nous sommes tous péniblement impressionnés ; le cœur est serré, et pourtant il faut avoir du courage ! — Vers 6 heures du soir, on entend le canon, il paraît que l'ennemi n'est qu'à dix kilomètres. Nous craignons de ne pouvoir dormir tranquilles, et pourtant nous sommes exténués et avons besoin de prendre des forces pour l'effort que la Patrie demande. — Nuit dans le foin, je me repose un peu. — J'ai cassé ma pipe en descendant du train.

Mardi, 15 septembre 1914.

Lever à 4 h. ½. On nous répartit dans les compagnies. Le colonel nous harangue, ce qui me réconforte un peu. — Je suis envoyé à la 7e Cie, avec un de mes camarades, les autres ont été envoyés ailleurs. Nouveau « cafard » pour cette mésaventure ! C'est qu'avec une nature impressionnable comme la mienne, un rien suffit. Je donne à un sergent, qui peut-être doit retourner à Briançon, une lettre pour ma famille. — A la 7e Cie, je retrouve des camarades du 159e : J*** C***. — Mon ami D*** est légèrement blessé au pied. J'en éprouve un gros chagrin... Pourvu que ce ne soit en vérité que légèrement ! — J'écoute tous les récits des combats, et je frissonne... Mais c'est certainement une affaire d'habitude... J'ai bon espoir malgré tout. — La 7e Cie est cantonnée dans une ferme. Je patauge toute l'après-midi dans la boue ; je me fais raconter par les hommes qui ont déjà vu le feu, les récits de batailles auxquelles ils ont assisté. Certains doivent y mettre de l'exagération, mais en coordonnant toutes leurs données, on peut arriver à former un récit complet et assez exact. La guerre paraît se résumer ici dans une série de combats excessivement meurtriers, journaliers, mais d'assez peu d'étendue : guerre de surprises, d'embuscades, de coups de main. D'ailleurs, le pays est essentiellement propice à ces escarmouches et à ces luttes successives. Des collines, des pitons touffus, séparés par des cols ; de ci, de là, dans une échappée, à des endroits moins resserrés, de coquets villages, riants, de jolies petites maisons avec des jardinets clos de grilles, ou de barrières de bois. Puis, des fermes importantes, vastes, tout au long des ruisseaux, avec des prés grimpant jusqu'aux pentes des mamelons. — On mange à toute heure on grignote un morceau de pain, un bout de chocolat, quelques pommes de terre cuites à l'eau et du riz. — A la nuit, je pars au ravitaillement, le fusil à la bretelle. Le lieutenant, seul gradé valide de la compagnie, et la commandant, nous a bien recommandé de ne jamais nous éloigner, ni de quitter le cantonnement, sans avoir eu la précaution d'emporter une arme chargée. — Des patrouilles allemandes, très entreprenantes, très osées, viennent rôder jusqu'aux alentours du cantonnement français, et ne manqueraient pas de tirer sur tout soldat isolé et trop aventureux. Aussi, pour répondre à ces incursions fort audacieuses, lançons-nous à chaque instant, en avant du front, des patrouilles de quatre hommes. Elles aperçoivent souvent l'ennemi, essuyant des coups de feu, y répondant, et rentrent parfois amputées d'un des leurs. Ce service de surveillance continuelle est, au dire des hommes, le plus dangereux, le plus énervant, le plus redouté. —

A cette corvée de ravitaillement, nous prenons la subsistance nécessaire à la compagnie pour un jour. — Couché sur la paille, avant de m'endormir, j'ai établi un parallèle entre ma vie présente et les jours heureux de ma vie civile. Quel abîme !... J'ai songé avec angoisse à mon père, à maman, à mes affections, à mes amis... Les souvenirs ont afflué en foule... ! Non! ceux qui n'ont jamais vu ce que je vois ne peuvent s'en forger une idée, même approchante. Moi-même, qui ai été soldat, j'étais, oh ! combien loin de soupçonner la dure vérité... et je n'ai encore rien vu, puisque je n'ai pas marché au feu !... Ah ! Nette... Yvonne! qui, certes ! je le reconnais, pouvez avoir des angoisses morales, songez à ces jeunes hommes pleins de santé, qui supportent les plus dures privations et les plus lourds sacrifices... Vous qui êtes couchées tous les soirs dans un bon lit, qui mangez sur une table, qui vivez normalement votre vie et prenez des distractions et des plaisirs, que diriez-vous, si vous nous voyiez allongés sur la paille humide, souillée de terre grasse, mangeant à la diable, dans le même plat, sans sièges, toujours sur le qui-vive, à la merci d'une surprise?... Et je parle aussi surtout pour vous, jeunes gens, qui avez été réformés trop vite, à la légère, et qui coulez des heures paisibles à vos foyers, auprès des vôtres, de vos affections, de vos amies... (quand ce ne sont pas celles des autres...). Que diriez-vous de ceux qui veillent, ici pour l'intégrité et la grandeur du sol français, pour votre salut et votre liberté?... — Si je me laissais aller, j'écrirais des pages et des pages,

et il me faudrait des carnets entiers et bien des crayons
pour noter ces mille sensations qui me traversent, ces
pensées qui s'agitent, ces faits qui me frappent, ces
réflexions que me suggère l'étude des événements
actuels !... Je suis obligé de me restreindre. Au surplus, outre que le temps me fera souvent défaut, j'aurais peur de me répéter trop souvent ; j'ai d'ailleurs
pu le constater au cours de ces premières pages, écrites
cependant à tête reposée, dans un calme relatif et une
sécurité à peu près complète. Tandis qu'à présent...
— J'ai eu froid toute la nuit, aussi j'ai fort mal dormi.
La couche est dure au reste, et le sac, pour oreiller,
n'est pas des plus moelleux... Ah ! mon bon lit !... ma
petite chambre !... c'est maintenant que je vous apprécie....

Mercredi, 16 septembre 1914.

Toujours la pluie ! l'horizon sale et bas... J'erre
dans la cour de la ferme, les oreilles aux écoutes des
racontars des camarades allés au feu. — J'écris à ma
famille, à mon amie, à J***, mais comme le vaguemestre ne vient point tous les jours, j'ai grand'peur
que mes missives ne partent pas aujourd'hui. — Je
me suis représenté l'aspect de Lyon, et naturellement
le « cafard » m'a repris. Tous les réservistes arrivés ici
comme moi semblent passablement las et abattus : je
ne suis donc pas le seul à avoir des idées noires ! —
Dans l'après-midi, la 3e section où j'ai été affecté va
aux tranchées à 500 mètres en avant du cantonnement

de la compagnie. — Le temps semble se lever un **peu,**
et le vent souffle avec assez de violence. — Tout le
matin, et maintenant encore, on a entendu le canon,
plus rapproché qu'hier, à ce qu'il me semble. Recu-
lerions-nous? ... Manque absolu de nouvelles des opérations. Où en sommes-nous? Dieu veuille que nous
ayons pris le chemin de la victoire ! — Nous établis-
sons nos avant-postes dans la maison d'un garde-
forestier, riant cottage avec un jardin potager et des
fleurs, une tonnelle, une eau abondante. Les gens y
sont aimables et nous reçoivent bien. — Les tranchées se composent de grands trous ronds, ou de rec-
tangles ; la terre est rejetée en dehors et maintenue
solidement par des branches d'arbres, le tout faisant
face à Malefosse. — Dans l'après-midi, je fais mon
petit tour de propriétaire. — Grâce à l'obligeance de
camarades, je fais un repas copieux en la circons-'
tance, puis je prends la garde de 7 heures du soir à
10 h. 30. Fort de la mission que j'ai à remplir, je me
tiens l'oreille aux aguets. Un moment d'angoisse...
La surprise, l'embuscade... Mon voisin de droite est
plus affolé que moi, et croit voir surgir à tout instant
de l'ombre... un Prussien... (on entend en effet le pas
d'un cheval de uhlan retentir sur la route.) Il s'approche... Je me sens frissonner ! Mais mon voisin de
gauche, qui a vu plusieurs fois le feu, sourit et sa
confiance me remplit d'aise! Allons! la surprise ne
sera pas pour cette fois... — Il fait humide, froid
même ; de gros nuages courent au ciel découvrant
cependant parfois quelques étoiles ; des buées mon-

tent du sol, enveloppant la terre d'une gaze légère. —
A 10 h. 30 relève. — Je vais me reposer dans le foin;
et, bien que surpris par des frissons, je dors convenablement.

Jeudi, 17 septembre 1914.

Ce mauvais temps couvert, ces averses violentes,
cette pluie maudite, fine et pénétrante. De ci, de là,
un rayon de soleil, mais combien pâle ! Le matin, je
vais avec trois hommes porter le ravitaillement à Malefosse. Route encaissée entre les monts ; je songe
qu'un ennemi embusqué derrière un arbre, pourrait
bien m'envoyer « ad patres » sans que je m'en aper-
çoive ! Brrrrr..., mais on s'y fait !... — Au bas des
tranchées coule une petite rivière, où le fils du garde-
forestier pêche de petites truites; cela me rappelle le
Durzon de Nant. Ma foi ! c'était autrement gai... —
Depuis mardi mon escouade va s'établir en face de
notre bivouac, garder une route, sur l'autre bord de
la rivière. Plein bois, solitude, mince cabane que des
camarades antérieurs ont commencé de construire.
— Une pluie diluvienne ! Que c'est triste ! Et les
heures longues, longues... Je viens de passer, je crois,
la plus mauvaise nuit de mon existence : j'ai couché
dans l'eau, grelottant de froid, les jambes raides, les
reins moulus, les épaules brisées, la tête lourde. Du
plafond de la cabane, que nous avons cependant quelque peu aménagée, tombent de grosses gouttes sur ma
capote, mes mains et ma figure. Quelle impression dé-

sagréable ! De la boue, des courants d'air mortels, un vent soufflant en rafales, les arbres qui gémissent, pleurent, des coups de vent encore qui ébranlent les parois des feuillages et projettent de l'eau, des feuilles, des débris de mousse... Je n'ai pu fermer l'œil, bien que harassé. Et avec cela, des reflets de ma vie passée, des souvenirs... Quel contraste !... L'abomination... de quoi pleurer comme un enfant... Des minutes qui semblent des siècles, quatorze hommes en tas dans un espace de cinq mètres carrés environ, se plaignant, grommelant, montant la faction à la porte, à tour de rôle... En somme, une de ces nuits qu'on n'oublie pas ! Et, à en croire les camarades, je n'ai encore rien vu ! Brr ! Brr !...

Vendredi, 18 septembre 1914.

Matinée occupée à consolider la cabane, à faire du feu pour se réchauffer un peu. Mes vêtements sont trempés, mes membres sont raidis, j'ai un « noir » terrible... Mais je veux résister et je vaincrai ! — Relevé de garde à midi, je retourne au bivouac, à la maison forestière. — Quelques rayons de soleil sont les bienvenus. — On entend le canon avec persistance ; hier, ce fut le matin, et vers le soir, aujourd'hui à midi. — Naturellement, des bruits circulent sur notre front : il paraîtrait que Senones, aux mains des Prussiens, aurait été bombardé et que tout l'état-major serait fait prisonnier, au prix de trois cents tués ou blessés. Le 159ᵉ aurait fourni le 3ᵉ bataillon. Puis l'on apprend que c'est simplement une batterie qui a été détruite, que les Allemands ont quitté précipitamment la ville et qu'il y a seulement un mort et trois blessés ; enfin que les Français ont été vendus à l'ennemi et qu'une batterie a été démontée. Il en est ainsi tous les jours de ces racontars. L'on n'a aucun renseignement officiel, et toutes les nouvelles apportées, soit par des soldats, soit par des civils, sont sujettes à caution. Ce qui me semble de toute évidence, c'est la reculade des Allemands : nous les maintenons à la frontière, nous empêchons toute incursion en notre beau pays, déjà si terriblement éprouvé, livré au pillage et à l'incendie. D'ailleurs, la pénétration de ce côté-ci paraît des plus difficiles : le vallon est fort resserré, la forêt fort touffue, et il suffit de quelques barrages d'arbres et de quelques postes à la Bugeaud, en avant d'autres petits postes, pour arrêter les reconnaissances ennemies. — Certains habitants du pays sont douteux et soupçonnés d'être de connivence avec les Allemands. On en a, paraît-il, surpris plusieurs, notamment une femme, qui prêtait aux soldats ennemis des habits féminins, et que l'on a fusillée. Je crois, au reste, le fait vraisemblable, car le mélange des deux races a dû se faire jusque dans ce pays. — Si je pouvais recevoir quelque lettre de Lyon ! j'en serais ravi, mais je n'y compte guère encore... Je souhaite par-dessus tout, que les miennes arrivent à bon port, surtout à ma famille dont je pressens l'angoisse ! — Les hommes que nous sommes venus rejoindre sont enchantés de ne pas retourner au feu. Ils goûtent aux charmes (cependant bien réduits!) de journées d'avant-postes et souhaitent ardemment que cela dure. Moi, pas : il me semble qu'en plein champ de bataille on se grise, on oublie, on vit double ! et que cette vie de périls incessants doit être plus intéressante que celle que nous menons ici. — J'écris de la tonnelle, au milieu des ébats des filles du garde-forestier. Cette jeunesse courageuse, bien qu'insouciante, qui s'amuse en plein champ d'opérations militaires ! — De temps en temps, on entend dans le lointain un sifflet de locomotive qui passe à Etival, où les communications ont été rétablies, et je la suis, cette locomotive, remorquant ses wagons, crachant sa fumée noire, dévalant les pentes et grimpant en soufflant les côtes vers Epinal, Gray... Lyon !... Elle emporte tous mes désirs avec elle, tous mes rêves, tous mes espoirs, toute ma joie... Retourner là-bas parmi les miens, ayant secoué cet affreux cauchemar, libéré de cet étau meurtrier dont les pinces menacent à tout instant de m'enserrer... Quel formidable chaos d'espérances et de déceptions !... — Si l'on se laissait aller à la tentation, on mangerait à toute minute, car il est besoin d'avoir des forces pour réparer les heures de sommeil perdues. Ah ! depuis vendredi dernier, je puis bien assurer que je n'ai point dormi cinq heures consécutives. — Les averses succèdent aux averses, les gouttes tombent serrées, implacables, le vent siffle, la forêt gémit. — De 10 heures à 1 h. 30, garde en avant de la maison forestière. Elle passe relativement vite. Pressés les uns contre les autres, on tâche de se réchauffer, et pour abréger la veille, on parle, on raconte des histoires, on dit des blagues. Moi, je rêve à là-bas... — Dans le foin, je peux passer ensuite quelques heures satisfaisantes.

Samedi, 19 septembre 1914.

Un mois jour pour jour, que mon régiment s'est battu en Alsace ! — Temps : le même ciel noir, des torrents d'eau, une bise aigre, des rafales, des nuages chargés d'encre, un paysage funèbre avec de grands bois sombres... — Le matin, je dois à l'obligeance de la famille du garde-forestier de pouvoir me réchauffer et me débarbouiller auprès d'un poêle chargé jusqu'à la gueule. — Je veille aux tranchées avec mon escouade (la 10e), service bien calme, surveillance bien bénigne. — Hier, je me suis aperçu que mon paquet de cartes-lettres était presque inutilisable : l'eau en a collé les feuillets, et je suis obligé de les détacher au couteau. — Dans l'après-midi, j'ai eu un moment de désespérance, le cœur gros, la cervelle à l'envers... Mais tout de même, j'ai réagi. Foi ! confiance! espoir! telle est ma devise. — On n'entend plus le canon. — Des camarades rapportent que les habitants de Senones ont reçu des autorités françaises l'ordre d'évacuer leurs demeures, afin de permettre à l'artillerie de bombarder copieusement la ville où tiennent encore les Allemands. Je me représente cette fuite éperdue : ces braves gens qui emportent au plus vite leurs hardes, affolés, l'âme chavirée, dénués de tout ! — Je suis de garde de 7 h. ½ à 10 h. ½, autour d'un feu. Des récits, des épisodes, des exagérations sur un fond de réalité, des combats soutenus par le 159e. Tout de même, si l'ennemi s'était approché à ce moment-là, quelle belle cible nous leur offrions ! quelle héca-tombe ! Vrai !... insouciants du danger comme on l'est à notre âge, nous ne veillons pas assez... Et ce-pendant, nous n'en pouvons plus ! — Nuit satisfai-sante dans le foin. Ah ! il faut savoir se contenter de peu... On perd absolument la notion de toutes choses, on ne s'appartient plus, on n'est qu'un matricule...

Dimanche, 20 septembre 1914.

J'ai tâché de faire un brin de toilette, et j'ai donné mon linge à laver à nos hôtes qui sont fort complai-sants pour moi. Ils ont vu que j'étais « un homme en place », suivant la locution du pays, et ils ont certains égards pour ma personne. — J'ai écrit à mes parents et à Nette, et j'ai confié mes lettres à une des filles du garde. — J'ai bien pleuré !... — La cuisine n'est pas mauvaise et je mange à ma faim. Certains ont acheté un lapin et l'ont savouré à leur aise. C'est drôle ! cela ne me dit rien d'en faire autant. — J'ai eu la chance de tomber dans une escouade où les hommes, sans être de ma condition et de mon milieu, sont assez intelligents, propres et serviables. Mais combien sont vraiment peu intéressants ! Paysans, ouvriers de la terre, dont les capacités ne dépassent guère celles de la bête, et qui ne songent qu'à bien manger, boire et dormir. — Le temps s'est levé un peu et le soleil a fait une bien falote apparition; cela quand même m'a réconforté. — Je prends la garde toutes les quatre heures ; n'était l'humidité, ce serait presque un plaisir ! La nuit, de service avec mon escouade (de 1 heure à 5 heures), en rond, autour du feu, on se confectionne un fort café, sans sucre, et l'on épluche des pommes de terre que trois camarades ont été arracher de nuit, vers 3 heures. Si Nette me voyait dans cette occupation !...

Lundi, 21 septembre 1914.

Même temps brumeux, sale, avec de violentes averses. — Le matin, une petite corvée de ravitaillement. A midi, la garde à la cabane. Des appréhensions... des craintes... Vais-je passer une nuit aussi lugubre que celle du 17 au 18 ?... Par bonheur, la cabane de branchages et de mousse a été remplacée par une solide en planches. Au milieu un brasier qui flambera toute la nuit. Des deux côtés, des planches, sorte de bat-flanc, sans déclivité, où nous avons étendu un peu de paille. Une porte, face à l'ennemi... — Vers les 3 heures, le canon a de sourds grondements qui se rapprochent, répercutés aux mille coins des monts et des bois. — Je conduis à la scierie, distante de 800 à 1000 mètres, en avant de notre front, un pauvre Alsacien qui va y chercher ses enfants pour les ramener à Saint-Priol, premier village en arrière de notre section. Il a fui Senones, occupé toujours par les Allemands ; veuf, avec cinq enfants en bas âge, il fait pitié... Pauvres gens, hâves, maigres, ces gosses et leur père, fuyant leur maison dévastée, leur pays ravagé par les obus et les balles, sous une pluie diluvienne... —- Ordre nous est donné d'arrêter toute personne et de la conduire illico au lieutenant commandant la compagnie. — La canonnade devient furieuse et semble plus rapprochée. Sont-ce nos batteries, ou celles de l'ennemi qui tirent si rapidement sur notre gauche? Je viens même de bien près d'entendre crépiter la fusillade. Le combat paraît général. L'on en suppute l'issue et prenons des mesures de précaution. Mais cette impuissance de ne rien savoir de précis !... — Allongé sur les planches, je somnole, bien que secoué de frissons. A 9 h. ½, je prends la garde, et au bout d'un moment : « Halte-là ! » dis-je... L'on voit d'ici le remue-ménage,... Le cœur bat un peu fort... Rassurons-nous : c'est un lieutenant du 163e qui ramène sa compagnie, battant en retraite, sous la poussée de forces supérieures. Les hommes de cette compagnie se traînent péniblement, harassés, le ventre creux, n'ayant rien mangé depuis la veille. Ils vont coucher à la ferme et nous rassurent sur notre situation. On se bat à quatorze kilomètres de nous, les Allemands ont, paraît-il, sonné la charge. Nous les avons attaqués, à l'avis de notre lieutenant, sur le flanc, du côté de Celles, essayant de les tourner,

la nuit seule a dû arrêter les opérations. — En sentinelle encore de minuit à une heure. Il fait froid, et tout
en étant attentif de l'œil et de l'oreille, je songe à mes
parents, à Lyon, à Nette... Que peut-elle bien faire à
cette heure? Est-elle rentrée? et avec qui? — La
lueur de notre feu se projette à l'extérieur, éclairant
les sapins ; des ombres passent : celles des hommes
qui se chauffent, secouant leur torpeur, fumant, ne
pouvant dormir. De temps en temps, un ronflement,
un soupir, un froissement de baïonnette, le pétille-
ment du bois dans l'âtre, la chanson de ce bois qui
pleure, l'étincelle qui jaillit du brasier, la fumée qui
s'en dégage et s'échappe par les interstices... J'ai les
yeux bouffis de sommeil, de veilles, je suis fumé,
comme un jambon ! Je m'assoupis, mais bien mal,
bien mal... Enfin ! le jour qui pointe. Somme toute,
la nuit est bien meilleure que celle du 17 au 18. —
Envoyé un mot au docteur C***.

Mardi, 22 septembre 1914.

Je finis mon service à la cabane. Le sommeil me
prend et je m'assoupis quelque peu. Un de mes camarades qui revient de communiquer des ordres à
Moyenmoutier, nous apprend que le 359e est du
côté de Saint-Benoît et que de nombreuses réserves
sont avec lui ; de plus, il apporte le bruit que nous
serions reportés en arrière, vers Epinal ou Verdun,
comme régiment de forteresse. Explosion de joie bien

compréhensible ! Mais ne vendons pas la peau de l'ours avant de l'avoir tué... — De retour au bivouac, le lieutenant nous ordonne de nous porter de 1200 mètres en avant, à la ferme des Prêtres, comme première ligne. Du coup, les visages se rembrunissent et les rires s'étouffent ! Mangeant hâtivement notre soupe, nous nous portons à l'endroit indiqué. Le lieutenant nous explique la situation : à notre gauche, un bataillon du 163e ; à notre droite, du 159e, en arrière, deux sections de notre compagnie à environ 2.000 mètres. En cas d'attaque, prévenir ces derniers au plus tôt, redoubler de vigilance, organiser une défense provisoire, mais solide quand même. Et nous voilà construisant une tranchée en avant de la ferme, abattant de gros arbres pour entraver la route. On place deux sentinelles doubles, dont je suis, pour surveiller les deux chemins aboutissant aux bâtiments. — A 7 heures, un factionnaire amène un homme qui vient nous prévenir que l'ennemi n'est pas loin, et qu'il a entendu une vive fusillade à 3 kilomètres. — Je prends la garde de 6 heures à 10 heures, dont une heure vingt en sentinelle dans les dispositions compatibles avec la situation, et sous l'impression de ce que je viens d'apprendre, cette faction me préoccupe vivement. Si tout de même, je voyais s'approcher l'ennemi?... Eh ! bien quand cela serait?... D'autant plus que je grille de voir de près ces brutes. Et là où je suis s'il en survenait un, je serais aux premières... Comme la nuit centuple ces impressions ! C'est moi qui veille pour ceux qui sont là, se reposant sans crainte, sachant qu'un des leurs, sentinelle vigilante ! doit se faire tuer plutôt que de faillir à son devoir... Et je songe aux miens !... — La nuit pourtant se passe sans alerte et je dors quelques heures toujours dans le foin.

Mercredi, 23 septembre 1914.

Au réveil, je pars communiquer le rapport de la veille au lieutenant. Au retour, je rencontre une patrouille du 103e qui m'apprend que le col à notre gauche est occupé par eux et qu'une section a été détachée en avant de nous à Malefosse. — Une belle journée en perspective : le soleil gai, pimpant, réchauffant, mais il fait bien froid tout de même ! — Mon lieutenant me fait appeler pour me demander ce que je faisais dans la vie civile, et il me fait un tas d'avances et de politesses, de sorte que me voilà avec lui dans les meilleurs termes. — De ci, de là, le canon, d'aucuns disent la fusillade. — Après midi calme, occupée à flâner dans le cantonnement et à prendre de temps en temps la garde. — Je ne vais pas très bien, quelques maux d'estomac, des rancœurs, un malaise général. — Mon lieutenant, qui décidément en pince pour moi, me donne quelques détails sur les opérations, sur la position des troupes françaises : le 103e est à notre gauche, le 3e bataillon du 159e à notre droite. Il a, comme moi, une confiance absolue dans la victoire. En échangeant nos impressions, nous fumons quelques cigarettes. Il y a longtemps que je n'avais eu de conversation avec quelqu'un d'un peu intellectuel... — Nuit fraîche, mais étoilée. — Garde de 10 heures à minuit. C'est bien long ! et j'ai froid aux pieds... A mon retour, je cherche vainement une place pour dormir. Certains camarades sont peu complaisants ! Je m'assoupis une heure sous la scierie, en plein courant d'air, je grelotte, des douleurs ; en somme mauvais sommeil, mauvaise nuit.

Jeudi, 24 septembre 1914.

Une journée magnifique, sans un seul nuage, un ciel bleu, un soleil rutilant. De la terre, montent des fumées immenses d'évaporation. — Le matin, avec ma section, j'effectue ma première reconnaissance. Nous nous portons en avant de Malefosse et joignons à la scierie de Coichot un détachement du 3e bataillon du 159e. Notre mission est ainsi remplie. Aucun ennemi signalé. — La route est toujours encaissée entre une série de collines excessivement boisées, et côtoie le ruisseau du Rabodeau. Mes pieds échauffés par la marche, me font un tantinet souffrir, et je tombe de sommeil et de fatigue. De retour à mon cantonnement, je profite d'une heure de repos pour me changer un peu. — Pas d'appétit ! cependant je grignote un bout de chocolat gracieusement octroyé par l'ordinaire, avec, l'on pense bien, une indicible satisfaction. — Après-midi repos. — Nuit reposante ; bien qu'enfoncé dans le foin, je me réveille à diverses reprises, saisi par la fraîcheur pénétrante des matins d'automne. — C'est bête, ce que je vais dire là... mais puisque j'écris tout ce que je sens et tout ce que je fais, pourquoi ne pas noter cet incident?... J'ai éprouvé une certaine peine de ce que mes camarades se sont régalés d'un poulet sans m'inviter. Je veux bien croire qu'il y a eu simple négligence de leur part ; d'ailleurs, je n'aurais pas pris part à ce petit festin, ne me sentant pas très bien disposé, l'intention toutefois m'aurait suffi. Et voilà !... C'est bien de l'enfantillage, n'est-il pas vrai?... — On parle toujours de notre départ prochain. — Des camarades, partis en patrouille, rapportent tenir de source sûre l'embarquement de deux bataillons du 163e, régiment qui fait brigade avec le nôtre, et disent avoir vu arriver des troupes fraîches, ou tout au moins reformées (21e bataillon chasseurs à pied). Destination : le Nord, ou une place forte de l'Est. Des chasseurs d'Afrique, étant venus porter des ordres à la compagnie, confirment ces dires, et nous donnent à croire que le régiment partirait bientôt probablement. J'avoue que la perspective d'un envoi dans le Nord ne me sourit guère, car on doit y cogner dur et ferme ! Enfin, je ne suis plus maître de mes actions, et ici ou ailleurs, à la grâce de Dieu... — Je fais partir les lettres que j'avais écrites à maman et à J***. — Je peux aussi me faire raser, bien-être fort appréciable.

Vendredi, 25 septembre 1914.

Nous buvons avidement le café traditionnel, auquel nous ajoutons du lait (lequel est dû à notre contribution personnelle) et nous partons à Malefosse remplacer la section de notre compagnie, première en ligne. Des effluves chauds traversent le bois, puis l'on retombe par instants dans des coins frais où l'humidité vous transperce désagréablement. — Troisième journée de soleil. — Notre poste est placé dans un bas-fond où les rayons pénètrent difficilement ; aussi les endroits éclairés sont-ils particulièrement recherchés. On flâne, on cause, on mange un morceau. — J'ai tout le temps pour rassembler mes souvenirs et mes pensées, et je ne manque pas de jeter un coup d'œil en arrière : tout est en moi bouleversé, mes habitudes, mon emploi du temps, oh! combien différent... La comparaison, on le conçoit, est des plus pénibles à établir. Non ! je voudrais que les heureux de ce monde prennent seulement un jour notre place ! C'est qu'il y a loin entre une discussion au coin du feu, ou autour d'une table de café, et la réalité... dont nous vivons. — Les hommes se lamentent de la pénurie de tabac ; on ferait cinq kilomètres pour une cigarette. Ceux qui en ont conservé quelque peu sont entourés, adulés et on les supplie à deux genoux moyennant finance, de vouloir bien céder une petite part de leur fortune !— Nos fusils sont dans un état lamentable ! plusieurs sont tellement rouillés qu'on a de la peine à manœuvrer la culasse. J'imagine que, d'ici peu, nous nous chargerons de les dérouiller... en face des Boches (c'est le nom que les hommes ont donné aux Allemands). Des canons de fusils sont même bouchés, et rien pour les remettre en état : ni chiffon, ni graisse... J'ai pu me procurer un peu d'huile et j'en ai oint fortement mon mécanisme et mon levier. Il y aurait une belle revue d'armes à passer ! — Souffrant des épaules et des reins, mes camarades m'invitent à me reposer toute la nuit, j'accepte volontiers, très touché de cette délicate attention. — Nuit assez bonne, m'étant bien couvert avec ma capote. Mais ne serait-ce pas prudent d'aller passer la visite?...

Samedi, 26 septembre 1914.

Nous sommes relevés vers les 6 heures et retournons à la scierie des Prêtres. — Toujours le soleil plus chaud et bon. — J'écris à ma famille, mais je suis peu rassuré sur l'envoi de cette lettre, l'ayant confiée à un conducteur du 159e. — Les chasseurs d'Afrique apportent de bonnes nouvelles : une bataille livrée du côté de Toul se serait changée en déroute pour l'ennemi, particulièrement pour le 4e corps. — On n'entend plus le canon; de ce côté, les Allemands, se replieraient aussi. — A 4 heures, arrive le 2e bataillon en entier. Nous pressentons une marche en avant, l'approche d'une nouvelle action. — Je vois le capitaine B***, avec qui je m'entretiens quelques minutes. Il a aperçu, dit-il, le docteur C*** qui assure le service d'ambulance sur les derrières. — Nous quittons la scierie des Prêtres pour aller occuper celle de Malefosse, quittée le matin. — Là-bas, nous touchons du tabac. Explosion de joie ! et les doigts aussitôt de confectionner hâtivement des cigarettes... Comme par enchantement, toutes se sont allumées et, d'un bout à l'autre de la compagnie, ce ne sont que volutes légères, s'élevant dans le ciel assombri par le crépuscule. — Deux hommes du 140e nous rejoignent et nous font le récit de leurs misères, ayant perdu leur bataillon cerné par l'ennemi, errant quinze jours dans les bois, sans pain, sans armes, grelottant de froid, mourant de faim, à la recherche des lignes françaises... Ils ne sont plus que l'ombre d'eux-mêmes et avalent avec une gloutonnerie fort compréhensible le morceau de pain qu'on leur a donné ! Je me rends maintenant compte de ce qu'ont pu être leurs privations, leurs souffrances, et je bénis la Providence de m'avoir jusqu'ici épargné ce calvaire !... — Nuit satisfaisante dans le foin.

Dimanche, 27 septembre 1914.

On nous fait lever à 4 heures, avant la pointe du jour, et l'on piétine dans la cour de la scierie, attendant un ordre de départ qui ne vient pas. Enfin, l'on nous dirige vers la scierie de Coichot, où j'ai effectué le 24 septembre, ma première reconnaissance, —

Temps gris, mais température supportable. Par exemple, j'ai les pieds gelés, à l'habitude ! un peu de marche les réchauffera. — Nous stationnons à la scierie, et détachons en avant des demi-sections en barricadant les routes. Il est 10 heures, le soleil a pu percer les brumes, formant un épais rideau, et éclaire les bois de sapins. — Le lieutenant nous recommande de ne pas errer à l'aventure, afin d'échapper à la vue de quelque aéroplane audacieux. — Le 20e bataillon de chasseurs à pied arrive au cantonnement. On dit qu'il va attaquer Senones à une heure, de concert avec le 159e, la 7e compagnie exceptée. — Celles a été évacuée par l'ennemi qui semble battre en retraite sur toute la ligne. — Au rapport du soir, on nous lit un ordre du colonel dont voici à peu près la teneur : « Félicitations à la 7e compagnie (la mienne) ! Sur la brèche, aux avant-postes, depuis quinze jours. Encore un dernier effort, et ce sera tout. Le 159e sera relevé demain pour passer en deuxième ligne. » L'on sourit, l'on escompte un repos bien gagné. Moi, je ne me laisse pas aller à l'enthousiasme, je me méfie, mais cela me comble d'aise tout de même! — En attendant, ma section va prendre la garde, à 800 mètres du cantonnement. Il faudra redoubler de vigilance, situation très en l'air, très exposée, recommandations spéciales du lieutenant à cet effet. — Je prends la garde en sentinelle double de 10 heures à 11 heures, et de 4 heures à 6 heures du matin. — Vers 11 heures, bruit insolite, feuilles qui se froissent ; j'ouvre l'œil... et le bon ! « Halte-là ! » et la baïonnette reluit dans le noir. Mon camarade fait le même geste et nous sondons l'obscurité... Mais tout à coup, j'aperçois une ombre qui se profile dans la nuit, rampant et courant à perdre haleine. Je tire ! c'est mon premier coup de feu ! Heureusement que mon fusil est en assez bon état... Oh ! mes pressentiments !.. Au bruit du coup de fusil, le poste est accouru ; je retire une seconde fois, et je vise bien, car il m'a semblé voir s'écrouler une masse... En effet, en s'approchant, on relève un Boche, venant espionner. Oh ! il a reçu son compte... deux balles : une dans le ventre et l'autre dans le bras.

— Je suis très fier de moi... Félicitations du lieutenant et des camarades. Après interrogatoire de l'espion, on le fusille ce matin à la pointe du jour..., mais il était déjà à moitié mort ! C'est égal, en y songeant, je frissonne encore !.. Et je songe, en cette nuit, à mes parents, qui ne se doutent pas à quel danger je viens d'échapper ; ils ont prié pour leur petit soldat aujourd'hui dimanche... Et je rêve aussi à Lyon, à Nette qui sans doute m'oublie, à tous mes amis au feu, ou restés dans la grande ville... Que c'est lugubre ces songeries dans le bois, face à un ennemi sournois et tenace !... — A 6 heures du matin, on parle de nous relever : ce seraient des régiments de réserve qui prendraient notre place.

L'ARTOIS

Lundi, 28 septembre 1914.

Je viens de vivre les heures les plus pénibles de mon existence... et pourtant, Dieu sait si j'en ai vécu!... J'ai dû, pour cas de force majeure, abandonner mon carnet de route trois jours durant ! Mais le souvenir de ces journées et de ces nuits est si vivace et s'est si profondément ancré dans mon esprit, que je n'aurai pas de peine à en reconstituer les diverses phases. — Donc, à 6 h. ½, lundi matin, une section du 363e régiment est venue nous remplacer, et nous annoncer que nous étions relevés pour quitter ce pays. On juge de notre joie ! — La compagnie quitte le cantonnement de Coichot vers les 7 heures. On va effectuer une marche de trente-cinq kilomètres. — Nous passons à Saint-Prielle, Etival, que nous avions traversé à notre arrivée ; les indigènes nous font des adieux chaleureux, car nous les avons débarrassés des Allemands. — A Etival, on me remet une carte de ma famille m'apprenant qu'elle ne reçoit rien de moi, mais qu'elle a toujours confiance et bon espoir. Satanée poste ! — Je commence à souffrir des épaules, talées par le sac et endolories par l'humidité des bois.

— Nous franchissons le col de Saint-Remy, où s'est livrée une sanglante bataille, vingt-cinq jours avant environ. Maisons écroulées, brûlées, murs percés tels des écumoires, jardins ravagés, trous d'obus, lamentable spectacle qui va se dérouler sous nos yeux plusieurs kilomètres durant. — Nous franchissons le col du Bois-Haut, entre deux rangs de sapins épais, où les shrappnels ont creusé, par endroit, des trouées profondes. — Puis, descente sur Jeanmesnil, éprouvé encore par la bataille. Dans la principale rue du village, une exclamation de surprise et de joie ! le docteur C*** !!!... Il m'emmène avec lui et m'oblige à me restaurer. Voilà quinze heures que je n'avais rien mangé... Il m'offre de bonnes saucisses, un bifteck excellent, du gruyère, une chopine de vin et de l'eau-de-vie de marc. Il y a longtemps que je n'avais dévoré d'aussi bonnes choses ! Nous causons longuement de tous, de tout, de la guerre et de Lyon. A son avis, nous en avons encore pour plusieurs mois, et ce sera dur ! Le docteur m'annonce aussi, à ma profonde stupéfaction, que nous devons nous embarquer pour nous rendre probablement dans le Nord. Quelle douche ! Je revois aussi M. M***, attaché au groupe d'ambulance du docteur. Ah ! ils passent gaiement, eux, leur temps de campagne ! et malgré leur besogne, plutôt pénible, ils ont fort bel appétit et fort bonne humeur... Ah ! ces médecins !!!... — Je quitte le docteur avec le ferme espoir de le revoir le lendemain, à Moyenmoutier, où nous devons prendre un jour de repos. Avant de le quitter, il m'offre en cadeau une pipe superbe. — Et mon calvaire commence !... Partis de Jeanmesnil vers les 5 h. ½, nous nous acheminons vers Rambervillers que nous traversons en pleine nuit. La route est longue : des montagnes russes dont on ne voit jamais la fin ! Je traîne lamentablement, le cou en feu, les jambes flageolantes, harassé, fourbu... A force de volonté, j'avance, mais mon courage faiblit de minute en minute, d'autant que beaucoup de camarades lâchent pied et tombent dans le fossé, exténués... On dirait d'un troupeau affolé, éreinté, qui fuit l'orage, en poussant des clameurs de désespérance ! — On finit par s'habituer à l'obscurité et l'on se dirige plus sûrement. Les hommes tanguent, trébuchent, poussent des jurons. De temps en temps, on perçoit le bruit d'un sac qu'on remonte, la gamelle tinte... et le ruban se prolonge infini !...— Quelques lumières... Serait-ce l'étape?... Hélas ! non. Un village rempli de troupes, que l'on traverse encore : Romauss. — Je ne sais plus comment je puis avancer... la file des traînards s'allonge éperdument. Trois kilomètres encore environ, puis enfin Moyenmoutier... — Je m'affale sur mon sac, et, secoué par une crise de larmes, je reste là un quart d'heure, anéanti !... La voix du lieutenant me tire de ma torpeur. Elle crie : « Départ à minuit et demi ! » Jamais je n'aurai la force de repartir ! Je grimpe tout courbaturé, pantelant, m'enfouir dans le foin... Il est 9 heures environ.

Mardi, 29 septembre 1914.

Sommeil lourd. A minuit, réveil. On touche des vivres pour trente-six heures. Je n'ai point la force d'en prendre ma part. Et l'on s'en va... Comment puis-je marcher? Quelle réserve d'énergie est-ce que je possède encore? Il pleut : les gouttes fines et serrées cinglent la face. Un quart d'heure et l'averse passe. Les kilomètres passent aussi, les montagnes russes se succèdent, et l'on ne voit point la gare libératrice... — Le petit jour perce, des plaines vallonnées, un bois, enfin une ville dans le lointain... La délivrance !... Châtel-sur-Moselle. — Embarquement dans des wagons à bestiaux. Ce n'est pas riche, mais au moins l'on pourra s'asseoir un peu et se décharger de cet affreux sac qui vous meurtrit les chairs. — Long arrêt. Je cours acheter quelques provisions en homme précautionneux : saucisse, fromage, vin blanc, pain frais. — Je m'attarde à regarder la ville, assez plaisante, au point que j'arrive juste à temps pour que le train s'ébranle sous mon nez ! Je saute sur un truc et je m'installe sur un fourgon, seul, dominant le train et la campagne environnante. Que c'est beau la jeunesse ! Déjà je me sens tout ragaillardi, et j'en oublie presque ces heures passées, si dures pourtant ! — Mais, où nous dirige-t-on? Au nord, probablement Thann : tiens... l'on descend donc au sud, vers l'Alsace? — Epinal... De mieux en mieux. Dans cette ville, on me fait descendre de mon observatoire. Dommage ! j'étais si bien... Je rejoins ma section dans le wagon à harengs. Empilés, tels des anchois, les uns sur les autres, les membres las, ne pouvant nous allonger, ne fût-ce qu'un tantinet, nous entreprenons sous les plus mauvais auspices, un voyage qui, à n'en pas douter, sera long. D'Epinal, nous passons à Aillevillers, déjà vu à notre arrivée, puis Luxeuil, Saulx, Vesoul, où nous parvenons vers 3 h. ½ de l'après-midi. — Je consulte la carte pour tâcher de connaître notre point de direction. — Du paysage, je ne puis absolument rien voir, étant serré tout à fait au fond du panier !... — Gray, Dijon, de nuit, vers 8 heures. — J'essaye de dormir, mais ma mauvaise position, le sans-gêne des camarades, les heurts et secousses du train, ont tôt fait de m'enlever cette espérance. — Les Laumes : on nous distribue gratuitement un bon quart de café au rhum : il est 11 heures du soir. Et le train repart. Torpeur dans une atmosphère fétide, empuantie, d'autant que certains, se croyant dans une écurie, s'oublient fréquemment... O ma délicatesse ! — Tonnerre, Joigny, Sens, Montereau... Aucune erreur : nous filons sur Paris, après un coude immense et un détour sans nom; afin, à n'en pas douter, de dégager les lignes de l'est et du centre. Le jour se lève. A 7 h. ½, nous atteignons Villeneuve-Saint-Georges. Là j'aperçois les Anglais dans leurs trains ambulanciers : vêtements verts, hommes solides reluisants de propreté, pleins de santé, élégants même ! Puis je vois parmi eux un highlander avec sa jupe à carreaux. — Nous arrêterait-on à Paris? Le mot magique m'a frappé moi aussi : je cherche à me figurer son aspect, son atmosphère, sa conscience, Je n'y suis plus revenu depuis mon enfance (j'avais six ans alors). D'ailleurs, depuis Melun, de vieux souvenirs, ou plutôt des récits enfantins me reviennent en mémoire. Dans cette contrée, mes chers parents ont vécu leurs premières années de mariage, coulé leur lune de miel ; j'y ai moi-même essayé mes premiers pas, ou presque, pris mes premiers ébats, porté, plus tard, ma première culotte... Les larmes me viendraient aux yeux si je prolongeais cette évocation !...

— Nous empruntons la ligne de Ceinture et l'on n'avance plus que lentement, avec d'assez fréquents arrêts sans possibilité toutefois de descendre. — Champigny, Pantin, à midi, tout près de Paris. On aperçoit dans le lointain la tour Eiffel et Montmartre. Les hommes se pressent et se bousculent pour les contempler ; sur eux ce mot de Paris produit aussi son effet. — A Champigny des civils ont jeté de l'argent plié dans des journaux. — Nous quittons la Ceinture et poussons plus avant dans le nord. — Beaumont, Persan, Creil (vers 2 heures de l'après-midi jusqu'où les Allemands ont poussé leur randonnée. On entrevoit du reste quelques traces de leur passage. — J'écris à la hâte une carte à mes parents, leur donnant ma destination probable, et je la confie à un employé de la voie. — Nous atteignons Amiens vers 5 heures : la ville a souffert de l'ennemi. — La nuit tombe, les hommes sont fourbus, ils dorment assis et les cahots du train balancent leur tête alour-

die. — Toujours mêmes odeurs puantes même ankylose, même résignation !... — Je ne me rends plus
compte des gares que l'on traverse ; je suis, on peut
le dire, au bout du rouleau : masse inerte, sans forces,
sans conscience, sans vie... Toutefois, je déchiffre le
mot de Hangest où nous changeons de ligne. —
Des bandes de gamins et de femmes nous saluent
pourtant au passage de bruyantes acclamations. —
La ligne doit monter car « la machine a du mal à tirer » et s'arrête souvent. — Enfin, après plusieurs
heures de chemin de fer, on nous arrête en pleine
nuit... On débarque... Arras !... — Trois quarts
d'heure de stationnement sur les quais, puis, marche
à travers les rues pavées de la ville, à la recherche
de notre cantonnement. Il est une heure du matin
environ.

Mercredi, 30 septembre 1914.

Départ à 5 heures du matin. Le soleil descend à
l'horizon, incendiant le ciel d'un immense brasier.
Nous suivons, pour sortir, le boulevard extérieur
passant devant la gare. Population calme à l'air résigné. Les rues, toutes pavées, gênent et fatiguent
notre marche. Maisons toutes en briques rouges,
basses et coquettes. Les goumiers, resplendissants
sous leurs tuniques rouge sang et leurs burnous, nous
regardent passer avec intérêt... J'imagine que je vais
au feu, je songe que je vais entrer dans la fournaise,
connaître cette chose mystérieuse : la guerre ! car,

dans les Vosges, cela n'était pas encore ça. — Sortis d'Arras, on entend le canon, et on entrevoit la lueur des éclats d'obus. Sur deux, silencieusement, l'on avance. A environ quatre kilomètres, on prend un chemin à gauche, puis nous tournons un peu sur la droite. — Des artilleurs, des dragons, des chasseurs à pied, des autos nous croisent sans cesse. Au bout de trois kilomètres encore, nuit. Aux abords du village de Monchy, halte. A notre droite, brusquement, une fusillade et une canonnade enragées... Et des maisons flambent ! et des clameurs ! et la charge !... Couchés dans un champ de betteraves, stoïques, nous attendons notre tour... On reprend la marche en avant et pénétrons dans le village. Ma compagnie n'a pas fait cent mètres que, brusquement, une balle, suivie de plusieurs, siffle désagréablement à nos oreilles. On se tasse contre les maisons et on observe. Quelques balles encore... Dans cette nuit noire, elles me procurent une impression bien pénible ! Le commandant du bataillon, surpris, ne doit pas savoir, à ce qu'il me semble, quelle conduite tenir. On nous fait engager dans un boyau étroit, l'un derrière l'autre, silencieux, angoissés..., puis, débouchons sur une place. — Devant nous, des soldats du 70e occupent le haut du village. Dans un coin où ma section s'est déployée, un homme du 70e râle, et demande qu'on l'achève! Pas de major! pas de brancardier! pas d'infirmiers!... A côté de lui, des morts... et toujours devant nous, la fusillade ! Horrible spectacle ! Ah ! je n'oublierai jamais, je crois, ce crépitement sec, ces râles d'agonie, ces ombres qui se défilent dans l'obscurité... En avant, dans la cour, mornes, baïonnette au canon, nous cherchons un ennemi invisible. On prend des dragons qui portent des ordres, pour des uhlans. Un moment d'affolement, une bousculade... On se piétine au milieu des cris. Franchement, je ne me sens nullement à mon aise ! Angoissé, j'attends d'un instant à l'autre, dans cette obscurité brouillardeuse, l'apparition fantômatique de l'ennemi.

Vendredi, 2 octobre 1914.

Combat de Monchy. — Je viens de recevoir le baptême du feu et je crois bien me souvenir à jamais de cette journée mémorable où j'ai connu le sifflement effrayant des obus et le crépitement continu des balles jointes au frisson de la mort... Ramenés dans une des rues du village, à l'abri d'un mur, avec, devant nous, des sections du 70e de ligne, et une fusillade suivie de coups de feu espacés, ma section attend, tapie... Brusquement, il peut être trois heures (dorénavant, l'heure que je donnerai sera des plus approximatives), un ronflement sourd, et un obus éclate contre le mur de la maison où nous nous abritons. Ah ! il n'est pas besoin que l'on nous recommande d'utiliser les couverts ! Instinctivement, chacun s'est collé au mur, fait gros dos, ramenant son sac sur ses épaules et sa tête. On s'est accroupi, agenouillé, allongé tout du long près de son camarade, de sorte que la section entière forme une sorte de carapace: la fameuse tortue romaine. Et alors, la danse commence ! Des sifflements, des ronflements prolongés, stridents, lugubres, puis, une explosion violente, quelque chose qui croule, des blocs qui jaillissent, des tuiles qui volent en éclats et qui se dispersent à l'entour. Je remarque qu'on sent très bien venir le boulet, et qu'on peut prévoir le moment et l'endroit de son éclatement, à moins de proximité trop absolue. — Cette position de bonze accroupi, roulé sur lui-même, la tête aussi basse que possible, je l'ai maintenue au moins deux heures !... prenant à peine le temps de respirer, de me délasser, de secouer mes membres raidis. — Des camarades, à côté de moi, se sont assoupis... Quelle insouciance superbe ! D'autres, à mon exemple, frissonnent et redoutent la rafale. — On se parle à voix basse, pour ne pas s'oublier dans ce brouillard épais que strient les lueurs fulgurantes des shrappnels. Devant, toujours des coups de feu, à longs intervalles. — Au petit jour, on s'ébroue quelque peu. — Nous prenons un peu d'air en occupant l'extérieur du village. Les fusils entrent vivement en action, et nous tirons sans relâche. Et le clocher de ce petit village, point de repère merveilleux, finit par crouler sous les obus ! Les maisons, une à une, reçoivent leur part de mitraille. Le sol tremble, la terre se soulève, sous les éclats, l'air est irrespirable et rempli de ronflements. — Dans la cour, des hommes du 70e sont allongés contre le mur, raidis, la face blême. On peut être très brave, et trembler cependant quelquefois devant la mort qui est là tout près, et qui vous guette... Le blessé de la veille est mort faute de soins, tué par le froid. La canonnade et la fusillade redoublent : vacarme assourdissant ! L'ennemi approche... Pourrons-nous tenir?... Nos sections en bon ordre, se replient une à une. Les mitrailleuses crachent leur pluie de balles. — Dans la rue, on nous fait mettre baïonnette au canon pour charger l'ennemi à son débouché dans le village. Ce que cela va chauffer, on s'en doute !... — Maintenant, il peut être 7 heures. Des balles perdues sifflent à nos oreilles, les coups de feu se rapprochent, secs comme un coup de fouet. Et ce qu'il y a de curieux, c'est qu'il me semble que je m'aguerris, que je me fais un peu à cette musique discordante, à ce concert d'un genre bien particulier ! A côté de moi, des hommes, ceux qui n'en sont pas à la première, mangent, fument tranquillement, debout ou à genoux, le fusil entre leurs jambes. Ce ne sont pas comme moi, des novices au feu ! Certains officiers sont très crânes, et à découvert dans ce cul-de-sac que forment les rues de Monchy, transmettent et reçoivent des ordres ; d'autres, moins aventureux, se dissimulent et suivent avec inquiétude les progrès de l'ennemi. Car il avance lentement, mais il avance ! — Les compagnies déployées de chaque côté de Monchy se sont repliées et bataillent maintenant sur les flancs arrières. Nous avons eu le tort de ne pas occuper les maisons : si les Allemands y pénètrent, nous allons être canardés facilement ! Cela me donne fort à réfléchir. — Nerveux, le commandant cherche une solution. Tout à coup, on porte la nouvelle que l'ennemi amène à bout de bras un petit canon à l'entrée du hameau. Et les premières sections alors de se replier en hâte mais en bon ordre. Il faut quitter Monchy : la résistance est impossible ! — Nous sommes bien 500 entassés maintenant un peu à l'aventure, dans une des rues principales du village, car, de chaque artère, débouche un groupe qui se joint à nous. Dans ce boyau étroit, quelques coups bien dirigés auraient à coup sûr semé la panique et creusé dans nos rangs une trouée sanglante ! Par bonheur, à cet instant, les Allemands ont semblé manquer d'allant, de mordant. Peut-être aussi n'ont-ils point su saisir la belle occasion qui s'offrait à leurs armes? Toujours est-il que nous venions de l'échapper belle ! — A la sortie de Monchy, c'est une poussée irrésistible... la colonne prend de l'air, les hommes sentent qu'ils viennent d'esquiver un coup mortel, et ils dévalent en désordre, au pas de course, à travers la campagne. Entraîné, je fuis moi aussi, saisi à mon tour, je ne le cache pas, par cette peur intraduisible qui vous donne des ailes !... — Mais l'ennemi, qui avait essayé un mouvement tournant et débordé les ailes, nous prend de flanc et de front. Quelques sections toutefois réussissent à se former et organisent la retraite. A 300 mètres du village, la mienne, reconstituée, vient se porter en tirailleurs au long d'un champ de betteraves. Ah !... ce champ... je le revois encore ! Couché tout du long, le nez en terre, le sac sur la tête, j'entends au-dessus de moi ce vol continu de balles qui bondissent, qui font piouu... piouu..., se piquent dans le sol, rebondissent, rasent les champs, ou passent à plusieurs mètres de hauteur. Décidément ln'y a rien à tenter ! Au pas de course, il faut se replier. Alors, c'est une galopade folle, désespérée ; nous couvrons la distance d'un petit bois, situé à 600 mètres de nous. C'est là, à nouveau une pluie de balles, un bourdonnement de mouches incessant. J'en suis à me demander comment j'ai pu échapper à cet arrosage !... A un moment donné, je me suis trouvé aux prises avec la difficulté de franchir une barrière de fils de fer barbelés, mon sac s'étant accroché aux pointes... Derrière le bois, nous avons pu souffler. Ah !... j'en avais besoin... J'ai cru remarquer que notre retraite, admirablement soutenue par notre artillerie, n'avait pas été meurtrière : je n'ai vu, en effet, tomber aucun camarade. Derrière nous, les deux autres bataillons du 159e se retirent. A dessein, je quitte ma section qui file à droite, éparpillée, tandis que je prends plus vers la gauche. Je tombe sur des batteries françaises, puis avec deux autres isolés, je me joins à une compagnie qui se retire sur un plateau parsemé de meules. Les balles ne pleuvent plus, la canonnade s'éloigne. Sur le plateau très vaste, en avant d'Arras, bordé par les villages d'Athis et de Fampoux à gauche (côté de l'ennemi) et Saint-Sauveur, à droite, le 159e et le 7Ce se reforment. On élève des tranchées, je vais de ci, de là, cherchant ma compagnie. Je retrouve des camarades perdus, et nous décidons de passer la nuit près d'une meule, en arrière du 1er bataillon qui a pris la garde dans les tranchées. — Je suis anéanti, écrasé, assourdi par ce baptême du feu, et je songe à ceux que j'ai laissés !... Qu'ils ne sachent jamais la journée angoissante et terrible que je viens de vivre !... — Une nuit magnifique, un clair de lune étincelant, la campagne blanche, la pétarade par instant, le froid sous la paille, la prière... un sommeil entrecoupé.....

Samedi, 3 octobre 1914.

Lever probablement vers 4 heures. La lune éclaire encore. Nous attendons sous la meule. Autour de nous les compagnies se déploient ; la mienne (la 7e), est introuvable. Enfin, descendant vers un moulin qui ouvre ses grands bras sur le plateau, on nous l'indique : elle est en arrière des lignes, le long d'un parapet naturel. Quelques obus éclatent non loin de nous et nous atteignons le but. Une demi-heure de repos, puis la compagnie se défilant toujours derrière le fossé, nous sommes chargés de pousser une reconnaissance du côté d'Athis. — Une ligne de chemin de fer, des obus, et halte à Athis, où je me régale d'une chope de bière, et, deux par deux, nous avançons. Franchissant une ligne de chasseurs du 17e, en avant d'Athis, au long d'un enfoncement marécageux du sol, les patrouilles nous annoncent que Fampoux est fortement occupé par les Allemands, et qu'il vaut mieux se retirer, ce que l'on fait sans hésitation. — Voici le crépuscule. — On nous amène sous des meules pour y passer la nuit, toujours belle et lunaire. Quelques obus zèbrent le ciel ; aux quatre coins de l'horizon, des maisons brûlent, véritables torches servant de repère. — Admiré les prouesses d'un aéro inspectant les lignes ennemies, malgré la mitraille. — Pensées continuelles vers les miens...

Dimanche, 4 octobre 1914.

Nous avançons à l'aube vers les premières tranchées construites sur le plateau et nous portons en avant d'elles pour en établir d'autres. N'ayant point d'outils, je me sers de mon couteau et d'une cuiller, je ramasse du fumier, et tant bien que mal, je construis un abri, face à Fampoux. Oh ! je n'y reste pas longtemps ! Recevant l'ordre de nous replier encore, on part tous en « pagaye ». Malheur ! une pluie de balles, des obus nous saluent ! Essoufflé, je tombe derrière une meule, n'en pouvant plus ! Des camarades sont tombés, hélas ! fauchés par les éclats... Je viens encore de l'échapper belle ! Plus avisés, plus prudents, nous redescendons un à un, en avant, vers le fond du plateau, et nous nous tapissons à l'abri des paillers. Ah ! ces paillers, ces meules ! nous leur devons un fier bout de chandelle !... Et notre artillerie, elle est admirable et elle arrête net l'effort de l'ennemi. La fusillade et la canonnade m'ont paru ce jour-là moins furieuses. Toutefois, on n'a cessé de tirailler, surtout à droite, côté Saint-Sauveur. Nuit sous les paillers. On va porter le ravitaillement, et j'avale avec délices un bol de riz et un quart de café ; j'emporte également deux morceaux de viande. — Froid assez vif, pieds à la glace.

Lundi, 5 octobre 1914.

Continuation d'abris au centre du plateau. Toute la journée derrière les meules. J'ai les fesses talées, les membres endoloris, la tête lourde, les yeux bouffis de sommeil, et sale !... sale !... — Vers 4 heures, une canonnade à nulle autre pareille ! Quelque chose d'infernal, d'insensé, de fantastique !... Entourés d'obus, nous nous enfouissons les uns sur les autres, le sac sur nos épaules, recroquevillés, retenant notre souffle. Les batteries se répondent inlassablement. A 100 mètres, derrière nous les françaises nous assourdissent de leurs coups sourds. Ces bonnes pièces ! notre gloire et notre orgueil ! L'ennemi s'acharne sur Saint-Sauveur qui brûle. — Quelle est au juste notre situation?... Où en sommes-nous?... A 300 mètres, nous ignorons ce qui se passe ! Cette incertitude me pèse d'autant plus que certains camarades, fort pessimistes, émettent des hypothèses absurdes, déclarant que nous sommes cernés, et que c'est folie de persister à continuer la résistance. Je relève les courages, et m'efforce à calmer les appréhensions... mais ne vont-elles pas me gagner à mon tour?... — Des aéros évoluent imperturbablement au-dessus de nos têtes. Sont-ils des nôtres? Sont-ils allemands? Il est très

difficile de s'en rendre compte, et alors les suppositions vont leur train. — Nos batteries font merveille !
et, quoique découvertes par l'artillerie ennemie, répondent victorieusement, au point de réduire leur
adversaire au silence. A la nuit, l'horizon est parsemé
de torches enflammées qui clignotent dans le noir.—
Nous nous sommes délectés d'une appétissante soupe
de campagne et d'un café bien sucré ; cela me change
de mon éternel chocolat ou de la boîte de singe tradi-
tionnelle. Le ravitaillement se fait à minuit, afin d'éviter que les convois soient attaqués ; il en résulte un
brouhaha qui vous empêche de sommeiller. Et par-
dessus, un froid vif pénétrant la paille, les vêtements,
nous faisant grelotter éperdument... Dieu ! que c'est
dur la guerre...

Mardi, 6 octobre 1914.

A 1 heure du matin, ordre de départ. Nous battons
en retraite, craignant sans doute d'être coupés à
droite où l'ennemi est menaçant, et bien que le 159ᵉ
n'ait point perdu un pouce de terrain. Nous nous arrêtons un instant à Saint-Laurent et à Blangy, et
j'en profite pour me nettoyer et me brosser un peu,
la première fois depuis Arras ! — Saint-Laurent, jolie
petite ville industrielle, riche, avec de coquettes maisons rouges, des jardins fruitiers et des parterres de
fleurs. — Série énervante de marches et de contre-
marches à travers les rues de ce gros bourg, et aussi
dans celles de Sainte-Catherine, industrielle égale-

ment, comme la précédente. Les chemins sont couverts de troupes, surtout de l'artillerie partant au
front : 1er, 6e, 38e artillerie, 21e chasseurs à pied, 60e
infanterie, 97e infanterie, chasseurs d'Afrique, etc.—
Tous ces régiments nous donnent en les voyant une
impression de réconfort, et nous portent à croire que
nous sommes puissamment aidés et secourus. — Durant toute cette promenade, le canon allemand n'a
cessé de cracher aux quatre coins de la ville ! Aussi
rasons-nous les maisons, nous défilant le plus possible
au long des murs, des palissades, traversant vivement
le terrain découvert. — La population civile fuit,
alarmée, ou se terre épouvantée ! Des habitations
sont trouées par les boulets, des tuiles et des vitres
volent, des toits s'effondrent. L'église de Sainte-
Catherine brûle... Et dire que je m'habitue à ce spectacle de désolation et de mort !... — Finalement, on
nous reporte à Saint-Laurent, où nous restons une
heure en soutien d'artillerie, au bord d'une route,
près d'une usine de toiles goudronnées, en plein fracas
d'obus et de balles... Des blessés du 268e territorial,
passent sur des civières, blêmes, gémissant, gardant
encore dans les yeux l'angoisse de l'horrible mort qui
les guette !... — Des chasseurs du 17e gardent la ligne.
— A la tombée de la nuit, on nous cantonne dans
l'usine. Je frémis à la pensée qu'un obus malencon-
treux aurait tôt fait de faire sauter la toiture légère
et de nous anéantir.. J'ai reporté ma pensée vers
ceux qui me sont si chers ! Hélas !.. Nuit assez mauvaise, lassitude générale, lumbago.

Mercredi, 7 octobre 1914.

Lever à 5 heures. Promenade dans les rues sous le même concert d'obus qui frappent les maisons, de ci, de là. Le manque de décision de la part des chefs nous exaspère et nous décourage ! — A un passage découvert, nous tombons précisément sous le feu des batteries ennemies et avons trois blessés. — Enfin l'on nous installe au bout du village, entre deux murs, dans un chemin étroit que nous fortifions. — Elévation de barricades pour la défense possible du village. Et soudain, l'accalmie. — Les Allemands ont cessé de tirer, la fusillade s'est éteinte. — Le colonel passe, criant : « Il y a du bon, mes enfants, le 21ᵉ colonial marche à notre secours sur notre gauche ! » Un scepticisme, non dissimulé, accueille cette déclaration. Les hommes, bernés, se refusent à croire à ce secours providentiel... Et cependant, le combat a cessé. L'ennemi semble s'être sensiblement replié ; à peine quelques coups de feu, quelques shrapnells espacés. — Allongés au bord du mur, nous pouvons manger et boire. Voici plus de vingt-quatre heures que le ventre est creux ! — Des hommes, poussés par la faim, ont dévalisé certains débitants et reviennent chargés de victuailles et de liqueurs de toute sorte. Byrrh, eau-de-vie, pippermint, cassis, kummel, guignolet, bière... dont on fait un horrible mélange ! Les cerveaux s'échauffent, le ventre creux supporte difficilement l'alcool dont les vapeurs ont tôt fait de monter à la tête. Les voix se font plus fortes, les discussions plus échauffées, l'insouciance remplace l'inquiétude ; on ne pense guère à l'ennemi, tapi là, peut-être, à quelques pas... Je prends part, — un certain scrupule pourtant dans la conscience ! — à ce festin inattendu. Ah ! cette débauche après ce jeûne obligatoire... On a même dîné aux liqueurs, et nous avons eu ainsi une soupe au kummel, de la viande au pippermint, des pommes de terre à l'eau-de-vie !... Et ce que j'écris là est l'exacte vérité ! Je me souviendrai toute ma vie de ce repas fait à une heure de folie !... — Nuit à la belle étoile, après une journée resplendissante de gai soleil. Ma section garde une barricade, et nous couchons dans la rue sur quelques bottes de paille. — Fort tard, dans l'obscurité, le bruit des voix, emplies des vapeurs d'alcool, est monté dans le ciel ; quelques disputes même que la bienveillance des officiers a vite réglées. — Des coups de feu espacés, trois coups de canon ennemi qui auraient pu paraître un signal, une humidité et une brume intense, une somnolence agitée. — Sur le matin, un semblant de réveil des Allemands.

Jeudi, 8 octobre 1914.

Toujours derrière le mur, dans le chemin étroit. — Un temps couvert avec quelques échappées de soleil. Des bruits de bataille, quelques traces à peine : pétarades de petits coups de canon. — Comme hier, une multitude d'aéroplanes. « Cachez-vos pans, voilà un aéro ! » Et chacun de se dissimuler et de rester immobile, accroupi contre le mur. Toujours impossibilité d'en reconnaître la nationalité ! Ils paraissent remplir consciencieusement leur mission, car, sur les points repérés par eux, s'abat aussitôt une rafale d'obus. On les canonne fort de notre côté. Les Allemands, par contre, y mettent, dirait-on, un certain point d'orgueil, mais le tir est inefficace, et l'oiseau métallique évolue sans grande difficulté. — L'ennemi paraît bien avoir ralenti, sinon arrêté son offensive. Je serais même tenté de croire qu'il n'a laissé devant nous qu'un rideau de troupes pour masquer sa retraite. — Toutefois, dans le lointain, on entend le grondement continu des bouches à feu ; la bataille n'a fait en somme que se déplacer et nous soufflons un peu... Cela n'a rien d'extraordinaire, le front étant des plus étendus. — A la nuit, ma section obtient quelque repos. Nous couchons dans une remise, au milieu de la paille. Je me réchauffe un tantinet, quoique bien mal installé. — A huit heures, alerte ! Canonnade, mitrailleuses, fusillade, pendant un quart d'heure. Serait-ce que l'ennemi tenterait un coup de main, une surprise?... Haletants, nous attendons l'ordre de marcher. Heureusement le calme se rétablit et la nuit s'achève à peu près tranquille. — Aujourd'hui, anniversaire de ma liaison avec Nette !...

Vendredi, 9 octobre 1914.

Le temps couvert dans la matinée s'éclaircit et le soleil luit. — Journée de repos dans la cour d'une maison, attenante à la remise. — Nous achetons du pain frais brioché, qu'un boulanger à proximité, cuit jour et nuit. Quel régal ! — Les civils restés dans le bourg sont plutôt rares : principalement des vieillards qui n'ont pas sans doute voulu abandonner le coin de terre où ils sont nés. Il faut un certain courage, je vous assure, pour séjourner ici. Je sais bien qu'à leur place !... — Quelques obus, des coups de feu, des éclats dans la cour de la ferme, des aéros. — Des chasseurs du 17e nous apprennent que les Allemands sont retranchés à quelques centaines de mètres d'eux, et, qu'au soir, ils viennent impudemment se coucher dans les granges environnantes. J'admire ce sang-froid et me demande pourquoi notre artillerie n'envoie pas quelques boulets bien dirigés et à bonne portée. Mais la consigne est, paraît-il, de ne bombarder les maisons qu'à la toute dernière extrémité. On veut éviter des dommages trop considérables. Est-ce bien jugé? J'estime qu'il vaudrait mieux tout de suite faire place nette et nettoyer par tous les moyens à notre disposition. Les Allemands nous en fournissent eux-mêmes le meilleur exemple. Mais les dessous du grand état-major sont insondables... et je me tais. Toujours est-il que nous n'avons pas, de la sorte, un seul moment de répit, et qu'on se trouve à la merci de quelque obus fantasque, ou de quelque balle perdue. — J'envoie quelques lignes à ma famille. Puissent ces nouvelles la toucher et la rassurer sur mon sort. — L'ennemi aurait évacué Soissons et Reims, il lâcherait pied, mais non sans peine. Grands dieux ! que cela va lentement, et que les heures sont mortelles ! — Soixante prisonniers auraient été faits hier ici. Je vous fais grâce des mille bruits qui courent, produit de quelque imagination surchauffée, ou de quelque blagueur impénitent ! — Vers 5 heures, nous partons pour les tranchées, j'appréhende fort cette nuit à venir, et je redoute quelque surprise ou quelque balle vagabonde. Il est préférable, à mon avis, de voir venir la mort en face... — Nous traversons dans l'obscurité un grand parc : j'aperçois vaguement une pièce d'eau immense et un canal. — Au bout de 800 mètres environ, nous nous installons. Abris très sûrs, mais très étroits. Je m'allonge tout du long sans pouvoir trouver le sommeil. Fort heureusement, il ne fait pas froid. A 2 heures du matin, une averse de courte durée. — Fusillade et canonnade à l'habitude.

Samedi, 10 octobre 1914.

Un temps couvert, mais assez doux. Les heures sont longues dans les tranchées établies au centre d'un joli parc. Un étang au milieu, semé de nénuphars, et peuplé de cygnes, canards, poules d'eau, dont les cris discordants se mêlent au fracas des obus. Dans l'air, des corbeaux croassent lugubrement, et semblent dire : « Ia, Ia », tels des voix allemandes. — J'ai tout le temps de songer à là-bas !... Que font-ils?... J'essaie de m'imaginer l'aspect de Lyon, et je pense qu'il y en a beaucoup qui continuent à mener joyeuse vie, tandis que beaucoup d'autres se font tuer au front pour eux... Cette pensée m'est très pénible, et je la supporte avec d'autant plus de peine que j'aurais pu, si je l'avais voulu, rester tranquillement dans un bureau d'état-major quelconque en faisant agir mes relations et certaines influences, et aussi en prétextant ma vue faible. Mais voilà ! J'ai voulu faire mon devoir !... Dieu veuille me protéger et me ramener sain et sauf au milieu des miens... — Sur le front, c'est toujours le calme, un calme relatif, bien entendu, troublé par instants par la voix du canon ou un coup de feu isolé. — A 3 heures, je suis sentinelle double à 200 mètres en avant, en liaison avec les chasseurs du 17e, solidement retranchés à 300 mètres de l'ennemi, posté derrière la voie ferrée. Ils se déplacent de temps en temps en rampant jusqu'à des paillers où se tient leur officier ; quelquefois une balle part d'un bord à l'autre. — Nous sommes relevés à 5 heures. — Nuit bonne dans la paille, bien au chaud, mais vives douleurs dans le dos. Serait-ce de la paralysie?... — Pas entendu de fusillade. — Reçu une carte de maman qui m'apprend qu'elle a enfin reçu ma première lettre des Vosges ! Je pousse un soupir de soulagement, et me voilà quelque peu tranquillisé. Elle m'annonce aussi un envoi de linge ; je doute fort de sa réception !

Le service se fait en dépit du bon sens ! De plus, je ne serais pas surpris si l'on découvrait du coulage : certains camarades, en effet, sont si peu délicats et scrupuleux !...

Dimanche, 11 octobre 1914.

Un calme presque général, plein de menaces peut-être ! Sans doute, quelque grande action qui se prépare, car il me paraît étonnant que deux troupes restent si longtemps en présence, se croisant les bras, sans de secrets et redoutables desseins... Aussi, cette quiétude apparente ne laisse pas que de me tourmenter. Je crois, au reste que, plus on avance dans le métier des armes, moins on s'aguerrit et plus on redoute les combats. J'avais pourtant toujours entendu dire le contraire. Simple affaire de nerfs... ou d'appréciation, peut-être. — Le temps s'est levé et la journée passera belle. — Repos, je fais un brin de toilette.— Vautré dans la paille de la remise, je constate de plus en plus l'engourdissement de mes membres, une véritable ankylose qui sournoisement m'étreint et m'enveloppe. — Rhumatismes sans doute, un beau cadeau des Vosges! dans l'humidité des nuits passées dans les grands bois... — A 6 heures du soir, ma compagnie va relever la 3e aux tranchées, face à l'ennemi. Abris des mieux confectionnés, véritables terriers creusés dans le sol et recouverts de paille. Devant nous, deux lignes françaises, défense de tirer, ordre de soutenir seulement ces deux premières lignes en cas de retraite.

Après examen je suis plus rassuré sur notre position que j'avais d'abord envisagée comme précaire. Je suis bien au chaud, ayant beaucoup de paille à ma disposition, mais les reins me font horriblement souffrir. — Un brouillard intense pèse sur la campagne, toujours riche (champs de betteraves, terres labourées, vallonnements, paillers). — Au matin, le givre, un froid glacial, les pieds gelés, beaucoup de peine à les réchauffer, car le soleil ne perce pas facilement le rideau de brumes. — Nuit calme en somme. Pas de coups de feu.

Lundi, 12 octobre 1914.

On entend un grondement lointain et sourd. Je me suis aperçu hier que les cartes-lettres qui me restaient ont disparu. Cette perte insignifiante en apparence, me cause un certain ennui, car il est très difficile ici de trouver du papier à lettre et des enveloppes. Des hommes se sont vu forcés d'écrire sur l'enveloppe des cartouches ! Véridique... — Une belle journée. — Toujours dans la tranchée. — Vers les 4 heures, notre artillerie bombarde les positions allemandes : le tir paraît être des plus efficaces. Des paillers prennent feu, la voie ferrée est couverte de projectiles. J'ai vu l'ennemi déguerpir, fuir cette rafale meurtrière. Serait-ce une attaque que l'on prépare? — Dans l'air, beaucoup d'aéros, les Allemands canonnent les nôtres sans dommage. Dans le soir empourpré, les shrap-pnells semblent des papillons de velours blanc piqués au ciel : une lueur, un petit nuage blanc ou noir qui s'étale... Ce spectacle est du plus curieux effet ! Au sud, un ballon captif jette sa note sombre à l'horizon. — On nous relève à 6 h. ½, quand la fraîcheur commence à descendre. — Je reçois une lettre de ma famille éplorée, se demandant ce que je suis devenu, et se plaignant de ne pas recevoir de mes nouvelles. Ah ! ce service des postes ! ! ! Ma mère me donne d'intéressants détails sur mes amis et sur Lyon. — Comme je les relis ces lettres ! et quel réconfort elles m'apportent ! — Je mange de fort bon appétit, même gloutonnement, car on ne nous a pas donné la soupe depuis le matin 3 heures, crainte d'être vus par l'ennemi. — Nuit passable dans la paille, quelques frissons, sommeil entrecoupé.

Mardi, 13 octobre 1914.

Je me fais porter malade. A la visite, le major, quoique m'ayant bien ausculté, assure que je puis continuer mon service. Et moi qui espérais quelques jours de repos ! car je me sens vraiment fatigué. Je hausse les épaules de voir des hommes mieux portants que moi en ce moment, reconnus malades ! Faudra-t-il donc attendre que je ne puisse plus me traîner ? Un badigeonnage de teinture d'iode suffira-t-il à étouffer mes violentes douleurs rénales ? Si maman savait ça !... — Journée calme ; je me nettoie quelque peu. — Sur le soir, l'artillerie ennemie tire quelques obus. — Ma compagnie change encore de cantonnement et vient s'installer près du parc dans une grange. Je me couche tranquillement, vers les 7 heures, comme les poules ! escomptant une bonne nuit...

Attaque de Saint-Laurent et de Blangy. — Tout à coup quelques coups de feu vers 7 h. ½ ; puis la fusillade s'étend et le canon vient y mêler sa note déchirante et grave. Les obus pleuvent drus comme grêle. L'air est empli des sifflements lugubres des balles et des shrappnells. — Nous nous dressons en hâte et nous rangeons sous le hangar. Pas d'officiers, pas de sous-officiers, pas d'ordres... Que faire? La nuit noire, striée seulement des éclairs des obus. — De l'affolement, des interrogations angoissées : « Que faisons-nous? Où allons-nous? Si l'on était cerné?... Passons ici... non, par là... » Brusquement, des boulets éclatent tout près, les éclats rebondissent sur le toit de la grange. Nous tâchons d'aller rejoindre une autre section en nous repliant. Au moment de quitter la grange un obus éclate non loin de moi et des tuiles tombent à mes pieds. Nous longeons, une dizaine que nous sommes, un petit mur, puis rejoignons notre autre demi-section dans une des principales rues. — Les balles sifflent, les obus fusent, c'est terrible ! lugubre ! angoissant !... Brusquement, des projecteurs ou des fusées (l'on n'est pas d'accord à ce sujet) fouillent le village qu'ils éclairent d'une lumière blanchâtre. Nous nous faisons petits le long des maisons restées dans l'ombre. Des balles rebondissent sur le mur d'en face ; des hommes courent, gesticulent ; des officiers affolés recherchent leur compagnie... Quelles minutes de terreur, où j'ai, pour ainsi dire, fait mes adieux à ce monde, eu une dernière pensée pour tous ceux qui me sont si chers ! ! ! — A cette crainte des balles et des shrappnells dans cette obscurité fulgurante, s'est jointe la peur d'être frappé par des balles françaises ! C'est qu'on ne connaît malheureusement pas nos emplacements respectifs, et qu'une ombre qui passe vous fait tressaillir ! Est-ce un des nôtres? Est-ce un ennemi? — Enfin, j'entends la voix du lieutenant et du sergent : « Ordre de retourner à notre premier cantonnement. « Hésitation toute naturelle, mais une accalmie se produit et l'on se défile à la hâte. Mais là, nous trouvons notre sous-lieutenant nouvellement promu (un ancien sergent-fourrier V***), qui nous enjoint de courir à nos tranchées établies dans le parc. Hésitation encore, car enfin on nous fait aller et venir sans savoir ce que l'on veut ! Heureusement le canon s'est tu, et la fusillade a bien diminué d'intensité. — Avec deux camarades, nous nous arrêtons à la lisière du parc et attendons... Les autres sont partis en avant. Puis, sur mon conseil, nous retournons à la grange occupée par la 1re section de la compagnie et quelques-uns de la mienne. Brisés de fatigue et d'angoisses, nous nous allongeons sous le hangar, une seule sentinelle en dehors... Hélas ! au bout d'un quart d'heure, nouveaux coups de fusil, et le crépitement reprend plus intense encore et s'étendant sur toute la ligne, surtout sur notre droite. Les obus pleuvent, les projecteurs reviennent en action, mais nos batteries répondent cette fois avec vigueur. De plus, il paraît y avoir de grosses pièces lourdes. Affalés, nous ne bougeons pas ; certains même, assourdis, exténués, commencent à s'endormir !... Mille pensées m'assaillent ; je cherche à suivre la marche de l'attaque... Mon Dieu ! si nos lignes fléchissaient ! si nous étions tournés !... Des feux de salve, pareils à un pantalon que l'on déchirerait, des mitrailleuses crachant leur ouragan de fer, des shrappnells en plus grand nombre, et plutôt sur la droite... Enfin l'orage passe ! la fusillade se ralentit ; seules, nos pièces crachent encore du feu. Mon Dieu ! mon Dieu ! serait-ce fini?... Peu à peu, lentement, le feu va dégradant, puis s'arrête. Quelques coups de feu, et le calme renaît. Ouf !... un soupir de soulagement comme si l'on était délivré à tout jamais. Allons ! ce n'est pas encore pour cette fois ! Je prends la garde de 11 h. ½ à 1 h. ½. Rien d'anormal. La nuit s'achève sans incident. J'ai sommeillé quelque peu. — Temps couvert, petite pluie fine par moments.

Mercredi, 14 octobre 1914.

Pluie abondante pendant une heure. Matinée calme. — J'envoie une carte à ma famille, pleine de confiance et me garde bien de lui faire le récit des dangers auxquels je viens d'échapper. — Appétit féroce ! je mange avidement, trop vite, ce qui ne paraît pas me profiter beaucoup. — Chez le boulanger, où j'ai été acheter du pain frais, admiré ses chiens dressés à tourner un volant mettant en marche un pétrin mécanique. La boulangère, a une jolie physionomie, un profil très fin, un air de marquise Louis XV, sous son bonnet enfariné... Beaucoup de civils sont revenus et assaillent la boulangerie de leurs bons. — Nos pertes, à l'attaque de nuit, ne seraient pas très élevées, les sections étant restées à l'abri dans les tranchées. Cependant, on déplore la mort du commandant G***, tué d'une balle dans le cœur, et de 4 ou 5 hommes, avec quelques blessés, une quinzaine environ. — A ma compagnie, aucune perte, à ce que je sache. — Après-midi, calme sous le hangar. — A 5 heures, nous sommes relevés, et nous nous rendons à notre ancien et premier cantonnement. — Nuit parfaite, si je n'avais éprouvé de violentes douleurs dans le dos.

Jeudi, 15 octobre 1914.

Je vais à nouveau à la visite médicale. A nouveau, un badigeon de teinture d'iode. Le major constate bien que je ressens quelque mal mais le trouve insuffisant pour m'accorder du repos. N'insistons pas !... — Une lettre de maman ! Abondante affectueuse, réconfortante. Des autres, des amis ? Rien... Et vous, ma Nette ! Yvonne ! vous m'oubliez donc à ce point?.. J'en éprouve beaucoup de peine, mais j'espère quand même... Ah ! vraiment... il n'y a bien qu'un cœur de mère pour se souvenir et vous remonter le moral... — Matinée calme. — En me rendant à la visite, j'ai trouvé à acheter des cigarettes et du papier à lettre.

— Vers une heure, arrive à notre cantonnement, un détachement du 21e chasseurs à pied qui a été relevé des tranchées par le 136e de ligne. On parle d'un embarquement pour la Belgique (Anvers), d'une marche de trente kilomètres, d'un changement d'emplacement, etc. : bruits habituels que j'accueille sous toutes réserves. — J'ai aperçu dans la rue mes anciens camarades de la 29e Cie, restant du dépôt de Briançon, arrivés aujourd'hui pour compléter nos vides. Y retrouverai-je ceux que je préférais?... Cette arrivée signifie bien que le 159e n'est pas prêt de passer en réserve ; les hommes en sont tout moroses et pestent à qui mieux mieux. — Vers 6 heures, ma compagnie va relever la 3e aux avant-postes. Il paraît que, cette fois, nous serons en toute première ligne, à quelques centaines de mètres à peine de l'ennemi. Ce n'est pas très rassurant ! — Au débouché du village où nous stationnons depuis le 6 octobre, une vive fusillade ! Prudemment, le lieutenant nous fait abriter dans des remises. Quelques coups de canon, quelques salves, des coups de feu, et le calme renaît. — Ma section en tête, l'un derrière l'autre, nous nous rendons à l'emplacement que nous devons occuper. La nuit est noire, nous marchons en silence. Si une rafale venait nous surprendre ! Couchés un instant derrière un talus, je m'asseois bien gentiment dans une m.! ! ! — Si cela au moins me portait bonheur ! Je vais être embaumé toute la nuit !... — Enfin, au bout de quinze cents mètres environ, nous prenons place. — Les tranchées sont bien établies, creusées dans un talus, avec des bottes de paille. Je prends sentinelle une heure et ne vois rien d'anormal. La 6e Cie prolonge d'ailleurs notre gauche et nous couvre sur les côtés. L'ennemi est, paraît-il, à douze cents mètres de distance, ce qui me semble exagéré. Toujours est-il qu'on ne voit rien. — Je dors quelque peu au fond de mon trou, recroquevillé. Une dernière pensée vers tous ceux qui me sont chers, et... à la grâce de Dieu !...

Vendredi, 16 octobre 1914.

Une brume épaisse au réveil. Par courts instants, une petite pluie fine, presque imperceptible. On aperçoit à peine dans le lointain la ligne du chemin de fer où l'ennemi est retranché. Certes ! on pourrait approcher à cent mètres l'un de l'autre sans qu'on se vît. Je prends à nouveau une heure de garde. Le temps est bien long, les minutes semblent des siècles... J'ai ainsi toute faculté pour réfléchir et le « cafard » me prend à plusieurs reprises. J'établis quelques points de comparaison entre ces jours de terreur et d'angoisses et les plus durs moments de ma vie civile. Quelle folie ! L'abîme est insondable... Ah ! mes chers parents ! mes amis ! mes affections ! mon Lyon !... vous avez occupé aujourd'hui tout mon esprit, et j'ai refait, par votre souvenir, bien des étapes de ma vie passée... Dieu me permettra-t-il de vous retrouver plus forts, comme moi, mieux armés contre le malheur, mais toujours bons, tendres, doux, serviables,

jolies... comme vous le fûtes avant mon départ??...
— (un nouveau souci, éclos depuis quelques jours
déjà, me tracasse et apporte sa contribution à toutes
mes inquiétudes présentes : ce dernier et maudit examen qui me reste à subir... Je regrette fort d'avoir
échoué au mois de juillet, ce qui a provoqué un retard
dont les conséquences peuvent être nuisibles à ma
situation. Nette ! tu vois l'impasse dans lequel, un
peu par ta faute, n'est-ce pas? je me trouve actuellement jeté !) — Journée calme. Enfoncés dans nos
tanières, ne sortant que pour quelques besoins urgents, ou pour nous dégourdir les jambes, ne ressem-
blons-nous pas à l'ours des cavernes des temps pré-
historiques? O civilisation, voilà bien de tes coups...
— J'ai pu arranger mon abri de façon à m'étendre
plus commodément ; quelques bottes de paille me pré-
servent du froid, du brouillard, de la pluie. Mais
quelle triste journée d'octobre ! — Une partie de la
nuit, contrairement à mes appréhensions, a été calme.
Pas de fusillade intensive ; le canon français seul s'est
fait entendre à la fin du jour. Sur un ordre du commandant, nous avons tiré de temps en temps des
coups de feu, comme pour éloigner quelque patrouille
aventureuse. Je doute que dans la nuit noire, — on ne
voit pas à cinq pas ! — nous puissions distinguer des
silhouettes en mouvement. Du bruit, peut-être, et
encore !... — Un vent assez puissant a balayé par
à-coups la plaine, bruissant dans les betteraves, étei-
gnant tout autre son. — Ayant pris la garde une heure
j'ai dormi un tantinet après, rêvant même que j'étais

attablé devant les meilleurs mets et les meilleures friandises. Comme corrélation avec la guerre, avaient pris place à cette table des officiers et des camarades du 159e. Hallucination! Création maladive d'un cerveau bouleversé par les veilles et les insomnies... — On nous a porté la soupe en pleine nuit et par trois fois afin d'éviter la fusillade ennemie. — J'avale une platée de riz, n'ayant rien absorbé de chaud depuis ce matin 4 heures, et un quart de café que la longueur de la route a rendu glacé. — A 3 h. ½, un peu de bouillon tiède, un morceau de viande, un quart de café sucré, encore plus froid, s'il est possible ! Ah ! il y a loin de ce repas à mon festin imaginaire de cette nuit ! ! Quelle vie, grands dieux ! quelle vie ! !

Samedi, 17 octobre 1914.

Je me lève à 6 heures pour prendre la garde, et recevoir une ondée. On découvre maintenant la ligne du chemin de fer, et le regard peut même s'étendre au-delà. J'estime que l'ennemi est à 6 ou 800 mètres de nous, mais immobile et silencieux. Et s'il nous avait joué le bon tour de se retirer?... Le temps, sans être brillant, est très supportable, de gros nuages noirs courent au ciel, mais sans crever. La journée est calme ; cependant, sur le soir, l'ennemi nous envoie quelques gros boulets qui éclatent le long de la route, dans des paillers, à cent mètres derrière nous. A la nuit, nos batteries jettent quelques shrappnells sur la voie ferrée, trouant la nuit. — Toute l'après-midi, on a entendu une canonnade lointaine, mais continue, sur notre droite. Je souhaite ardemment la relève, car notre sort est bien précaire. Elle tarde fort à venir ! et nous redoutons une fusillade qui la retarderait encore. Enfin, vers 9 heures, la 11e Cie vient nous remplacer. Quel soupir de soulagement ! Silencieusement, nous retournons à Saint-Laurent et avalons précipitamment notre soupe. Nous allons coucher à 800 mètres plus loin, dans une brasserie près du pont où quelques jours avant, nous avons essuyé une pluie d'obus. Deux sections couchent ensemble. Comme si nous avions été repérés, plusieurs shrappnells éclatent aux alentours : l'un, même, nous envoie des éclats de tuile, et j'en reçois un gros sur ma capote ! Malgré tout, nous ne bougeons pas. — Nuit médiocre, avec pour tout abri, un centimètre de paille sur notre dos ! — On me remet enfin trois lettres : une de ma famille, en réponse à celle d'Arras, une de Nette, une d'Yvonne, que je lis, toutes trois, on le devine ! avec quel plaisir... Elles sont tristes, ces lettres, avec cependant une grande espérance... Oui, il faut espérer plus que jamais !...

Dimanche, 18 octobre 1914.

Nous quittons Saint-Laurent pour aller cantonner à deux kilomètres plus loin, à Saint-Nicolas, au centre du village, tout près d'Arras. — Grange en torchis,

exposée à tous les courants d'air. — Quartier libre !
— Je saute dans une charcuterie et achète de la saucisse. Le pays est bien fourni, nous trouvons à peu
près tout ce que nous voulons, excepté du chocolat...
et l'on en profite. On se rue dans les épiceries, dans
les débits, et on achète toutes sortes de provisions.
Les uns apportent du veau et du porc rôtis, d'autres,
des boîtes de sardines, d'autres encore, des biscuits,
du vin, des liqueurs, des cigarettes. Je constate l'existence d'un nombre infini de débits, appelés ici « estaminets ». Chaque maison presque en a un : petits
comptoirs, avec quelques tables, quelques chaises,
consommations à des prix dérisoires : café et pousse-
café pour dix centimes ; genièvre, cassis, byrrh,
chopes de bière pour deux sous. Le vin seul est
cher, car on en boit peu : 1 franc le quart de litre ! —
Je me rends compte que le pays est alcoolique : mi-
neurs, ouvriers d'usine, brasseurs, etc. — Je dévore
à toute minute. Une vraie débauche succédant à l'abs-
tinence et au jeûne. J'avale plusieurs petits verres et
je croque des biscuits. Je déplore de voir que je n'ai
pas suffisamment d'argent pour le moment, ce qui
m'aurait permis de me payer un petit repas, mangé
sur une table, dans une assiette, comme certains camarades l'ont fait. Tant pis ! ce sera pour une autre
fois... — Journée de repos. Je flâne à travers le village, heureux de revivre presque quelques heures de
vie civile. Comme l'on apprécie tout de même ces
instants-là ! — J'écris une longue lettre à ma chère
maman, aussi rassurante que possible, quelques lignes

à Nette et à mon ami Jean A***. — Couché sur la paille. — Alerte vers 10 heures. Fusillade et canonnade... Ah ! ce repos il a été bien court ! Va-t-on être obligé de partir? Les hommes pestent ! — Fort heureusement, ces bruits s'éteignent au bout d'un quart d'heure, et je puis me reposer quelque peu, des chevaux mastiquant la paille à mes pieds. — Violentes douleurs dans le dos.

Lundi, 19 octobre 1914.

J'écris encore une lettre détaillée à ma famille et j'envoie une carte au docteur C***, toujours à Sant-Nicolas. — Promenade à travers les rues, petite tournée chez les débitants. — Vers 8 h., nous allons rendre les honneurs à un lieutenant de zouaves, jeune marié, tué à Roclincourt. Cérémonie des plus touchantes au centre du village, dans le vieux cimetière, près de l'église. Discours d'un vieux combattant et du colonel des zouaves. Assistance nombreuse : civils et militaires des plus recueillis et des plus émus. — Après-midi, présentation très simple du nouveau colonel. — Temps couvert, avec toutefois quelques éclaircies. — A 5 heures, départ pour Saint-Laurent. Nous allons coucher dans la remise et les écuries du château, aux portes du village. — Nuit médiocre par suite des mêmes violentes douleurs. — Je reçois à nouveau excellentes nouvelles de ma famille. — Croqué avec plaisir quelques morceaux de nougat.

Mardi, 20 octobre 1914.

Journée de repos malgré que l'on soit en cantonnement d'alerte. — Je vais à la visite : le major me reconnaît bien fatigué, mais comme nous sommes en temps de guerre, ne peut m'accorder de repos ; me met simplement la mention : « à ménager ». — Je peux me faire raser, et un camarade me coupe les cheveux, près du cou et près des oreilles. — Après-midi, les batteries allemandes nous inondent de gros obus qui éclatent dans le parc, à quelque distance de notre cantonnement, cherchant les nôtres. Pendant deux heures, le tapage fut assourdissant, infernal ! les murs, les vitres, tremblent à plusieurs .centaines de mètres à la ronde... Enfin pour nous, point de mal ! — Je demande au lieutenant de ne pas prendre le service de nuit : il me l'accorde à condition de faire le ravitaillement. J'y vais à 8 heures, à un kilomètre de de notre logis. Quelques projecteurs allemands ; retour vers 9 h. ½. — Nuit médiocre. — Quelques obus lointains. — Des bruits circulent : les Boches amèneraient des troupes par chemin de fer jusqu'à Feuchy, et prépareraient une violente attaque. — Dans les Vosges, le 359e aurait été décimé. Enfin, l'Allemagne, par l'intermédiaire des Etats-Unis, demanderait la paix... Ah ! la paix !... quel mot dont j'apprécie aujourd'hui toute la portée...

Mercredi, 21 octobre 1914.

Bombardement de Saint-Laurent. — Temps cou-vert, ma section n'est pas allée occuper les tranchées, mais seulement les dernières maisons du village. — Chargé du ravitaillement, je vais avec les cuisiniers, et je fais, en attendant, un des meilleurs dîners de mon existence guerrière, grâce à l'obligeance des « cuis-tots » : salade de poireaux bien assaisonnée, bœuf braisé au lard, rôti et poires pour dessert, le tout ar-rosé d'eau et de bon café. Quelques obus tombent dans la matinée. Et tout à coup, vers midi et demi, une pluie de « marmites » (c'est le nom donné par les hommes) s'abat aux alentours. Jamais les Boches n'avaient tiré d'aussi gros boulets ! Ce doivent être de grosses pièces, d'aucuns disent de « siège » qui doi-vent avoir été amenées pour un bombardement en règle de Saint-Laurent. — Fracas assourdissant, trous énormes, fumée noire, éclats rejaillissant de toutes parts et qui jettent des débris de toute sorte. Les mai-sons s'écroulent comme des châteaux de cartes, les tuiles volent, même celles à proximité de l'endroit où « la marmite » est tombée, littéralement soulevées par le déplacement d'air... Jamais nous n'avons encore subi un pareil concert instrumental ! Les obus se rap-prochent, l'ennemi arrosant copieusement toute la partie du village comprise entre les tranchées et la boulangerie. Brusquement, il tombe dans la cour des débris de terre et de fonte en fusion ; puis trois ou quatre « marmites » éclatent à cinquante mètres derrière nous. Notre situation est intenable, et nous décidons avec les cuisiniers de nous enfuir, laissant la soupe chaude et le riz. Le courant d'air a ouvert les portes de la maison où nous étions installés, et mille débris ont jonché le sol de la maison et de la cour. — La fusillade crépite, des balles, tirées de loin, s'aplatissent un peu partout, contre les murailles, avec un bruit sec. C'est l'attaque en règle ! Un sergent de la compagnie vient nous avertir qu'on se replie. Mon Dieu ! que faire? Affolés, nous sautons par une fenêtre... et fuyons ! La rue est méconnaissable ! Des planches, des pierres, des fils de fer ; le pavé est gris, l'atmophère emplie de fumée, empuantie par l'odeur de la poudre ; des incendies partiels s'allument, des maisons flambent, des morceaux de bois grésillent, l'air est presque irrespirable !... Les jambes au cou, nous filons tête basse, dos rond, puis obliquons à gauche pour éviter d'être pris en enfilade dans la grande rue. Les balles sifflent avec plus de fréquence, et l'on rase les murs. — Profitant d'une accalmie, la nuit aidant, nous retournons prendre la viande et le jus, avec l'espoir de pouvoir au moins les monter aux hommes qui ont pris le service depuis la veille. — Réfugiés dans une cave, celle de la maison où nous avions pris notre premier cantonnement en arrivant dans le village, près de l'église, à Ruessav, une maison complètement en feu en face, nous trouvons une section de la 6ᵉ Cⁱᵉ affalée au pied d'une barricade. Des blessés passent sur des civières, et je me demande quelle ligne de conduite tenir?... L'un de nous qui veillait à l'intérieur, vient nous dire que l'on se replie, et nous voilà reportés jusqu'au carrefour où se trouvent le colonel et le commandant. Tapis au long du mur, quelques balles sifflent désagréablement à nos oreilles, nous attendons... Par intermittence, la fusillade, des coups de feu espacés, quelques obus au loin... Nous décidons à la fin de chercher quelque endroit pour nous reposer un peu, car faire le ravitaillement à l'heure actuelle est chose impossible. Mais j'ai vainement cherché le sommeil : la crainte d'une retraite des nôtres, le bruit des pas sur le pavé, des blessés qui descendent sur la gauche (1er bataillon du 159e), parfois un silence de mort coupé d'un coup de fusil... tout cela m'a tenu éveillé toute la nuit et constamment sur le qui-vive. Nuit mauvaise, longue, angoissée... serrement de cœur, pensées vers ceux qu'on a quittés, et dont le souvenir vous obsède... prières... espoir malgré tout ! !... .

Jeudi, 22 octobre 1914.

Bombardement et combat des rues de Saint-Laurent (SUITE). — Quelle affreuse journée encore ! Reparti vers le château où j'avais couché l'avant-veille, je laisse les cuisiniers avec qui je mange une boîte de sardines et un peu de beurre. De grosses pièces ont encore tiré, puis se sont tues. De temps à autre, la fusillade, le calme, la fusillade. Et brusquement les « marmites » dégringolent... Les Allemands s'acharnent à réduire en cendres la malheureuse ville de Saint-Laurent. Furieux de notre ténacité, de notre résistance d'autant plus héroïque que, depuis la veille, nous sommes seuls à défendre le bourg, ils ont juré de nous anéantir sous les décombres, et de se venger de façon aussi lâche des pertes considérables que notre tir leur a, paraît-il, infligées. — A nouveau, nous sommes obligés de tout lâcher et de nous refugier dans une cave. Le sol tremble, comme soulevé par une poussée intérieure, les maisons croulent, les tuiles volent, les balles trouent les murs; les mitrailleuses crachent... Depuis la veille, on craint que les ailes plient et que le centre soit repéré et cerné. Le 1ᵉʳ bataillon a subi sur la gauche des pertes énormes, ne lâchant le terrain que pied à pied. Vers le centre, la 8ᵉ Cⁱᵉ en partie est, dit-on, prisonnière. Je me hâte, malgré tous les périls qui m'environnent, d'aller rejoindre la mienne aux tranchées. Comment y suis-je parvenu? Miracle ! Et alors, c'est une débauche de coups de feu, nous tenons toujours, tout l'espoir est là !... mais on n'en peut plus... Plus de renfort ! Notre situation devient critique. A ce moment, une balle perdue frappe, non loin de G***, mon camarade J*** ! J'en ressens une angoisse affreuse et un grand serrement de cœur. Il est mort sur le coup. Il faut veiller et tirer sans cesse ; les fusils sont bouchés, obstrués par la poudre. Pauvre ami ! jeune marié, et bien près d'être père !... Et je songe à tous ceux qui, comme lui, viennent de payer leur dette à la patrie... Mon tour à moi, qui sait? n'est peut-être pas loin... Comment peut-on échapper à pareille tuerie?... Nous sommes obligés d'abandonner les tranchées et de nous abriter derrière les barricades, au bout de la rue et dans le château. Alors c'est une nouvelle course éperdue derrière les maisons, cette fois. Les balles crépitent de tous côtés. On saute des murs, on franchit des portails, on traverse des champs, des jardins, et nous voici, gagnant la grande rue, près de l'église. Le souffle me manque ; le sac me tale les épaules, la jambe traîne. Nous croisons la 8e Cie en débandade. Des officiers sortent des maisons et les forcent à s'y barricader. — Un commandant du 21e chasseurs à pied (arrivé en renfort à 5 heures après une marche de vingt kilomètres) fait placer ses hommes aux barricades du carrefour que nous franchissons. Ma compagnie est presque décimée, et nous nous comptons avec angoisse !... Combien y sont restés? La grande rue est pleine de soldats du 159e de toutes les compagnies qui, à l'appel des officiers et sergents, s'enfoncent dans les maisons, arrêtant ainsi leur retraite. Des obus allemands tombent maintenant à droite de la route. L'ennemi avance lentement, mais il avance ! Le voilà aux portes du village et c'est là que commence vraiment l'action... — Des maisons que nous occupons, nous tirons sans discontinuer, et à un moment donné, on nous fait mettre baïonnette au canon. C'est l'instant terrible..., le corps à corps tant redouté... En effet, comme une horde sauvage, sous l'influence de l'alcool et de l'éther qu'on leur a distribué à profusion, les soldats allemands s'élancent à l'assaut des maisons. Mon Dieu !... comment décrire ces instants terribles, et comment puis-je seulement les évoquer?.. Tout à coup, on entend la voix du commandant : « En avant ! les enfants ! et à la baïonnette..... » — Pendant quelques secondes, c'est vrai, tout frémit en moi et je me sens devenir blême... Ah ! qu'on ne vienne pas me dire qu'en un instant pareil, on peut garder son sang-froid... Même le plus brave a l'âme qui défaille !... Au cri donc du commandant, nous bondissons hors des maisons, et c'est une avalanche qui descend et s'éparpille à droite, à gauche, criant, hurlant, gesticulant... On est ivre.. on est fou... on ne sait pas... La peur a disparu, c'est avant que l'on a tremblé, maintenant on n'y songe plus !... On ne pense qu'à se défendre, et j'ose à peine me représenter ce combat de rues, ce corps à corps, où ma baïonnette s'est enfoncée plusieurs fois, dans quelque poitrine, ou dans quelque crâne, n'importe où, car j'ai frappé en fermant les yeux d'épouvante !!! A un moment donné, j'entends des camarades crier dans cette horreur : « Sauve qui peut ! » Mais quoi...! où en sommes-nous?... O terreur !... Me voilà cerné, entouré de Boches... J'aperçois comme dans un rêve, des camarades faits prisonniers. Ah ! non, pas moi !... Plutôt la mort que la captivité... Et c'est alors, je puis l'écrire sans forfanterie, que j'ai donné la mesure de mon courage... Je jette un regard autour de moi et je vois un de mes camarades qui a l'air résolu, comme moi, à tout tenter pour se défendre. Nous échangeons **un regard où nous nous devinons, et alors, tous les**

deux, prenant notre fusil au milieu, à coups de crosse
d'un côté, à coups de baïonnette de l'autre, nous tâchons de faire le vide autour de nous. Le cercle s'é-
largit... C'est bizarre comme je suis calme et résolu !
Je n'entends même pas mon cœur qui doit battre
éperdument... Et toujours la même manœuvre : coups
de crosse, coups de baïonnette... Il y en a donc encore de ces ennemis maudits?... Aurai-je la force de
me tirer de là?... Enfin, un effort ! le dernier... je suis
libre ! ! Je saute, et mon camarade avec moi, le mur
qui se trouve devant nous ; après ce mur, nous tombons sur des fils de fer barbelés, puis dans une mare...
Qu'importe? il faudra bien que nous ayons le dernier
mot... Tout pantelants, la figure en sang, le pantalon
en loques, les jambes écorchées par les pointes de fil
de fer, nous voilà courant, bondissant plutôt comme
des cerfs, poursuivis par une meute affamée, et tombons enfin à l'abri, derrière une meule, anéantis. .,
écrasés... mais sains et saufs... Et puis... horreur !...
nos baïonnettes rouges de sang!!! Ma pauvre maman !
Si tu avais vu ton Gaby à cette heure-là, tu aurais été
bien fière, va... mais tu ne sauras pas, car je ne te di-
rai jamais cette lutte sanglante où si je n'ai pas trouvé
la mort, je le dois à tes prières de mère... — Nuit hal-
lucinée troublée par d'affreux cauchemars, mais rassurante sur notre sort. — Au matin, après avoir retrouvé notre lucidité d'esprit, nous décidons avec mon
camarade, de rechercher notre compagnie. Mais où?...
Nous nous dirigeons vers l'ambulance, et des hommes
qui ont cherché à se défiler pendant cette horrible

boucherie, à travers champs et marais, derrière les maisons, sont arrêtés par des gendarmes qui les ramassent et les obligent à faire demi-tour. L'ambulance est pleine de blessés qu'on amène continuellement. — Le général B*** est là, sur la route, tirant nerveusement son bouc et s'exclamant : « Et ces zouaves qui n'arrivent pas ! » — Malgré tout, les chasseurs résistent ; le 4e génie a creusé des tranchées en arrière et prend position à son tour. Enfin, on nous indique notre compagnie (la 7e), abritée derrière un talus. Notre arrivée fait sensation : on nous croyait tués, blessés ou prisonniers... Il ne s'en est fallu de guère !... On nous embrigade dans le 97e qui occupe des tranchées en avant à droite de l'ambulance, puis l'on nous fait remonter sur la route, près des dernières maisons du village, face à la gauche ennemie. Des chasseurs passent. Le ciel est strié par les lueurs des obus et des incendies. La nuit maintenant est complète. Des balles sifflent en rafale, des hommes, sans chef, s'abritent dans les maisons, au petit bonheur. — Ayant vu des muletiers descendre quelques instants auparavant au ravitaillement, je me dirige de ce côté et les aide à toucher les approvisionnements, puis, après quelques hésitations, je les suis jusqu'à notre emplacement. — Le service se fait normalement : pas d'affolement, un calme surprenant ! Tout le monde s'est ressaisi. Ces quelques heures de panique, la vue d'un bataillon de zouaves arrivé enfin au pas gymnastique, a suffi à nous encourager. Le 159e s'est reformé. Rangées tout au long du mur, chaque homme derrière un créneau, percé par le 4e génie, toutes les compagnies s'échelonnent, barrant complètement le village, de gauche à droite. Nous tiraillons encore par moment ; des feux de salve, le crépitement sec et rapide des mitrailleuses font le reste... — Il fait frais — On peut se reposer dans une grange, à proximité du mur, et là, sous le bruit confus de la fusillade, on prend quelques instants de repos. — Tout autour de nous, des soldats du 3e bataillon cherchent à reprendre des forces. — Nuit troublée par des coups de feu, la peur d'être cernés..., l'angoisse !...

Vendredi, 23 octobre 1914.

Nous retournons au mur au petit jour. Les camarades sont tout blancs et moi aussi, de nous être affalés au pied ou frottés contre les pierres crayeuses de la muraille. — Chacun se raconte les péripéties du combat auquel nous avons pris part, et tous nous accordons à dire que ce fut effrayant, et que les « marmites » causèrent beaucoup de mal. En effet, elles ont réduit en miettes les maisons dans lesquelles des escouades de la compagnie avaient pris place, et bien peu ont pu s'échapper des décombres ! Cela a même été un miracle que la 7e Cie ait pu se sauver, l'ennemi nous ayant serrés de fort près... j'en sais quelque chose !... Et si nous en sommes revenus, — au moins quelques-uns, — c'est grâce à Rosalie (nom donné par nous à la baïonnette) et aussi aux bosquets parsemés dans le parc du château, où beaucoup d'entre nous s'étaient dissimulés, et avaient protégé leur fuite. — En somme, malgré l'acharnement et les forces supérieures déployés par les Allemands, nous n'avons reculé que d'un kilomètre environ sur le front. Les renforts arrivés tardivement certes ! mais heureusement tout de même, arrêtèrent net l'offensive ennemie et permirent au 159ᵉ de se reformer, et au génie d'élever des barricades et des tranchées, tandis que les hommes creusaient des abris et perçaient des meurtrières. — Journée assez calme : des fusillades, quelques obus (notamment des « marmites » en avant de nous, et sur les côtés, des coups de feu). — Nos batteries inondent, à deux reprises différentes, le parc et les maisons situées sur la rive gauche de la Scarpe ; l'ennemi répond faiblement. Je pense qu'il avait dû retirer ses grosses pièces dans la nuit, et n'en a ramené que deux dans la soirée. — Au matin, l'ennemi s'était rapproché à cinquante mètres de nous, mais le génie, fort courageux, a mis le feu aux maisons, élargissant ainsi notre champ de tir. — Au soir, les Boches ne semblaient occuper que les abords immédiats du château et du parc, et portaient tout leur effort sur la droite où l'on entend une fusillade et une canonnade assez soutenues.— Je passe la journée derrière le mur, jetant de temps en temps quelques coups d'œil aux meurtrières. Quelques balles viennent s'écraser sur le mur en arrière du nôtre, également percé, et occupé par le 237ᵉ, arrivé ce matin, et qui est chargé de soutenir un feu nourri en cas de retraite de notre part. — Le temps, couvert le matin, se dégage, et l'on a quelques échappées de ciel bleu. Aussi, les aéros s'en sont-ils donné à cœur joie, sillonnant nos lignes et les leurs. — Je trouve le temps, au milieu de toutes ces alertes, d'envoyer une carte à ma famille, lui apprendre le bombardement de Saint-Laurent-Blangy, et la rassurant sur mon sort. — Nous avalons le matin un peu de bouillon, mangeons un morceau de viande, buvons du café, et le soir une fort bonne soupe aux pommes de terre. On nous donne également un quart de thé. — A la nuit, nous sommes toujours à la même place, et la fusillade reprend... naturellement ! Nous tirons sans voir, uniquement pour empêcher l'ennemi d'avancer. On veille maintenant, un homme pour trois créneaux. — Brusquement, à 11 heures du soir, ordre d'évacuer rapidement ! Sans bruit, nous nous défilons à travers les jardins et rejoignons la route de Saint-Nicolas, en avant de l'usine où avait été établie l'ambulance. Un brouillard s'étend sur la campagne, troué par les lueurs de l'immense incendie allumé par les Allemands, dans une grande usine de bougies, en arrière du poste de secours. Une colonne de feu monte du centre, apparaissant et disparaissant tour à tour, tel un signal. — Nous traversons Saint-Nicolas, encombré de voitures, et dont le pont a été miné, prêt à sauter après notre passage. Arrivons à Sainte-Catherine, et pénétrons après quelques à-coups dans Arras, où nous touchons du pain et faisons la pause. — Un quart d'heure, puis départ dans la direction de Saint-Pol. A

1 kilomètre et demi environ, nous cantonnons dans quelques fermes et il est 1 h. ½ du matin.— Ma compagnie est entassée dans une remise susceptible de contenir une section à peine, et nous sommes obligés de nous accroupir pour pouvoir y tenir tous. Quelle existence, mon Dieu ! dépassant les bornes de l'imagination humaine ! Nuit des plus médiocres, mais au moins à l'abri des obus et des balles !

Samedi, 24 octobre 1914.

Des rescapés s'étant enfuis en deçà des lignes de feu, ont rejoint toute la journée d'hier. Matinée occupée à se débarbouiller et à se restaurer. Il faut savoir, ma foi, prendre à l'avance ses précautions et ses réserves; se régaler jusqu'à plus faim, afin de pouvoir supporter plus courageusement les heures de jeûne et de privations. — Les indigènes de la ferme où nous couchons, sont peu sympathiques et mériteraient une correction pour leurs désobligeants propos à notre égard. Ils nous traitent de pillards, de vandales, aiment mieux, je crois, presque la venue des ennemis que la nôtre... Triste mentalité qui vous peine et vous glace ! Il est vrai que certains hommes ont dépassé les limites et ont fait main-basse et un nettoyage complet des caves, épiceries, magasins, etc. En chaque être humain, en ces instants de lutte, il est un pillard qui sommeille ! Notre honnêteté, étant donnée notre existence présente, est soumise à une fort rude épreuve et il faudrait posséder l'estomac d'un trappiste pour résister aux tentations d'un bon verre, d'une chère amélioratrice, passagère, d'un ordinaire réduit souvent à sa plus simple expression... Je crois aussi qu'il nous sera beaucoup pardonné parce que nous aurons beaucoup souffert, parce que nous aurons tout enduré, connu toutes les pires défaillances physiques et morales, vécu une existence de brute, de bête aux abois, d'homme sauvage et barbare ; que nous serons revenus aux premiers temps de l'humanité, à cet âge de pierre où l'homme n'était qu'un vulgaire animal à deux pattes, et non pas le « fameux roseau pensant » du célèbre Pascal... Voilà une diversion piquante, inattendue, un peu étrange, mais qui a semblé me donner à croire que je n'étais pas encore tombé au dernier échelon de la décrépitude et de la bestialité !..

— Temps couvert ; un ciel pommelé, constellé d'aéroplanes. Pour la première fois, j'assiste à un duel quasi aérien : un « taube » poursuivi et canardé par un de nos avions entreprenant et audacieux. Pas de mal ! un léger tangage, une minute d'intense émotion ! Je me rends très bien compte d'une recrudescence d'activité de ces merveilleux oiseaux mécaniques, provoquée par de considérables mouvements et concentrations de troupes. En effet, la route est encombrée d'autos, de camions, de convois, et comme curiosité suprême, nous assistons au défilé d'un régiment de tirailleurs sénégalais, plus noirs encore sous leur costume et leur chéchia bleue. Des hommes qui paraissent robustes, terribles avec leurs têtes car-

rées, leurs grands yeux blancs, leur bouche énorme,
leur harnachement guerrier (des couteaux dont la
lame fait frémir, et dont la blessure doit être mortelle).
Quelques-uns parlent assez bien français, vieux combattants rompus à toutes les fatigues par des campagnes longues et pénibles. Les autres, marmottent
quelques mots, réclamant du tabac et de l'eau-de-vie.
On satisfait à leur demande dans la mesure de nos
moyens. Ils parlent tous de couper la tête aux Boches
et ne craignent que leurs obus. J'avoue sincèrement
que je préfère les sentir à nos côtés que contre nous :
l'ennemi pourrait bien, avec eux, avoir fini de rire !...
Oui, mais pourront-ils approcher, et ne seront-ils
pas impitoyablement fauchés, hachés par la mitraille
et les balles?... C'est qu'il y a loin d'un combat avec les
populations de l'Afrique, à une bataille en règle,
aussi scientifique, aussi étendue, aussi meurtrière que
la bataille européenne?... — Des batteries françaises
sont installées tout autour du cantonnement ; des artilleurs creusent des fosses pour y enterrer des pièces
de 90. Je m'entretiens quelques instants avec un ma-
réchal des logis qui me donne certains détails intéressants sur leurs faits et gestes et leur confiance en la
victoire. — A 4 h. ½, ordre de départ subit. Le combat semble se rapprocher, on entend même une fusillade assez nourrie. Nous voilà bien encore envoyés
sans doute sur la ligne de feu ! Laissant Arras à notre droite, nous redescendons à Sainte-Catherine, où
l'on nous apprend que notre armée va prononcer une
vive attaque pour reprendre les positions perdues les

jours précédents, notre régiment, bien réduit à ce jour, restant en réserve... A cette nouvelle, les hommes ironiquement sourient : ils savent ce que c'est que la réserve ! — A Saint-Nicolas, long arrêt contre les maisons de la grande rue. — Notre artillerie canonne avec rage, préparant le terrain sans doute. Les pièces ennemies sont muettes. — Des tirailleurs sénégalais déjà blessés reviennent du front, silencieux, calmes, rejoignant, la tête et le corps bien droits, l'ambulance. — Nous nous remettons en marche, et à la sortie du bourg, grimpons à gauche. Nouvel arrêt le long d'un talus élevé que surplombe un bois. La fusillade est vive par instants ; les pièces françaises font un vacarme assourdissant ! Il y en a là, en arrière de nous, dans un bois épais, au moins trois batteries, qui crachent sans relâche pendant un bon quart d'heure ! Jamais elles n'étaient entrées aussi violemment en action ! — Des blessés toujours, mais descendant, en grand nombre : blessures principalement aux pieds et aux mains. Certains camarades, sous prétexte de les accompagner, ont quitté la ligne de feu. C'est très commode ! Un commandant en ramène plusieurs. Seraient-ce là ces troupes d'élite tant vantées ?... Les hommes en parlent narquoisement... Mon cœur se serre à la pensée d'une débandade, qui serait, en cette nuit noire, un vrai désastre ! Et la question lancinante que je me pose : « L'attaque a-t-elle réussi »? tarde à recevoir sa solution. — Après une heure et demie, on nous ramène en arrière. Ma poitrine se dilate ! nous serions donc victorieux ! Et nous allons cantonner à Saint-Nicolas, à l'endroit précis où nous avions couché une huitaine de jours auparavant. — Nuit convenable sur un peu de paille. — Perdu mon couteau : chagrin fort vif, étant donnée son utilité. — J'envoie une carte à ma mère, hâtivement écrite, mais où je mets tout mon cœur et la confie à une auto postale.

Dimanche, 25 octobre 1914.

Le matin, un temps splendide, un soleil gai, rutilant ! Au réveil, vers 5 h. ½, ma section part en avant. Nous dépassons le talus où nous nous étions abrités la veille, et passons en rase campagne. Le génie construit des tranchées, et des blessés sénégalais se traînent sur la route, quelques balles sifflent à nos oreilles. Nous nous portons dans des tranchées précédemment occupées par les noirs... et au bout d'un quart d'heure nous retournons (non sans avoir été salués encore de quelques balles) à Saint-Nicolas. Une manœuvre que je n'ai point comprise! Elle m'a coûté la moitié d'un paquet de cigarettes, qui a roulé hors de ma cartouchière, en quittant mon abri. Perte, en ces occasions, fort sensible pour un soldat ! — Il paraîtrait que l'attaque de la veille aurait réussi assez heureusement: nous aurions réoccupé la « Maison Blanche » et les zouaves auraient poussé l'ennemi à la limite extrême de Saint-Laurent. Mais il se confirme que les noirs se sont fort mal conduits et ont été au-dessous de leur réputation. Comme excuse, ils prétendent ne pouvoir avancer que quand ils voient... et la position des Allemands leur était totalement inconnue. Sans commentaires ! ! ! — Je dévore de la saucisse et du pain frais. — Repos. — Tout à coup, à 5 heures, ordre de départ précipité ! Serait-ce une habitude? une comédie?... Cette fois, les Boches prononcent une contre-attaque et les Français cèdent... Les zouaves demandent du renfort au général B*** impassible, calme, dans la grande rue.— Nos bataillons filent en trombe. La fusillade et la canonnade sont là tout près..... Quelles minutes terribles encore vais-je vivre?... Je l'avoue humblement : le courage me manque pour retourner au feu... j'en ai tant vu déjà ! Que ceux qui n'ont jamais connu ces moments d'angoisses me jettent la première pierre !... Je suis démoralisé, quelque peu abattu, saisi d'une peur bête, sans nom, et puis brisé, exténué... — Nous filons un par un, sur la route, je me suis ressaisi, et le « devoir » parle plus haut que tout.... — Arrivés aux premières maisons du village de Saint-Laurent, on nous abrite dans des tranchées creusées le long de la route. Et soudain, les balles frappent en grêle les maisons derrière nous. Des hommes du génie se replient... Moment d'affolement, où certains, les prenant pour des Allemands, tirent dessus ! Ah ! ces craintes de méprise qui se justifient de si triste façon... Nous sommes bien mille au moins de toutes armes affalés au long de la rue. On crie, on cherche à fuir ! Les officiers ont beaucoup de peine à rétablir le calme et la discipline. L'on apprend que d'autres troupes sont situées en avant de nous,

et qu'il ne faut pas tirer. Je le crois ! — Nous avançons dans Saint-Laurent, que les zouaves occupent
toujours, à notre même emplacement, derrière la
muraille crénelée. Nous nous accroupissons le long
du talus bordant la rue. De temps en temps, une rafale de balles sur les maisons du village que je n'avais
pas reconnu tout d'abord. Et la pluie se met à tomber ! Quelle nuit terrible! Des heures mortelles, trempé
jusqu'aux os, grelottant de froid, tombant de sommeil,
de lassitude, découragé, triste, angoissé, redoutant
sans cesse une surprise, une panique, maudissant ces
luttes de nuit, où toute ombre qui se profile est prise
pour l'ennemi, où l'on frémit au moindre bruit, où
la moindre fusillade prend des proportions gigan-
tesques !... Souvenir impérissable d'horreur et de
terreur... Les zouaves, de concert avec nous, exécu-
tent des feux de salve ; des chasseurs viennent se
joindre à nous, des balles sifflent, quelques obus français éclatent avec fracas sur les lignes allemandes, des
fusées nous éclairant par instants. La pluie tombe
sans relâche, le vent souffle, nous pataugeons dans
la boue et dans l'ignorance absolue de ce qui se passe.
Mais il semble bien que le mouvement offensif est enrayé et que tout va rentrer dans l'ordre. — Je m'assoupis une heure sur mon sac, en plein marécage, tant
je suis las..., puis enfin départ à 3 h. ½. Cent mille
kilogs de moins sur le cœur.... Décidément, plus j'assiste à des combats, et moins je m'aguerris. C'est à
n'y rien comprendre. Cependant, ce n'est pas la confiance qui me manque, mais je ne la trouve pas dans

l'esprit de mes camarades, découragés par la male-
chance du 159e... Ah ! ce ressort moral qui fait défaut ! — Nous traversons Saint-Nicolas et Sainte-
Catherine et deux kilomètres environ après, arrivons
au petit jour à Anzin.— Quel beau dimanche on vient
de nous servir là !... — Reçu une lettre de la maison
qui, après ces heures poignantes que je viens de vivre,
est un réconfort qui m'a redonné du courage et de
l'énergie. La belle lettre que celle-là ! Ma mère s'y
montre la « mère spartiate » et comment ne pas être
digne d'elle...?

Lundi, 26 octobre 1914.

Anzin : un petit village qui a connu aussi les
effets du canon allemand. — Grands hangars rec-
tangulaires, blancs, alignés perpendiculairement à la
route. — Ma section est placée dans une grange, à
l'extrémité, mais exposée à tous les courants d'air.
Je me repose quelque peu, bien que ne trouvant pas
le sommeil. — Des camarades de section me font
goûter de la poule rôtie, des confitures, déguster deux
quarts de café, autant de bonnes choses auxquelles
l'on est peu habitué en campagne. Je leur revaudrai
ça à mon tour ! — Le pays est plat uniformément :
des champs de betteraves, des terres labourées, des
meules de paille, des routes, bien reconnaissables à
leurs longues files d'arbres, merveilleux points de
repère. — Temps nuageux avec vent soufflant en
rafales, glacial. Quelques obus, mais lointains. Nous

paraissons être à trois ou quatre kilomètres en arrière de Saint-Laurent ; sur les côtés, et même en arrière, l'ennemi. On se croirait presque tourné, encerclé,
c'est que notre front a poussé une pointe assez avan-
cée, assez hardie même. Comme dégagements, la
grande route de Saint-Pol. — Malgré la tempête, plusieurs aéroplanes, notamment un volant très bas. —
Vers les 4 heures, départ pour creuser des abris, mais
comme l'on redoute d'être vus des Allemands, cette
idée est abandonnée, et nous rentrons au cantonnement. — Les hommes ronchonnent, et se plaignent
de ne pas jouir d'heures plus calmes et suffisantes.
Ils voient tout en noir ! Déplorable système qui peut
conduire aux pires catastrophes... Cela m'attriste,
m'énerve, et il faut toute ma réflexion pour ne pas
me laisser aller, moi aussi, au découragement. Ah !
les zouaves et les chasseurs sont animés d'un meilleur
esprit, plus courageux, plus confiants, et si j'étais avec
eux, nous nous entendrions très bien... Mais ma compagnie ! Ah ! elle est patriote, parlons-en ! à part
quelques-uns que j'estime, les autres ne valent pas
grand'chose... Depuis que j'ai rejoint le 159e dans les
Vosges, je les entends répéter à satiété qu'ils souhai-
teraient de tout cœur la blessure légère, aux pieds ou
au bras, de façon à être évacués. Je trouve ce raison-
nement stupide, car il amollit notre force, et que d'ailleurs ce genre de blessure, s'il n'est point grave au
début, peut avoir par la suite, en prenant de l'âge,
de funestes conséquences. Je préfère, pour ma part,
supporter trois mois, six mois, un an même de cam-

pagne, et revenir auprès des miens, dans ma chère grande ville, sain et sauf !... Voilà, par exemple, un espoir qui ne s'est jamais dissipé, et qui me soutient envers et contre tout !... — A la tombée de la nuit, en soldat prévoyant, je m'étends sur la paille, et m'endors bien heureux de cette pourtant maigre satisfaction.

Mardi, 27 octobre 1914.

A 1 heure du matin, nous avalons un peu de « jus » emportons un morceau de viande et partons pour quarante-huit heures dans les tranchées, à quatre kilomètres en avant, relever les zouaves. La relève se fait au milieu de quelques sifflements de balles, mais en bonne condition. Nous prenons des cheminements, véritables labyrinthes de boyaux, en arcs de cercle. On se case comme on peut, dans la nuit. Au petit jour, j'examine ce terrain : pas de tranchées ennemies visibles, bien qu'elles soient à quatre cents mètres environ. De ci, de là, des coups de feu, des obus jetés par les nôtres, en avant de nous. — La pluie par averses, froide, heures longues..., longues... Et toujours des pensées bien affectueuses pour ceux qu'on a laissés !...

Mercredi, 28 octobre 1914.

Journée sans changement. — Au soir, je me porte plus en avant avec sept camarades, pour renforcer

la 4e section, très exposée, à 150 mètres de l'ennemi. — Véritables niches, creusées dans une terre
grasse avec sièges pour s'asseoir. J'admire l'ingénio-
sité déployée pour confectionner ces travaux fortifiés.
Des cadavres ennemis sont à cinquante centimètres
de nous... Brr...! Brrr... ! — Les Allemands ont élevé
toute la nuit une nouvelle tranchée. — Journée belle,
soleil réchauffant, gai ; les alouettes chantent sans
cesse. — Coups de feu, obus, fusillade. J'aperçois
vaguement des soldats allemands : je les vois lever
leur pioche et soulever la tête. Je m'amuse à les sa-
luer de quelques balles de ci, de là ; ils répondent à
ma politesse dans les mêmes conditions. — A la nuit,
une lune magnifique éclairant la campagne. Un froid
glacial ! J'ai des frissons, je grelotte, je souffre le mar-
tyre !... Et je pense au bon foyer familial, si délaissé
quelquefois, aux bons moments que j'y ai passés près
des miens, les pieds sur les chenets, chaussé de pan-
toufles chaudes... Je songe à la bonne chère, je rêve
de bons dîners et surtout de caresses, de soins, d'affection, de tout ce qui me manque ici !... Mon Dieu !
quelles heures mortelles ! — A droite, fusillade continue, fusées, gros obus. — Serait-ce un nouveau combat de nuit ? Et la relève après laquelle tout le monde
soupire ? Nous n'avons plus de pain, n'ayant touché
qu'un peu de viande apportée la nuit précédente par
nos cuisiniers. Pas d'aliments chauds ! pas de café !
la faim... la soif... Les hommes se plaignent, ronchonnent, murmurent. Je me tais, mais n'en pense pas
moins !— Vers une heure, la lune disparaît et les tirail-

leurs alégriens viennent nous remplacer. Quel soupir de soulagement ! — Pour revenir, la section se perd, et ne rejoint le cantonnement qu'avec un certain retard, car, par cette nuit noire, on n'y voit goutte ! — On mange avidement de la soupe chaude, de la viande, du riz... et l'on se couche sur un peu de paille, exténué, grelottant, n'ayant point dormi deux heures en trois jours... Quelle vie !... qui nous sera comptée là-haut, je l'espère ! ! !

Jeudi, 29 octobre 1914.

J'envoie une carte à A*** et une lettre à ma famille. J'en reçois une de ma mère affolée de ne pas recevoir de mes nouvelles... Ah! ces postes, quel fléau ! Je me représente l'angoisse atroce de mes parents, leurs tortures morales, et je frémis à la pensée qu'ils vont peut-être en tomber malades !... Il faudra donc qu'aux dures épreuves physiques que je subis viennent se joindre cette douleur morale, ce poids d'incertitude... O mes chers bien-aimés miens, combien ma tendresse pour vous est grande, si vous saviez ! Je ne vous l'ai jamais peut-être assez dit ! mais c'est aujourd'hui surtout que je la sens et que je voudrais vous la prouver en vous serrant dans mes bras... — Temps gris et sombre. Matinée de repos. — L'après-midi, ma section va creuser des abris en bordure du village pour se préserver des obus ennemis. La veille, en effet, à la nuit, un de ces derniers, éclatant sur une maison, a tué ou blessé une quarantaine de

zouaves. Pour que pareille catastrophe soit dorénavant évitée, on prend la précaution de faire
établir des tranchées en avant des cantonnements
pour y porter les hommes au premier signal.— Nous
nous régalons, certains d'entre nous, d'une poule.
Quel festin ! après le jeûne des jours précédents !...
Première nuit passée sans alerte ; je dors quelques
bonnes heures, ce qui me retape un peu.

Vendredi, 30 octobre 1914.

Temps maussade et brumeux. Je me fais porter
malade : le major m'envoie à la hotte, naturellement!
— On s'entretient des opérations, — Les hommes de
mon régiment, — il faut avoir le courage de l'écrire !
— sont démoralisés à tel point qu'ils tournent toutes
choses au noir et qu'ils interprètent dans le mauvais
sens tout ce qu'ils entendent. Et alors il y a de quoi
vous couper bras et jambes ! Il est indéniable que le
159e a besoin de repos absolu ! Huit jours passés en
dehors de tout bruit de bataille lui redonneraient
conscience de sa force et de son devoir. Oui... mais
y a-t-il des troupes fraîches pour le remplacer? Et,
d'autre part, n'y a-t-il pas quantité de régiments dans
son cas?... C'est ce que je m'efforce vainement de
faire comprendre aux hommes. Mais tant vaut battre
l'eau avec un bâton ! — Vers 3 heures, branle-bas.—
Nous nous portons en avant du côté d'Ecurie, où
l'on entend une vive fusillade. Notre repos est donc

bien compromis. Arrêt de demi-heure au bord d'un talus, près de la route. Nos batteries arrêtent la fusillade ; et nous retournons, sous la pluie, à notre cantonnement... pas pour longtemps ! Ordre de repartir à Saint-Nicolas, puis contre-ordre..., puis nouvel ordre... Les hommes sont furieux et crient que c'en est une « vraie pégaye », un « vrai pastiés ». — Dans le fond de mon être, je souffre de tout cela, car malgré tout, Dieu sait combien je suis patriote, fervent admirateur de notre armée...

— En route, nous croisons les zouaves, troupe d'élite, revenant de Saint-Laurent. — Traversant Sainte-Catherine, nous arrivons à 9 heures du soir à Saint-Nicolas. On nous prévient que nous avons six heures de repos et qu'à 3 heures du matin le bataillon repartira occuper les tranchées de la Maison-Blanche pour quarante-huit heures. Merci du peu ! — Nuit médiocre, sur un peu de paille, en plein courant d'air. — J'écris une longue lettre à Nette dont je n'ai pas de nouvelles depuis longtemps déjà. Ah ! mes affections ! mes passionnettes ! que j'ai pu souvent songer à vous, vous regretter... vous pleurer... — J'oubliais de dire que vers les 4 heures, le lieutenant F*** m'avait fait demander pour me donner de l'argent. Il m'annonce que ma famille est dans la plus grande inquiétude, n'ayant point de nouvelles de moi, et se met à ma disposition pour tout ce dont j'aurai besoin. Il me donne 40 francs, somme bien suffisante pour l'instant du moins. Je le remercie vivement.

Samedi, 31 octobre 1914.

A 3 heures du matin, l'on avale hâtivement la soupe et dans la nuit l'on part. — Je fais deux cents mètres et m'arrête épuisé, résolu à me rendre à la visite. Le major m'engueule copieusement et me prend pour un tireur au flanc... Moi !... Décidément, je n'ai pas une tête de malade ! Le mieux est de tout supporter en silence, mais ses quelques réflexions ont de quoi vous faire hausser les épaules. J'obtiens toutefois la permission de me reposer un peu. — Avec un de mes camarades, j'achète une belle tranche de cochon que nous passons à la poêle avec « des frites », dans une petite chambre, près des cuisines des chasseurs. Journée calme passée à me réchauffer, bien que la pièce où nous nous tenons soit enfumée ; nous causons avec les chasseurs. Ces derniers sont très prévenants et nous fournissent gracieusement tout ce dont nous avons besoin ; ils me font même cadeau de deux billes de chocolat que je serre précieusement dans ma musette. — Des shrappnells ont été lancés ce matin sur le village, éventrant quelques maisons, sans grandes pertes. Au soir, quelques « marmites » sur les batteries, en arrière de nous. — Je me couche, repu, sur une paillasse, dans une pièce chaude mais emplie de fumée. Toute la nuit nos pièces ont craché la mitraille, se livrant sans doute à un bombardement en règle. — Temps plutôt clément. .

Dimanche, 1er novembre 1914.

La Toussaint. — Une fête que nous célébrerons ici, dans les tranchées, au milieu des obus et des balles. Je me suis imaginé la foule lyonnaise émue, recueillie pieusement; les églises noires de monde, Fourvière envahi, les cimetières encombrés, les tombes abondamment fleuries, les vœux, les souhaits, les larmes... et l'espérance... Ah ! oui, plus que jamais, j'espère ! — Je retourne obligatoirement à la visite. « Monsieur le major » n'est pas content ! Il me force à rejoindre le plus vite possible ma compagnie. Adieu le bon dîner auquel les chasseurs m'avaient convié ! — Temps superbe, soleil rutilant et gai. Vers les 7 heures, je rejoins la 7e dans la tranchée, à un kilomètre en avant de Saint-Nicolas. — L'ennemi, suivant les uns, occuperait Saint-Laurent ; suivant les autres, le village serait divisé entre les deux camps. — Il paraît que le bombardement de la nuit a eu pour objectif Saint-Laurent. La malheureuse agglomération, centre des opérations depuis près d'un mois, ne doit plus être qu'un amas de décombres et de cendres... Il est indéniable que, malgré des assauts furieux et répétés, les Allemands ont vu briser leur effort, et qu'ils ont fort peu gagné de terrain, peut-être trois kilomètres, depuis le 1er octobre. — Notre mission semble donc être remplie au prix certes ! de pertes fort sensibles, mais l'ennemi n'en a-t-il pas plus subi encore ? —

— Dans la tranchée, je regrette ma petite place près du feu et l'amabilité encourageante des chasseurs. Ah ! les jours se suivent et ne se ressemblent guère !

— A 8 heures, grande joie ! Nous sommes relevés plus tôt que nous ne l'espérions. On mange à la vapeur la soupe à Saint-Nicolas, et l'on court cantonner à Sainte-Catherine, dans une grande usine : minoterie ou malterie. — De mon abri, j'ai pu contempler le panorama d'Arras, très rapproché de nous, et sur lequel l'ennemi continue à verser un torrent de fer et de feu. — Goûté, la veille, du miel, dû à l'obligeance d'un camarade à qui j'avais rendu service. — Je reçois une lettre de maman qui m'annonce qu'elle a enfin reçu ma missive du 13 courant, et qu'elle en a pleuré de joie... Plusieurs des siennes, à considérer le numérotage qu'elle emploie, ne me sont point parvenues. Décidément, ce service des postes, c'est une honte ! car c'est du bonheur dont j'ai été privé ! — Nous sommes parqués dans une des salles de l'usine.

— Pour la première fois, depuis mon arrivée dans la région d'Arras, je puis poser mes chaussures, et je me couche avec béatitude, pieds nus, sur toute une épaisseur de sacs. — Nuit assez bonne, malgré ma maudite courbature.

Lundi, 2 novembre 1914.

Le jour des Morts. — Un temps magnifique, doux : on pourrait presque écrire printanier ! Une atmosphère à peine ébranlée par des détonations espacées. On dirait que les deux armées, soudain respectueuses, veuillent, depuis la veille, faire trêve à leurs luttes sanglantes, se recueillir et prier... — Les hommes profitent de ces heures de repos pour mettre un peu d'ordre à leur tenue, se changer un peu, se raccommoder, s'entretenir de la marche des opérations ; surtout bien boire, bien manger, bien dormir. Malheureusement, les provisions sont rares, et il faut savoir se contenter de peu ! — Je m'aperçois que ma dentition prend mauvaise tournure, se gâte, l'émail saute ; je perds mes cils et mes sourcils en abondance ; quant aux cheveux, dont j'étais si fier, ils deviennent hérissés, durcis, et forment une vraie broussaille, poussiéreuse, crasseuse, innommable ! Avec cela, du linge sale, déchiré ; nécessité de prendre un bain complet, le besoin enfin de se refaire des pieds à la tête... Que ce manque d'hygiène et de propreté est dur à endurer !... — Le colonel M*** est venu nous haranguer, nous réconforter, relever nos courages abattus, nous redonner confiance et espoir. De son petit speech que j'ai mal entendu d'ailleurs, il semble ressortir que, bien qu'en bonne posture, nous ne sommes pas au bout de nos peines. L'ennemi s'accroche à ses derniers retranchements, se ramasse pour une lutte désespérée. Ayant porté son effort à son aile droite, il a fallu renforcer notre aile gauche. Nous prolongeant, les Anglais et les Belges résistent avec succès à son attaque terrible et paraissent devoir la briser... et alors ce serait peut-être la victoire, la délivrance, la paix ! — Journée passée au cantonnement, dans l'usine. — Pas un seul bruit de fusillade ni de canonnade. Allons, on respecte au moins le Jour des Morts ! — Jamais je n'avais souffert autant ! Douleur violente principalement dans le haut du dos et venant jusqu'à m'enserrer la poitrine : un étau, dont les pinces se referment insensiblement... Et l'impossibilité de me faire porter malade !... Messieurs les majors vous me revaudrez peut-être cela un jour, quand je reprendrai ma vie civile!.. — J'envoie une lettre bien affectueuse, bien rassurante, bien énergique aussi à ma famille, et une carte à Yvonne, dont je n'ai pas depuis longtemps de nouvelles.

Mardi, 3 novembre 1914.

Encore une journée de calme et de repos ! Cela devient un miracle... Mêmes flâneries, mêmes causeries sous un ciel bleu, un temps printanier. A 3 heures, visite de santé. Je n'ai point la gale ! Et dire qu'il y en a tant qui l'ont souhaitée. — Reçu une lettre de mon père, recommandée, antérieure à celle du 1er novembre. Encore une preuve de la gabegie postale ! — Je puis acheter du chocolat à des prix fous et des boîtes de maquereaux et des cigarettes. — A 7 heures, départ aux tranchées, sous une lune splendide, et retournons aux mêmes emplacements du dimanche 1er novembre. — Je passe une assez bonne nuit, à peine troublée par quelques coups de feu. — Brouillard opaque en larges bandes irrégulières.

Mercredi, 4 novembre 1914.

Un peu de soleil le matin, puis l'horizon s'obscurcit, et la pluie, la maudite pluie, se met à tomber. Heureusement nous pouvons nous abriter convenablement, sous un toit fait de planches et de bottes de paille au-dessus des tranchées. — Journée calme : quelques coups de feu, des patrouilles ; l'ennemi ne paraît pas en force et ne répond que faiblement aux décharges de nos pièces qui jettent, vers le soir, sur les retranchements allemands, quelques shrappnells ou gros obus à la dynamite. On nous porte à manger vers 8 heures le soir, et à 5 heures du matin, mais tout est froid, pas appétissant, difficile à avaler dans le noir. Je me restaure avec des boîtes de sardines, du fromage et du chocolat. — Je reçois trois lettres : deux de ma famille, une de Nette, triste, qui me serre le cœur. Je lui réponds par une carte gaie, gentille, explicative de mon impossibilité actuelle à lui venir en aide ; ce sera pour plus tard. — Nuit convenable où je n'ai pas souffert du froid, mais où j'ai éprouvé un violent mal de tête.

Jeudi, 5 novembre 1914.

Le ciel se découvre, le soleil luit à travers quelques nuages ; l'on se dégourdit un peu les jambes. — Encore une journée calme ; coups de feu espacés. — Une de nos patrouilles, fort aventureuse, peut reconnaître les positions ennemies et signaler leur emplacement à nos batteries qui les arrosent alors copieusement. Je suis avec intérêt l'éclatement des obus, mais ne puis en juger les effets. — Des aéroplanes français et belges donnent la chasse à un Taube et le mettent en fuite. — Les « Boches » tirent très peu le canon, mais signalent leur présence par quelques balles qui sifflent au-dessus des tranchées. — Du côté de Roclincourt, canonnade et fusillade assez violentes. — reçois une lettre de Nette antérieure à celle de la veille et j'envoie une carte à Jean A***, dont le silence est incompréhensible : rien de lui depuis mon départ de Briançon ! — Belle lune ! — Nous sommes relevés à 8 heures par le 1er bataillon, après plusieurs contre-ordres, et allons coucher à Saint-Nicolas, dans un estaminet, recouvert de paille brisée, au milieu de détritus de toutes sortes. — Nuit médiocre, ne m'étant pas assez couvert. Ce qui me fait sentir la fraîcheur. — Le canon a tiré hier soir un quart d'heure durant.— Je pense de plus en plus aux miens, à mon retour, à tout ce que je désire..., à la réalisation de mes espérances... Hélas ! hélas !

Vendredi, 6 novembre 1914.

Je reçois une lettre de ma mère contenant de l'argent (une vraie manne), et de longs détails sur tout ce qui m'intéresse. Comme elle sait écrire ! Il me semble l'entendre raconter tout ce qu'elle écrit. En fermant les yeux, j'ai l'impression d'être près d'elle, et c'est bien doux ! — Un épais brouillard, puis le soleil se lève. Le matin, ma compagnie va reconnaître des tranchées aux portes de Saint-Nicolas ; on revient demi-heure après, heureux de s'en tenir là. — Après-midi calme, passée au cantonnement. — Je lave tant bien que mal un mouchoir et une paire de chaussettes. Non !... si Nette m'avait vu !.. — Au rapport, on nous annonce une grande victoire en Galicie et de bonnes nouvelles du front : une section de 50 hommes (des zouaves) aurait anéanti un détachement de 300 Allemands ; de plus, on aurait avancé de plusieurs kilomètres sur la gauche. Hourrah ! Il est certain, en tout cas, que les choses ont assez bonne tournure, et que l'on peut pr.voir un acheminement vers la fin. La fin !... quel soupir de soulagement... quelle allégresse !... — Vers 7 heures, vive fusillade et canonnade. — Sac au dos, et départ de la compagnie. — Les balles sifflent jusque dans les rues. Un quart d'heure après, retour. Fausse alerte ! les hommes en sont ravis ! Ah ! c'est que nous redoutons par dessus tout ces combats dans la nuit noire, brumeuse, où l'on prend le plus souvent un camarade pour un adversaire et où les méprises sont fréquentes. Etre tué ou blessé par un de ses frères d'armes, quelle horrible chose ! — Nuit convenable et tranquille. — On vient de nous distribuer des tentes-abris, ce qui, avec la couverture, donnée quelques jours auparavant, alourdit passablement le sac. Mais, en revanche, quelle utilité pour les grands froids ou pour les jours de pluie !

Samedi, 7 novembre 1914.

Encore de la brume, puis le soleil. J'écris à maman pour la remercier de sa lettre recommandée, et je tâche de me hausser à son énergie et à son courage. Je reçois quelques mots d'Yvonne fort affectueux et qui paraissent sincères. On a fusillé ce matin un soldat du 97e pour désertion et vol. Pénible et triste impression ! — L'après-midi, école de section pendant une heure, dans un champ, à proximité d'une batterie tirant de temps à autre quelques boulets.— Les hommes n'en ont point trouvé l'utilité, à moi, cela m'a paru un moyen d'éviter le relâchement et maintenir les corps sous la discipline qui est « la force principale des armées ». — A 5 heures, départ pour les tranchées, les mêmes que nous occupions précédemment. Je n'y vais qu'à contre-cœur, car elles sont pour moi un terrible épouvantail ! D'ailleurs, de l'avis de tous, elles sont loin de constituer une sinécure ! Des abris, à peine ébauchés, ma section s'étant installée dans un boyau nouvellement creusé, un parapet assez mince

et peu élevé, un canal étroit... en somme tout ce qu'il
faut pour augmenter mon angoisse et ma mauvaise
humeur ! — Nuit comme toutes celles passeés en ces
lieux de délices ! Par exemple, sauf sur la droite, où
le canon a eu tôt fait d'arrêter une assez vive fusillade
engagée vers les 11 heures du soir, calme presque complet. Un brouillard pénétrant (il n'y a pas qu'à Lyon),
les pieds à la glace, le corps secoué de frissons. — Un
bout de viande et de jus vers 5 heures le matin. —
Une heure passée au poste d'écoute, en sentinelle, à
quatre mètres en avant des tranchées.

Dimanche, 8 novembre 1914.

Le soleil n'a point daigné nous distribuer un peu
de chaleur, et la brume épaisse, humide, a couvert la
campagne de son manteau glacé. — Nous avons travaillé la nuit durant et continué aujourd'hui à creuser un boyau prolongeant celui que nous occupons.
Aussi, peu à peu, le sol se couvre d'un véritable laby-
rinthe : ce ne sont que tranchées, abris, cheminements ; et, en avant, des piquets, des réseaux de fils
de fer barbelés. C'est bien la guerre souterraine racon-
tée et prévue par le capitaine Danrit ! — L'après-
midi, en travaillant à la construction de la nouvelle
tranchée, le rideau de brumes s'est brusquement déchiré, et nous avons été salués de quelques balles bien
dirigées, nous prenant en enfilade, presqu'à revers.
Précipitamment, à quatre pattes, nous avons rejoint

notre trou. — L'avant-veille, la méprise que je redoutais tant s'est malheureusement produite : la 1re Cie a tiré sur une de ses patrouilles et sur un petit poste installé en avant... Résultat : des morts, des blessés, un engagement avec l'ennemi, nos hommes, ainsi pris entre deux feux... Triste ! affreusement triste !... — Nuit calme, la plus calme passée dans les tranchées, je crois, jusqu'ici. Bien roulé dans ma couverture et sur des bottes de paille, j'ai pu sommeiller à l'abri du froid, les pieds tièdes, le corps préservé. — Mangé de bon appétit, d'une soupe chaude, par extraordinaire, de la viande, des macaronis excellents, et avalé un quart de café avec satisfaction, à 6 heures du soir et à 5 heures du matin. Un bon point « aux cuistots » ! Reçu une lettre de ma famille, alarmée à nouveau, parce que sans nouvelles...

Lundi, 9 novembre 1914.

J'écris à la maison pour rassurer mon père et maman dont je comprends l'angoisse. — Journée sombre, brumeuse, humide. — Vers le soir, notre artillerie lourde envoie quelques obus sur Saint-Laurent; des balles allemandes sifflent par dessus la tranchée : on y répond par un feu de salve, et tout rentre dans l'ordre. — A 6 heures, la soupe chaude, un bon bifteck, du riz, un quart de café. Oh ! mais... on nous gâte ! — A 8 heures, la relève tant attendue... Nous allons cantonner à Sainte-Catherine, dans la malterie, mais à la cave. Il y fait noir, noir... Nuit passable. — On me remet une lettre de mon père, bourrée de détails, avec ses impressions sur la guerre parce que la victoire, dit-il, n'est pas loin ! Maman a voulu ajouter quelques lignes tendres et affectueuses, et me voilà content, pour passer ma nuit... à la cave !...

Mardi, 10 novembre 1914.

Jour de repos, ou soi-disant tel. — Nous nous transportons dans la salle précédemment occupée dans la malterie. — A midi, la compagnie va effectuer une petite promenade de santé autour de Sainte-Catherine. — Nous franchissons plusieurs canaux sur des planches ou troncs d'arbres, nous nous faufilons à travers un bois. J'aperçois les campements des muletiers et certains emplacements de batteries, et nous rentrons deux heures après. — Journée brumeuse et fraîche. — Nuit passable, sommeil entrecoupé. Pas de fusillade pas de canonnade. Acheté du chocolat dont je fais une consommation effrayante.

Mercredi, 11 novembre 1914.

Lettre très détaillée à mes parents. — Toujours le ciel gris plein de menaces, l'humidité, et quelques gouttes de pluie. — Repos. — Des camarades vont en corvée à Arras, et je les prie de m'acheter un couteau·

et des cigarettes. A 3 heures, ma compagnie va assister à la remise de décorations de la Légion d'honneur, dans un terrain découvert, entre Sainte-Catherine et Saint-Nicolas. Détachements de tous les régiments installés dans la région, présence du général B*** et du colonel B***, tous deux très crânes, très militaires... Cérémonie des plus impressionnantes : drapeaux, musique jouant la *Marseillaise*, défilé devant les officiers supérieurs, souffle vivifiant de patriotisme renaissant ! Très bonne impression ! très réconfortante ! On en a, du coup, oublié les obus et les balles... — Pourtant, je puis le dire sans acrimonie, notre pauvre 159e a été peu décoré ! Et cependant, s'il est un régiment qui a donné, c'est bien le nôtre... Enfin, n'insistons pas ! — Les nouvelles des opérations ne paraissent pas mauvaises : on aurait gagné la bataille de l'Yser, en Belgique et repris les positions perdues quelques jours auparavant, à Vailly, dans la Marne. Mais, de là, à supputer une fin prochaine, quel abîme ! — Vers les 7 heures, le canon français tonne. Pas d'alerte pourtant. — Nuit identique aux précédentes. — Je me fais raser et tailler les cheveux, bien-être fort appréciable.

Jeudi, 12 novembre 1914.

J'écris une carte à Jean A***, et j'envoie une lettre recommandée à Nette, lettre pour laquelle je conçois quelque inquiétude. Je reçois une lettre de ma mère réclamant des nouvelles. Sapristi ! j'écris tous les deux ou trois jours au moins ! mais cette satanée poste n'en fait qu'à sa tête... Enfin, je reçois une lettre de Jean, la première depuis mon départ de Briançon ! Il me donne des renseignements sur les amis, très complets, très précis, des détails sur mon Lyon, des sentiments d'affection et de quoi me donner de la joie pour longtemps ! — Du soleil, des nuages, du vent. — Exercice du côt d'Arras, sur l'esplanade de Baudimont, de midi à 2 h. ½. — Repos au cantonnement. — Dorénavant, nous ferons quarante-huit heures de tranchées, suivies de quatre jours de repos. Que voilà une mesure accueillie avec joie ! Elle est due à notre renforcement par les blessés et malades rétablis et répartis dans chaque compagnie. La plupart sont des hommes de l'active, peu intéressants, jeunesse, instruction à peu près nulle, éducation identique. Vrai ! ce n'est pas très encourageant, ni très flatteur de leur être assimilés ! — Nuit médiocre, des soldats ont bu et fait du bruit très avant dans la soirée ; sommeil pénible et troublé par des cauchemars.

Vendredi, 13 novembre 1914.

Je reçois un paquet recommandé de ma mère, contenant : chocolat, foie gras, sardines, saucisson, cigarettes... toutes choses que l'on sait que j'aime et dont j'étais privé. Joie extrême, et remerciements émus à ma chère maman. Beaucoup de mes camarades ont reçu aussi un paquet, et ce sont, à leur ouverture, des explosions de surprise et de contentement ! On dirait des enfants qui reçoivent des jouets en récompense de leur travail et de leur sagesse. — Temps couvert et sale. — Le matin, nous recevons l'ordre de nous tenir prêts pour un départ prochain. Et les commentaires d'aller leur train ! Après-midi d'attente dans la malterie ; enfin, à 4 h. ½, départ sous la pluie, le vent violent, soufflant en tempête, entravant notre marche dans la nuit obscure. — Des lueurs de canon, par intervalles. — Après dix kilomètres, nous atteignons vers 8 heures du soir Haute-Avesnes où nous cantonnons. — Ma demi-section, constituée en poste de police, prend la garde, bénigne ; nuit médiocre, fraîche, sans sommeil ou presque.

Samedi, 14 novembae 1914.

Quelques échappées de soleil, puis une averse de grêle, de gros nuages noirs, une boue infâme, les pieds glacés, les membres raidis. Un froid glacial amené par le vent trop violent. — Un avion atterrit à peu de distance, on se précipite pour le voir. — Nous sommes relevés de garde vers les 11 heures du matin et nous rejoignons la compagnie. Cantonnement exposé à tous les courants d'air. De petites pièces (écuries probablement) sans portes, entourant une cour remplie de purin et de boue. Nous sommes entassés les uns sur les autres, grelottant de froid, les vête-

ments mouillés, sales, crottés, innommables ! ! — Tout
le régiment est campé à Haute-Avesnes. Journée
longue, je ne puis me réchauffer. Quelle nuit ! Un froid
de loup qui vous transperce et vous glace, des maux
d'estomac terribles, un étau qui m'enserre la poitrine... pas dormi une heure ! — Reçu une longue
lettre de mon bon ami D***, dans une ambulance de
Lyon, amputé du pied fort au-dessus de la cheville.
Brave cœur et cœur brave ! résigné et patriote par-
dessus tout ! — Ecrit à ma famille pour me réconforter
moi-même en pensant à elle.

Dimanche, 15 novembre 1914.

Toujours le mauvais temps, du vent, de la neige,
bientôt suivie de pluie. Cantonnement intenable,
routes détrempées, gâchis épouvantable, campagne
triste, triste à pleurer !... Comme l'hiver s'annonce
sous de mauvais auspices ! Comment allons-nous pouvoir résister?... — Des bleus (classe 1914) sont venus
nous renforcer. — Je vais m'installer une heure dans
un café et me réchauffer un peu. Toujours des crampes
d'estomac et pas d'appétit. Mangé pourtant du chocolat et du beurre et avalé quelques tasses de café et
quelques petits verres pour me donner du courage.
— Nuit excellente, bien enroulé dans mon sac recouvert de paille, la capote sur la tête, je puis me reposer
quelque peu. Malheureusement, à 2 h. ½, réveil ! la
soupe, et l'on part sous la pluie pour les tranchées.

J'ai froid maintenant, j'ai sommeil aussi, le sac me tale les épaules ; on patauge dans la boue et dans les flaques d'eau. Les hommes roulent d'un bord à l'autre, ronchonnent, gémissent. Au bout d'une heure de marche, nous atteignons Mont-Saint-Eloi, posté sur une hauteur. Je rumine un moyen pour ne pas me rendre aux tranchées, j'ai bien mal à l'estomac, et, à la sortie, alors que le bataillon tourne à droite, je m'arrête et vais me réfugier dans un petit réduit, où sont couchés les cuisiniers de la 6e. Malgré la fraîcheur, je m'assoupis deux heures, cela me retape un peu. Puis le jour paraît : sale, gris, pluvieux, triste !

Lundi, 16 novembre 1914.

Le vaguemestre me remet deux lettres de ma famille, toujours lues et relues avec plaisir. Envoyée deux cartes à ma mère et une lettre à Jules D***, aussi amicale, aussi cordiale que je le puis. — Je retrouve les cuisiniers de la 7e Cie et me joins à ceux du premier peloton qui m'accueillent bien gentiment. Ils me décident de rester avec eux puisque je suis fatigué. Advienne que pourra ! Nous sommes dans une cuisine où ronfle un poêle. Grands dieux ! que l'on est bien ! N'était ma dignité, j'envierais presque le rôle de « cuistot » ! Je me chauffe et me rends utile en aidant à éplucher des pommes de terre ! Bonne journée ! A l'extérieur, le froid, la pluie, la boue... Que mes pauvres camarades doivent souffrir là-bas dans la

tranchée ! A chacun pourtant de savoir se débrouiller... On avale à tout instant du café chaud, bien sucré
et l'on mange un morceau. Je me sens revivre, et suis
heureux de ce pauvre bien-être. — Toutefois, la pensée que je suis en faute me tracasse et je cherche des
excuses ; j'en trouverai certainement ! car en réalité
mes reins me font mal, et il faut que je sois solide
comme je le suis pour aller quand même. Deux cuisiniers se trouvent fatigués, je m'offre à les remplacer,
et me voilà plongé dans la préparation d'une bonne
soupe et d'un plat de riz, tout cela pour être porté aux
hommes vers 6 heures. En attendant, le feu marche
gaillardement, et, tout autour, on cause, on fume, on
boit. Je passe une nuit à remplacer ces camarades,
toujours malades, et debout, tout le temps, je sur-
veille la soupe du matin avec un plat de macaronis.
Je me suis découvert des talents culinaires que je ne
me connaissais pas ! Un de mes amis est venu me rejoindre aux cuisines et tous deux veillons attentivement au repas des hommes en faisant aussi le café.—
A 4 heures du matin, les cuisiniers vont emporter tout
ce que nous avons préparé à la compagnie dans les
tranchées. Ces « cuistots » ils ne connaissent pas leur
bonheur et leur tranquillité !

Mardi, 17 novembre 1914.

Encore une journée à la cuisine, chaude, tranquille.
N'était la corvée de monter à manger aux hommes, le

métier de cuisinier, je le répète, est un vrai « filon »
auquel l'on aspire presque... J'ai fait un déjeuner excellent : rôti de bœuf, frites, ce que je préfère. — Quoique n'ayant pas fermé l'œil la nuit dernière, par suite
de mon intérim aux cuisines, je n'éprouve pas le besoin de dormir, soutenu que je suis par la chaleur du
foyer et le café bu. — Je prends un bain de pieds salé,
le premier depuis mon départ de Briançon ! Je fais
laver une chemise et des chaussettes par une brave
femme du pays. — Le village a été bombardé, et la
grande tour est démantelée ; certaines maisons sont
écroulées, la plupart des habitants ont fui, et on ne
trouve rien à acheter. Les quelques civils restés chez
eux, meurent littéralement de faim, et viennent
même nous quémander un bout de pain ou un morceau de viande. Quelles horreurs accumulées ! quels
désastres ! quelle désolation !... — Nous nous sommes
installés dans la maison du chantre de l'église, un
pauvre diable, père de cinq enfants, et à qui il ne reste
plus rien ! Car il paraît que les zouaves établis avant
nous à Mont-Saint-Éloi, ont tout pillé, tout dévalisé,
tout détruit ! La guerre peut donc rendre certaines
gens voleurs, bandits, sans vergogne ?... — A 5 heures,
je vais toucher le ravitaillement : un quart de vin
chaud, de la viande, du fromage, et je me couche à
11 heures sur un matelas dans la cuisine. Aussi, mes
douleurs rénales sont-elles presque insignifiantes. —
Les Allemands nous ont envoyé quelques obus tout
autour de la tour. En somme, calme, ces dernières nuits.
Quelques coups de feu, de canon, de part et d'autre,

et c'est tout ! — Nuit bonne ; la journée a été quelque peu ensoleillée.

Mercredi, 18 novembre 1914.

Au réveil, un abaissement très notable de la température. — Nous quittons Mont-Saint-Eloi. — La campagne est toute blanche, recouverte d'une fine couche de givre. Le ciel est clair, limpide, et à l'horizon tout rouge. Spectacle superbe ! Nous traversons Ecoivres pour gagner Acq où notre bataillon doit cantonner. Le soleil monte, il fait un froid très vif. Journée de repos. On trouve à acheter du lait que nous mélangeons à notre café ou à du chocolat, ce qui constitue un déjeuner exquis. De même on achète de la charcuterie, pâté de foie à la gelée. — Acq est un village assez important qui n'a jamais été bombardé, aussi les civils y sont-ils nombreux, les estaminets ouverts, et nous y buvons plusieurs « bistouilles », (café et eau-de-vie). — Nuit convenable, bien que passée dans une grange ouverte à tous les courants d'air. — Envoyé une carte à Nette.

Jeudi, 19 novembre 1914.

Reçu deux lettres : une de papa, une d'Yvonne. — Répondu à mon père filialement et longuement. — Temps couvert. — Je cours au village, mais les estaminets sont consignés, sauf un, où, avec plusieurs camarades, nous nous précipitons pour nous y réchauffer un peu. — Vers 3 heures, radoucissement de la température et neige très abondante : le sol et les toits en sont tout recouverts — On nous lit le rapport dans un champ sous la tourmente ! — Le cantonnement est intenable, je fais les cent pas pour réchauffer mes pieds glacés. Les hommes sont grelottants, ils tapent du pied, s'enfoncent dans leur cache-nez, passe-montagne, imperméable, etc. C'est drôle ! je n'ai pas froid à la figure, ni au corps ; n'étaient ces sacrés pieds, tout irait pour le mieux ! Nous devions prendre les tranchées ce soir à 8 heures, puis il y a contre-ordre. Nous ne les prendrons que demain soir. Grande joie de cet événement ! Mauvaise nuit, car je n'ai pu me réchauffer les pieds, à peine sommeillé, suis abruti...

Vendredi, 20 novembre 1914.

La neige s'est arrêtée de tomber. La journée s'annonce splendide ! Au réveil j'admire un fort joli spectacle : l'horizon rougeoyant, la campagne entièrement blanche sous le givre et la neige. Dans le fond, la tour de Mont-Saint-Eloi démantelée semble une pièce montée et se dresse superbe et imposante dans ses ruines ; des bois font une tache sombre du plus frappant contraste. — Froid intense ! et la neige fond... nnommable « gabouille » dans laquelle on patauge à qui mieux mieux. Je fais du pas gymnastique sans pouvoir parvenir à ramener un peu de chaleur dans ces maudites chaussures toutes gelées et humides, maculées de boue. — A 2 heures, un peu d'exercice. — A 4 heures, départ pour la ferme de Berthonval, que la compagnie doit occuper en réserve du bataillon, à quinze cents mètres de Mont-Saint-Eloi. — Un coucher de soleil superbe : la neige rouge, la lune croissant rouge, des étoiles nombreuses et brillantes, les pieds enfin bouillants... Deux heures de marche et nous voici dans la ferme, École d'agriculture renommée. A peine installés dans la paille il faut nous relever pour aller creuser des tranchées. On travaille pour ne pas être gelé. Relevés toutes les deux heures, ce qui est stupide ! car lorsqu'on s'est bien réchauffé sous le hangar l'on retourne brusquement à l'air qui vous saisit et vous transperce. — Par conséquent, mauvaise nuit, quoique assez vite passée. — Envoyé une carte à Jean A***, l'ami bon, serviable, affectueux.

Samedi, 21 novembre 1914.

Toujours le soleil. — Dans la tranchée, j'ai écrit une carte à ma famille qui ne peut certes pas se plaindre du manque de nouvelles ! — Répondu aussi à Yvonne. — L'Ecole d'agriculture où nous cantonnons a été quelque peu abîmée par les obus. Ce sont de beaux bâtiments tout neufs bien aménagés : un joli musée, des caves superbes, toutes laquées de blanc, des jardins couverts de vérandahs et d'espaliers. — Froid encore plus intense. On travaille toujour aux boyaux. Je m'assoupis jusqu'à minuit puis je me rends au travail. Bise glaciale ! un vrai « blizzard »... souffrances terribles... pieds et mains glacés... Désespoir ! envie de tout lâcher, de pleurer ! de crier sa peine... Révolte de tout l'être... abattement !... Et dire que, pendant que nous endurons les pires souffrances, les embusqués sont au coin de leur feu ou dans un café « chic », fumant de bons londrès auprès de leur blonde... ou de leur brune !... Oh ! si le devoir ne parlait pas plus haut que tout !... Mais après la campagne, quelle fierté, quel orgueil de pouvoir lever la tête...et regarder de bien haut ces lâches et ces pleutres... — A 3 h. ½ du matin, n'y tenant plus, nous revenons au hangar. Je manque de voir mes mains gelées et ma souffrance est inimaginable ! Ah ! je me souviendrai de ces heures mortelles où j'ai presque souhaité la délivrance... la mort... ! Mon Dieu ! donnez-moi la force de lutter encore, de résister... de sortir sain et sauf ! ! !

Dimanche, 22 novembre 1914.

Un froid toujours très vif. — Je flâne un peu, bavarde, et tape du pied. — Résumé très succinct des impressions ressenties, étant toutes pénibles. Grands moments d'abattement, suivis de lueurs d'espérances. — Sur le soir un « blizzard » effrayant ! En attendant la relève, nous gelons dans la cour de l'école. Je suis transpercé par le froid, glacé jusqu'à la moelle des os !

— Relevés enfin à 6 heures, nous regagnons Acq sur une route glacée, battue par un vent violent ; on trébuche à chaque pas, on heurte des mottes de terre gelées formées par les sabots des chevaux et les pièces d'artillerie. — Nuit médiocre ayant eu des frissons dans le dos et bien mal à la tête. — Ecrit à ma famille, à Nette et à Jean sur trois cartes militaires.

Lundi, 23 novembre 1914.

Froid, temps couvert, sol gelé. — Reçu enfin deux lettres de Nette, fort tristes, et de Jean A***, très détaillées. Elles me font plaisir ! — Mangé gloutonnement une superbe côtelette de cochon rôti, appétissante, avec un bon verre de vin. — Sur le soir, la température se radoucit. — Ecrivant ces lignes avec plusieurs jours de retard, le temps m'ayant fait défaut, je peux oublier certains détails, mais naturellement peu importants. — Nuit bonne, ayant eu bien chaud.

Mardi, 24 novembre 1914.

Le dégel continue, mais la neige gelée a du mal à fondre. — Travail au cantonnement ; exercice de 2 à 3 heures le soir ; la soupe... et l'on part pour les tranchées à 5 heures. Marche longue, pénible, sac lourd, poitrine écrasée, jambes flageolantes. — Nous prenons position un peu en l'air, au lieu dit « La Targette ». Abris assez bien établis, calme sur notre front, des coups de feu à droite, quelques obus. — Je prends une heure en sentinelle, dans un boyau, dix mètres en avant. Quelques balles me sifflent aux oreilles : cela m'impressionne toujours. — Je m'assoupis après ma garde, une heure à peine. — Soupe portée à 6 heures du matin, froide, immangeable ! Les hommes, furieux, ronchonnent, menacent de se plaindre... en vain ! — J'ai travaillé un moment dans l'après-midi à Acq pour l'adjudant, ai pu me faire raser et écrire à maman. J'ai répondu aussi à Jean.

Mercredi, 25 novembre 1914.

Nous faisons du feu dans la tranchée, un camarade ayant apporté du bois, et nous en étant procuré par la démolition d'une baraque située à vingt mètres en avant de la position. — On se réchauffe un peu, on boit du café et du thé bien chauds. Mais fumée intense qui me pique les yeux, les rougit, les brûle, en nous couvrant le visage de cendres, etc., etc. Toute la lyre ! Je ressens de violents maux d'estomac ; au soir, les douleurs sont atroces. J'ai la poitrine serrée dans un étau... Depuis plusieurs jours j'avais de ces malaises inconnus de moi, provenant sans doute de ce que nous mangeons précipitamment, avec gloutonnerie même, par la raison que souvent nous sommes soumis à un jeûne forcé... Quel délabrement de mon organisme ! moi qui ne savais pas ce que c'était que d'être malade... Dans la nuit, j'avale quelques gouttes d'élixir de la Grande Chartreuse sur un morceau de sucre et je vomis alors d'un seul jet de la bile... ce qui me soulage enfin ! Mes camarades gentiment s'offrent à me remplacer pour la garde, mais je passe quand même une nuit blanche, autour du feu, au milieu de la fumée. — Brouillard épais, humidité, boyaux gras, terre réduite en boue, vent, courants d'air qui passent sous les tentes que nous avons dressées. Et je songe aux livres de Cooper et de Gustave Aimard que je lisais étant enfant : existence des éclaireurs, des cowboys dans les grandes plaines de l'Amérique... Pensées aussi vers ceux qui me sont si chers... causeries sur Lyon, sur les femmes, sur notre vie passée... Confiance ! Espérance ! Foi !... — Des coups de feu toujours à droite.

Jeudi, 26 novembre 1914.

Temps couvert, dégel persistant, vent violent. Du feu, toujours accompagné de fumée âcre, mauvaise, brûlant les yeux et la face. Heures mortelles ! Attente énervante de la relève ! Il paraîtrait qu'elle va se faire par le 97e et que nous allons avoir six jours de repos en arrière... Et toujours des faux bruits, des nouvelles abracadabrantes, folles, des instants de confiance et d'espoir ! — Soupe à 6 heures le soir et du café le matin que nous faisons chauffer, car il nous a été porté froid. — Relevés à 6 heures, mais par le 3e bataillon du 155e. Retour à Acq, exténués ! —

Routes détrempées, longues, cahoteuses, terre collant aux souliers, marche pénible, sac de plus en plus lourd, murmures, jurons, toute la gamme des imprécations ! La soupe et le café ont eu le goût de la fumée. Et dire que nous avons pu avaler cela ! Ah ! ici, il ne faut être ni bien difficile, ni bien dégoûté... — Un regret me hante parfois : celui de n'avoir pas voulu passer mes examens d'officier. Ma vie eût été moins pénible sans doute, et quels avantages, j'en aurais tirés ! Je l'ai écrit à la maison, mais ma mère, très impressionnable, m'a répondu qu'il valait mieux pour moi qu'il n'en fût rien car elle avait la conviction certaine que si j'eusse été officier, je ne serais plus de ce monde ! Il est vrai qu'il en est tant tombé de gradés en Alsace, au début de la campagne... et depuis aussi !... Ma mère a peut-être raison. — Nuit bonne, bien que désagréablement réveillé par des obus qui m'ont semblé éclater sur le village. Les Allemands se seraient-ils donc avancés, ou auraient-ils appris notre cantonnement, ici?...

Vendredi, 27 novembre 1914.

Reçu deux lettres de ma famille et une carte du docteur C***. Quand j'ai du courrier, quel réconfort ! — Répondu de suite aux miens avec de longs détails sur ma vie, mais leur taisant mes souffrances. A quoi bon les tourmenter, puisque je suis solide au poste malgré tout?... — Bien que je limite mes dépenses, elles sont démesurées, tout étant ici hors de prix... — Je ne crois pas avoir de vermine (poux, gale, morve, etc.). Beaucoup de camarades cependant ont trouvé des poux sur eux depuis un mois déjà, ce qui doit être peu agréable, certainement. Nuit bonne, dans un cantonnement pourtant ouvert à tous les vents, et souillé par le passage de nombreuses compagnies cantonnées avant nous.

Samedi, 28 novembre 1914.

Nouvelles lettres de ma famille. Allons ! on ne m'oublie pas... — Repos. — Temps couvert, mais doux comparativement à la vague de froid des jours antérieurs, mais chemins impossibles ! — En plein champ, la musique répète quelques morceaux pour un concert qui doit avoir lieu le lendemain. J'ai été pressenti pour déclamer quelque chose, car il paraît qu'on a eu vent de mon talent... mais je voudrais en revanche obtenir quelques compensations. — Exercice d'une heure. — A 4 h. 45, départ pour les tranchées. Quel cauchemar ! — Je ne me sens pas très bien, et le lieutenant m'autorise à passer la nuit aux cuisines de Mont-Saint-Eloi. Comme un benêt, je joue au banco avec des camarades à qui je ne puis le refuser, et je perds douze francs, somme appréciable à l'époque actuelle, pour un soldat surtout !... d'autant qu'il ne me reste presque rien. — Nuit blanche, mais au chaud. Je rejoins ma compagnie à

5 heures du matin. L'adjudant m'invite dans sa cabane
et j'y passe près de lui la matinée tranquillement. —
Vu aussi le lieutenant F***, toujours en bonne santé,
frais comme une rose, et avons causé quelques instants.

Dimanche, 29 novembre 1914.

Temps couvert. Lecture des journaux dans la
hutte. — Inextricables boyaux et tranchées, réseaux
de fils de fer. — Ma section est en avant et travaille
à la construction de nouveaux retranchements. — A
une heure, on nous ordonne de soutenir une attaque
des chasseurs pour la reprise d'une tranchée, perdue
la veille. Feux de salve, mousqueterie et canonnade. —
Je tire plusieurs coups de fusil ; ont-ils porté ?...
L'attaque réussit, et tout rentre dans l'ordre. —
Nuit assez convenable, toujours dans la cabane. Du
feu,.. et causerie.

Lundi, 30 novembre 1914.

Je prends six heures de garde avec ma section,
dans le bout de la nouvelle tranchée en construction.
Temps pluvieux, et sur le soir, vent violent. — Coups
de feu espacés. — Relève à 7 heures environ. —
Retour à Acq excessivement pénible ; beaucoup
d'hommes restent en route et j'atteins moi-même difficilement le cantonnement coutumier. — Nuit bonne

bien que notre logement soit ouvert à tous les vents. Depuis quelques jours, mes notes se ressentent de la monotonie de notre existence. Et pourtant (sans que cela y paraisse), nous risquons tous les jours notre vie dans le va-et-vient des tranchées, car un obus ou quelque balle ont tôt fait de tomber, et ce n'est pas rare de voir de temps à autre un camarade blessé ou tué dans notre service aux tranchées. Ah ! le danger est partout qui vous guette, et l'on n'est en sûreté nulle part...

Mardi, 1er décembre 1914.

Le matin, nettoyage des effets couverts de boue, ce qui n'est pas une mince affaire ! Café et lait avec charcuterie au déjeuner. Je trouve le temps de crayonner deux mots à maman qui vient de m'envoyer un colis de friandises (chocolat fin, foie gras, biscuits Pernot, bonbons), une paire de gants fourrés, crayons, papier à lettre, cigarettes. Dévoré biscuits et bonbons avec les camarades. — Exercice d'une heure. — L'on nous avait promis un repos d'une huitaine de jours. Hélas ! nous ne l'aurons pas encore cette fois, les Boches semblant reporter leur effort du côté d'Arras. D'où murmure des hommes, plaintes et gémissements. — La nourriture laisse fort à désirer, et je plains ceux qui n'ont pas d'argent dans leur poche pour suppléer à l'insuffisance de l'ordinaire ! Nuit assez bonne.

Mercredi, 2 décembre 1914.

Envoyé une longue lettre à ma famille avec remerciments pour les gâteries envoyées et répondu au docteur C***. — Déjeuner au café au lait. — A une heure, exercice très soutenu sous les yeux du commandant du bataillon et du colonel (instruction individuelle... même le salut). Les hommes sont furieux ! Il est de fait qu'on ne nous lâche guère ! — A 4 h. ½, départ aux tranchées même secteur : la Targette. Grands dieux ! que le temps écoulé au repos passe vite... — Suis envoyé, avec quelques camarades à la 2e section. — Je prends six heures de garde, dont deux en sentinelle au poste d'écoute, à 50 mètres en avant, sur la route de Mont-Saint-Eloi à la Targette ; l'ennemi est à peine à 200 mètres, immobile... Rien d'anormal à signaler. — Un peu de pluie, beaucoup de vent qui bat le plateau avec furie. — Nuit à peu près blanche, mais supportable.

Jeudi, 3 décembre 1914.

Journée des plus calmes sur le front. — Vent soufflant en tempête, s'engouffrant dans la tranchée. Impossibilité absolue de dormir, travail d'enlèvement de paille pourrie. — Pris la garde quatre heures en sentinelle double, sur la gauche. — Nuit blanche et froide. — Lune magnifique. — Ai eu tout le temps de rêver, de songer au passé, d'espérer. — Reçu carte d'Yvonne.

Vendredi, 4 décembre 1914.

Toujours le vent ! Temps de giboulées, averses, éclaircies. — A la pointe du jour, violente fusillade et canonnade à notre droite, au delà d'Ecurie. — Travaillé l'après-midi en plein courant d'air, à l'élargissement du cheminement. — Mal aux yeux. — Vers 5 heures du soir, averse terrible, la tranchée se remplit vite d'eau, la terre étant argileuse et grasse. — La relève se fait attendre, et les minutes sont mortelles ! Enfin, à 7 h. 1/4, nous quittons la tranchée avec la lune et prenons le boyau. — Retour pénible : suis fourbu, tombe de sommeil. — Cantonnement à Acq dans la même grange, plus ouverte que jamais ! — Un peu de soupe chaude, du café chaud, de la paille... un point..., c'est tout !... Nuit assez bonne.

Samedi, 5 décembre 1914.

Temps couvert, vent, averses violentes. Reçu une carte-lettre de L***, et une longue missive de la maison. Mon père et maman ont collaboré en m'écrivant. « Jamais, je crois (me dit papa), je n'avais autant cultivé le style épistolaire... » Voilà ce que c'est que d'avoir un fils pour lequel on tremble tous les jours ! — Déjeuner au café au lait d'un goût exquis ! — Nettoyage des effets, pas sans besoin ! Les nouvelles de la guerre sont bonnes, mais je constate

qu'on avance bien peu vite, et que la lutte menace
de s'éterniser... Cette guerre de tranchées, cette nouvelle façon de se battre, obligent à un combat pied
à pied, chaque pouce de terrain étant fortifié, et la
troupe ne cédant que très difficilement, ou quand
on ne peut faire plus. Et l'on ne saura jamais ce que
certains assauts et certaines reprises de tranchées
nous ont coûté !... — Ordinaire bien meilleur. — Je
me couche à 5 h. ½, comme les poules ! Où sont mes
soirées et mes veillées d'antan?... — Nuit médiocre
ayant souffert de l'estomac.

Dimanche, 6 décembre 1914.

Assez belle journée : du soleil le matin, faisant disparaître la gelée blanche. — Exercice de 8 heures à
9 h. 1/4. — Nous partons ensuite pour les tranchées,
en face de la Targette, vers 4 h. ½ l'après-midi. — Le
temps s'est couvert, et, comme nous arrivons, ayant
emprunté le boyau de cheminement, nous recevons
la pluie. — Avec quelques camarades, je suis désigné
pour renforcer la 2e section. — Nous installons les
tentes, nous nous couvrons du mieux que nous pouvons, mais bientôt sous les coups répétés d'un vent
assez violent et d'une pluie intermittente, nous voilà
transpercés! La terre étant argileuse, grasse, saturée
d'eau par les averses des jours précédents, se refuse
à boire, et alors nous pataugeons dans le plus beau
cloaque qui se puisse imaginer ! Nuit épouvantable :

j'ai les pieds, les jambes dans l'eau et la boue, je me sens transpercé jusqu'aux os, je grelotte... et tous à mes côtés se plaignent et gémissent. Que de jurons, d'imprécations, que de cris de détresse aussi !... à fendre l'âme ! bien faits pour vous décourager tout à fait, et vous laisser glisser là, inertes, dans ce marécage sans nom... — Ecrit quatre cartes à ma famille, à cousine Anna, à Nette et à Yvonne.

Lundi, 7 décembre 1914.

Si le temps pouvait se lever !... Anxieux, chacun interroge du regard le ciel et semble l'implorer de se montrer clément. Ah ! ouiche ! Un horizon d'encre, un vent très fort, des nuages pleins de menaces et qui les mettent à exécution. — Alors, c'est le déluge ! Par endroits, il y a bien cinquante centimètres d'eau et de boue ; de véritables lacs se forment qu'il faut franchir sans hésitation. Les parois des tranchées sont toutes dégouttantes de pluie froide et ruisselante : on ne peut s'y frotter sans être immédiatement recouvert d'un infâme placard boueux. Vers les 4 heures, averses encore plus violentes ! Je suis actuellement trempé comme au sortir d'un bain forcé... L'artillerie française, à cet instant, inonde les crêtes à droite de la Targette, et la fusillade crépite un quart d'heure durant, sans que j'aie pu savoir l'issue de cet engagement. — A la nuit, je vais me réfugier dans l'abri édifié par la section : un espace de dix mètres carrés environ, creusé en terre et recouvert d'un plafond fait de grosses poutrelles, de planches, de paille et de terre battue. L'eau y suinte bien aux extrémités, et certaines rigoles s'y font bien jour, mais c'est une véritable providence à côté du déluge du dehors ! — A minuit, je dois prendre la garde au poste d'écoute sur la route, mais souffrant de l'estomac, je me fais remplacer. Ainsi donc je puis rester toute la nuit sous l'abri. La pluie a cessé vers les minuit. — Nuit bien meilleure que la précédente, quoique blanche et humide.

Mardi, 8 décembre 1914.

Là-bas, dans ma grande ville de Lyon, on fête l'Immaculée Conception... Maman m'a écrit qu'à cause de la guerre et de tous les deuils, on n'illuminerait pas comme les années précédentes. J'approuve cette détermination et m'en réjouis presque égoïstement, car il m'eût été très pénible de penser qu'on pouvait, sous le couvert d'une fête religieuse, s'en donner et s'amuser pendant que nous ici, souffrons et luttons sans trêve ! — Au petit jour, le temps se découvre. Quelques rayons de soleil luisent. — Le lieutenant m'autorise à me rendre à la ferme de Berthonval pour me sécher. J'emprunte, pour m'y rendre, le boyau de communication des tranchées du bataillon. Gabouille infecte ! puante ! les feuillées ayant versé de l'urine jusqu'au milieu des jambes. J'arrive crotté à la ferme, me fais donner un peu de bicarbonate de soude par un infirmier, me réchauffe quelque peu et me décrotte, puis me rends aux cuisines à Mont-Saint-Eloi vers les une heure. On me réconforte avec un peu de bouillon, et je retourne à Acq, à 5 heures. En route, je croise des troupes nouvellement débarquées, notamment de l'artillerie, et les territoriaux que je rencontre veulent me payer à boire à tout prix. — Bonne nuit au cantonnement coutumier. — Ecrit à mes parents à qui je pense sans cesse, et reçu d'eux une lettre recommandée.

Mercredi, 9 décembre 1914.

Temps des plus brumeux. — Matinée passée à se nettoyer. — A 1 heure, revue du général B***, et remise de décorations en avant d'Ecoivres. Présentation des armes, *Marseillaise*, défilé dans le plus bel ordre, petit speech du général. « La troupe est en bon état, en très bel état... Ça donne presque envie de la montrer ! etc. » Les hommes ne semblent pas partager cet avis et sourient narquoisement. — Retour vers 3 heures. — Les cafés étant déconsignés, j'y fais un petit tour. — Nuit médiocre avec courbature. — Reçu à nouveau deux lettres de ma famille.

Jeudi, 10 décembre 1914.

Temps pluvieux, boue, de la boue, et encore de la boue ! — Répondu à ma famille et à Nette. — Exercice de 1 à 2 heures avec quelques gouttes de pluie. A 4 h. ½, le départ pour les tranchées. Le lieutenant, avec qui je suis au mieux, m'exempte de garde. Je cours à l'abri et tâche de m'endormir, roulé dans ma couverture toute humide, mais je suis pris par des crampes d'estomac terribles et de la toux. Nuit par conséquent mauvaise. — Coups de feu, les Allemands semblant répondre avec plus de vigueur. Deux hommes de ma compagnie sont blessés en patrouille. Pauvres diables ! Ma toux augmente. Comment d'ailleurs, même colosse comme je le suis, pouvoir résister après des jours et des nuits dans l'eau?...

Vendredi, 11 décembre 1914.

Brouillard le matin. — Le lieutenant me fait appeler pour renseignements sur les cantonnements occupés par la compagnie depuis le 1er octobre, et très aimablement me paie du café et de l'eau-de-vie que j'avale avec délices ! — La pluie se remet à tomber, et, en demi-heure, les tranchées et les boyaux sont remplis d'eau et de boue. L'abri de la 3e section étant lui-même inondé, je me rends à celui de la 4e, mieux établi, quoique ayant encore cinquante centimètres d'eau. Les hommes se lamentent et se font prier pour monter la garde, d'autant qu'on ne nous laisse plus une minute de repos. Je me dévoue tout de même, et prends deux heures au poste d'écoute. Nuit épouvantable et blanche! — Pensées lugubres, découragement, heures

longues comme des siècles... — Au petit jour, vive
fusillade et canonnade sur la gauche. La pluie s'est
enfin arrêtée à 2 heures du matin.

Samedi, 12 décembre 1914.

Je rejoins l'abri de ma section et procédons à son
nettoyage. — Toute la journée, fusillade assez vive
et coups de canon. Décidément, l'ennemi doit être
en force ! — A midi, on nous envoie un brasero et du
petit bois sec. Flambée réconfortante, quelques rayons
de soleil, mais temps couvert malgré tout. Les hommes
s'efforcent de nettoyer les tranchées et les boyaux.
Avant 5 heures, je pars avec un camarade et arrivons
sans encombre à Acq. — Nuit assez bonne au cantonnement habituel. — Reçu lettre recommandée de
ma mère, ce qui met un peu de beurre dans les épi-
nards !

Dimanche, 13 décembre 1914.

Reçu lettre de Jean A***. Je reçois très bien
maintenant sa correspondance. Comment se fait-il
qu'autrefois rien de lui ne me parvenait?... Mystère !
— J'ai répondu à la maison pour remercier de la
manne reçue et ai écrit aussi à ce brave Jean. —
Temps couvert avec quelques éclaircies. — Acq regorge d'artillerie. Vu une pièce de 155 long qu'on va
placer en avant du village. — Préparation de l'at-

taque. — Automobiles, transports, convois, etc. —
Concert, mais je n'y assiste pas, cela me rappelle trop
de choses !... — Mangé côtelette de porc, saucisson,
fromage, dans un petit café, avec vin et bière. — Nuit
passable ; vives douleurs dans le dos.

Lundi, 14 décembre 1914.

Temps couvert avec éclaircies. — De l'artillerie
plus que jamais ! Branle-bas général. — Reçu une
lettre de mon père me donnant son appréciation sur
la guerre et les opérations et m'exhortant à la confiance. Il est si patriote ! Répondu de suite à cette
lettre. Ai écrit également à Nette à qui j'envoie
20 francs. — Je vais à la visite : repos jusqu'au soir mais
les majors me reprochent ma conduite. Je vois qu'ils
s'entêtent tous à ne point vouloir que je souffre des
reins et des épaules. Pourtant ! s'ils m'examinaient
consciencieusement, ils s'en rendraient bien compte...
Quel dommage que je n'aie pu leur répondre! Ils m'ont
sans doute pris pour un imbécile !... Cette vieille riva-
lité des deux Facultés, toujours vivace, hélas !... —
Départ pour les tranchées à 4 heures, la pluie dans le
courant de la nuit. — Pris le poste d'écoute de minuit
à 6 h. ½ (rien que ça !). Rien à signaler... sinon qu'il
fait un vent du diable... et glacial ! Je me sens tout
grelottant de froid et d'humidité, mais il faut aller
quand même... Ah ! messieurs les majors !...

Mardi, 15 décembre 1914.

Reçu une lettre de Nette de plus en plus triste et découragée. — Temps pleuviotant, circulation dans les boyaux pour se réchauffer. — Notre artillerie est assez active ; celle de l'ennemi, muette, pour ainsi dire. — Situation normale et coutumière. — A la nuit, je prends sentinelle deux heures, à 150 mètres en avant des tranchées. J'ouvre l'œil et je tends l'oreille: rien ! — Comme la veille (j'avais oublié de le noter), le génie vient travailler sérieusement sous la protection de quelques hommes de ma compagnie, placés en avant. — Fusées nombreuses, nuit noire. — A minuit, je vais me reposer, après ma garde, à l'abri de la 2e section, où j'ai été affecté provisoirement. — Quelques heures de demi-sommeil bien gagnées.

Mercredi, 16 décembre 1914.

Un temps plus serein quoiqu'il ait plu légèrement, des rayons de soleil, mais froid assez vif.—Circulation dans les boyaux, causeries sous l'abri et dans la tranchée. — Reçu carte d'Yvonne fort amusante. — L'artillerie allemande envoie quelques obus sur nos tranchées, la première fois que nous les prenons, aucun dommage. Toutefois, l'un d'eux vient s'écraser en plein boyau de la 3e section, et renverse une dizaine d'hommes. Grand émoi ! Beaucoup prétendent que c'est notre artillerie qui a tiré trop court... Erreur

possible, mais que je ne crois pas exacte. On a discuté
là-dessus à perdre haleine ! Des officiers du 97ᵉ viennent examiner le terrain ; on parle d'une attaque des
retranchements allemands, d'un assaut général, on
craint de n'être pas relevés. Mon Dieu ! ce serait terrible... — Nous sommes pourtant bien relevés, mais
vers 6 heures, et au lieu de retourner au cantonnement
d'Acq, nous nous cantonnons à la ferme de Berthonval, nous prévenant qu'il y aura attaque vers 3 heures
le lendemain matin. Puis après cette émotion, contre-
ordre... Ah ! enfin, on pourra dormir tranquille ! —
Tant bien que mal, nous nous couchons sur des bottes de paille, jetées sur les parquets des différentes
dépendances de la ferme. — A 6 heures du matin, la
soupe.

Jeudi, 17 décembre 1914.

Il est défendu de se montrer dans la cour pour éviter d'être vu des aéros, car le temps est assez clair,
et parce que deux bataillons du 159ᵉ bivouaquent à
Berthonval. Mais voilà que sur un rassemblement de
ma compagnie, un aéro ennemi a dû nous apercevoir
car, dix minutes après, des shrappnells éclatent sur
la ferme, dans la cour, sur les bâtiments même. On se
réfugie où l'on peut, dans les caves principalement,
et je revis des sensations assez lointaines, mais non
oubliées certes ! me ramenant aux jours lugubres de
Monchy et de Saint-Laurent... L'averse dure peu,
heureusement ! — Le vaguemestre est chargé de let-

tres à mon adresse : courrier presque ministériel !
Lettres de ma mère d'abord, de D***, de Nette, de
Jean et de M*** P***. Excusez du peu ! Voilà de
quoi me ragaillardir !— A midi, la soupe, et à 1 heure,
départ brusque... pour l'attaque ! Les hommes ne
sont pas très rassurés, et certains même murmurent
qu'on les mène à l'abattoir ! Des bêtises, quoi !
Les suppositions les plus folles vont leur train. Voilà
qui est bien fait pour vous encourager. Moi qui manque déjà d'estomac, je dois violemment réagir... Je
me rends compte que ce va être dur, terrible, quelque
chose peut-être que je n'ai pas encore vu, bien que
pourtant j'en ai vu... mais je pars confiant tout de
même et résolu... — Nous empruntons les cheminements et prenons position en avant de la 4e section,
dans un boyau nouvellement établi par le génie. Des
compagnies du 97e sont à notre droite, le 3e bataillon
du 159e est chargé de nous protéger au cas d'insuccès
ou de repli... et nous attendons. ! Des ordres passent,
écrits, de main en main ; oraux, de la voix à la voix.
On nous fait préparer un escalier de façon à ce que
nous puissions enjamber facilement le boyau pour courir sus à l'ennemi. Il est probable que l'artillerie doit
canonner à l'avance les positions, de façon à faciliter
notre assaut, et, les uns près des autres, résignés,
nous fixons souvent les yeux en arrière pour voir le
signal et deviner les coups de canon. — Quelle médi-
tation étrange j'ai le temps de faire pendant ces préparatifs !... Pensées et espérances vers ceux que j'ai
laissés, revue totale de ma vie, abandon complet à la

Providence, foi tenace en mon salut !... Je puis partir tranquille, sans remords, car je crois m'être envers tous bien conduit... Et si je ne dois pas revenir, que mes parents, que ma mère surtout, sache bien que j'ai fait mon devoir jusqu'au bout, et que ma dernière pensée sera pour eux que j'aime tant... — Devant nous, trois lignes de retranchement ; la dernière, la plus redoutable, creusée, semble-t-il, dans la pierre crayeuse et bien abritée, à 600 mètres environ ; la première qui doit être occupée la nuit seulement, à 80 mètres environ. Je distingue une forme bleutée qui me paraît être le cadavre d'un pauvre petit soldat français... et il y en a d'autres plus loin ! Quelle vision ! — Les heures passent... L'artillerie envoie bien quelques obus, dont plusieurs gros qui éclatent sourdement et dégagent une épaisse fumée noire, mais en somme cela n'a pas du tout l'air d'un bombardement en règle... Loin de là ! Nous lancerait-on alors à l'attaque sans l'avoir préparée?... Folie ! ainsi jugée par tous... Nous ne ferions pas cinquante mètres sans être tous par terre !... Alors?... C'est que nous avons simplement affaire à une fausse alerte... et les hommes de bavarder, de plaisanter, de reprendre une mine réjouie... Moi, j'en reste penaud, j'étais bien prêt, et je puis le dire, très crâne et très résolu... — Le soir tombe lentement... Toujours rien... Si ! l'ordre de rentrer à la ferme, ce qui, après cette alerte, est exécuté allègrement vers les 5 heures. — Nuit bien médiocre, cela va de soi, étant donné ces émotions, et ayant eu les **jambes littéralement gelées !**

Vendredi, 18 décembre 1914.

La soupe à 6 heures, portée en retard, à peine goûtée, et départ immédiat pour l'attaque... Boyaux, même position que la veille, au petit jour. Stoïques, nous attendons ! Le vent souffle, la pluie se met à tomber, on gèle sur place... et les heures s'écoulent. Notre artillerie envoie toujours quelques obus. Brusquement, vers midi, violente canonnade qui augmente en intensité ; sur notre gauche, vive fusillade qui se mêle au canon. L'ennemi, en réponse, tire sur Mont-Saint-Éloi, où l'on voit fort bien éclater les boulets. Le combat va-t-il s'étendre? Au bout de 20 minutes environ, le calme renaît; en face de nous, tombent quelques gros obus de 155 sur les tranchées allemandes. Silence des batteries ennemies... et sur la droite maintenant, très loin, l'on entend un sourd grondement continu du côté d'Arras... Par instants, la pluie fait rage : ma capote est trempée et j'ai bien froid, d'autant que j'ai la poitrine serrée dans un étau, et que je tousse assez copieusement !...
— Nous restons ainsi dans ce boyau de 7 heures du matin à 6 heures du soir !... attendant toujours un signal qui ne vient pas, et l'ordre nous est porté de remplacer le 3ᵉ bataillon aux tranchées. Quelle comédie stupide ! Il est vrai qu'il y a des choses, des desseins, des plans que nous ignorons certainement, du moins,

je veux le croire, pour le bon renom de notre état-
major et de notre tactique... Boyaux embourbés...
vaseux, glissants sur le derrière, nuit noire. Mouillé,
me sentant fatigué, je m'échappe à l'aveuglette, décidé de me rendre aux cuisines de Mont-Saint-Eloi,
où j'arrive vers 7 heures. Je me sèche, me réchauffe,
et mange, ragaillardi. — Dormi trois heures sur un
matelas : delice depuis longtemps inconnu ! — Le canon a tonné par intervalles dans la nuit.

Samedi, 19 décembre 1914.

Je repars vers 8 heures rejoindre ma compagnie
aux tranchées. Le temps est clair, du soleil. — Les
boyaux sont remplis d'eau et de boue. J'arrive difficilement à ma section qui n'a même pas remarqué
mon absence. — Travaillé à déblayer les tranchées :
cloaque sans nom. — Aéros en reconnaissance. — A
une heure, le 3e bataillon arrive pour l'attaque. —
Canonnade ordinaire, temps plein de menaces, pluie.
— L'attaque n'a pas lieu. On dit que nous avons gagné 40 kilomètres à Lens, 50 à Reims, 14 à Arras,
et pris 13 pièces ! ... Cela me paraît extraordinaire !
A 5 heures, je pars pour porter la soupe. Boyaux toujours innommables ! arrivé aux cuisines sous la pluie.
Je me chauffe et dors cinq heures. — Reçu une lettre
de Nette à l'unisson des autres.

Dimanche, 20 décembre 1914.

Je porte la soupe à 4 heures du matin, à la ferme de Berthonval, puis aux tranchées. Il a plu toute la nuit, les cheminements sont écroulés, cloaque indescriptible ! toutes les peines du monde à avancer, de l'eau jusqu'à mi-cuisses, des glissades, des jurons, un bain complet,... un bain de siège... Je mets deux heures pour parvenir à porter la soupe à la compagnie. Je demande ensuite au lieutenant l'autorisation de repartir pour me changer, ce qui m'est facilement accordé... et je reviens tout joyeux aux cuisines, me séchant du mieux que je puis et ne ressentant plus après cela, aucune fatigue. Les cuisiniers me donnent un menu délicieux : sardines, petits pois, viande au jus, vin, café au lait et bon repos. Ah ! ils la coulent douce, « messieurs les cuistots » et font comme les domestiques de bonne maison qui boivent le premier bouillon et dégustent le meilleur café !... — Temps superbe ce soir, soleil éclatant. — Canonnade intermittente, surtout par notre artillerie ; aéros fort nombreux et fort audacieux — Le bataillon retourne à Acq. Un camarade me cède sa place dans une écurie, beaucoup de paille, mais il fait froid — Nuit plutôt médiocre — Reçu lettre de ma famille, toujours confiante, et espérant. Cousine Anna m'a écrit aussi une longue et affectueuse lettre. Répondu à tous et à Nette.

Lundi, 21 décembre 1914.

Temps couvert, frais, brouillardeux. — Nos grosses pièces envoient quelques obus à longs intervalles, ébranlant fortement notre cantonnement. — Reçu nouvelle lettre de maman avec deux paquets, envois de Noël. Combien il est doux de ne pas se sentir oublié ! — Eté au café à plusieurs reprises. — Nuit bonne, m'étant bien couvert. — Envoyé immédiatement remerciments à maman ; écrit aussi à Jean et à Yvonne.

Mardi, 22 décembre 1914.

Je reçois encore une lettre de ma famille et encore deux paquets pour le réveillon de Noël ! Je me creuse la tête pour leur trouver une place, car je n'ai pas de petit nègre à ma disposition, et mon sac est déjà si lourd ! Voilà que je me plains de ce que la mariée est trop belle !... — Temps couvert et frais. — Grignoté des chocolats envoyés par cousine Anna, et qui sont exquis, comme on sait les faire à Montpellier. — Ecrit à Anna pour la remercier de ses gâteries. — A 4 heures, départ toujours bien pénible pour les tranchées. Ma section prend l'emplacement de la 2e ; le génie ayant établi de nouvelles tranchées, nous nous y portons à 40 mètres en avant. — Nuit froide mais sans pluie, ce qui est une véritable chance ! — Pris la garde en sentinelle double, à 30 mètres en avant. — **Quelques frissons.**

Mercredi, 23 décembre 1914.

Temps brouillardeux au possible, un peu de neige, froid assez vif. — Rien à signaler d'intéressant. A 6 heures, mon escouade se reporte en arrière. Je tombe de sommeil et vais m'abriter dans la cabane, mais violents maux d'estomac qui me font souffrir terriblement. — Nuit mauvaise.

Jeudi, 24 décembre 1914.

Reçu lettre de ma famille pour dire au petit soldat, combien on pensera à lui pour cette fête de Noël. — Un mot également d'Yvonne. — Journée froide, mais toute ensoleillée. — Promenade à travers les boyaux, visite de nos positions avancées. Les tranchées boches paraissent formidables, bien mieux construites que les nôtres. D'ailleurs à Saint-Laurent et à Blangy, nous savons ce que la prise de certaines nous ont coûté !... De véritables hécatombes !... Alors, comment allons-nous chasser les « maudits » désespérément accrochés à notre sol? Oh comme je vois lointaine maintenant la fin de cette guerre affreuse?... Mon Dieu ! me donnerez-vous la force nécessaire pour résister jusqu'au bout?... Comme je vous regrette, vous tous que j'ai si brusquement quittés ! Et mon Lyon?... et mes chères habitudes?... J'ai bien souvent les larmes aux yeux en y songeant, et il faut

me secouer pour réagir... — A 6 heures, relève. —
Nuit superbe et bonne à Acq. — Je regrette fort de
n'avoir pu assister à la messe de minuit, mais j'étais
si fatigué, si las !... si las !... — Je me suis simplement
souvenu que Jésus n'avait eu, comme moi, que de la
paille pour se reposer, et confiant en Lui, je me suis
endormi...

Vendredi, 25 décembre 1914.

La Noël. — Que de souvenirs joyeux ce seul nom
éveille dans ma mémoire !... Où sont les réveillons
d'antan?... Cœur effroyablement serré, âme triste !
Dieu ! que d'épreuves ! que de souffrances ! de misères ! de privations ! N'était, je le répète, cette foi
absolue dans un avenir meilleur, il y aurait de quoi
se jeter la tête contre les murs et s'abîmer dans la
désespérance... — Temps empli de brumes, gel. —
La messe de minuit a, paraît-il, été fort belle ! plusieurs camarades y ont communié. Je m'en veux beaucoup de n'avoir pas suivi leur pieux exemple, d'autant
que je manque encore les messes de la matinée, étant
de service au cantonnement. Le bon Dieu me tiendra
compte de ma bonne volonté. — Malgré la fête, la
compagnie n'a pas cru devoir améliorer l'ordinaire ;
nous sommes épouvantablement mal nourris ! Je ne
m'en suis jamais plaint à ma famille pour ne pas l'inquiéter, mais les crampes d'estomac dont je souffre,
alors que j'ignorais totalement avant la campagne ce
que c'est que souffrir de l'estomac, viennent certai-

nement de cette mauvaise alimentation. D'autres compagnies et d'autres régiments surtout touchent de meilleurs approvisionnements. Ce pauvre 159ᵉ est sacrifié de toutes façons !... Aussi décidons-nous, avec plusieurs de mes camarades, de fêter dignement la Noël, et pour ce faire, nous portons dans un café tout ce que nous avons reçu des nôtres : saucisson de Lyon, pâté de foie gras exquis, poulet à la gelée, délicieux, gâteaux, dattes, chocolat, etc. — Pendant cette réunion, en dînant, j'ai senti planer l'âme de mes chers parents, qui en ce même moment, peut-être, devaient évoquer aussi le souvenir de leur Gaby, dont la place vide au milieu d'eux, a dû mettre des larmes à leurs yeux... J'ai pensé aussi à mes affections, à mes amis... Pauvres parents !... pauvres chers êtres aussi...Comme je suis loin de vous par la distance, mais tout de même si près par le cœur ! Je ne relaterai pas les mille souvenirs qui m'ont assailli, les mille images et sensations qui m'ont traversé... Qu'il me suffise de dire que ce jour n'a été qu'une longue suite de pensées vers les miens, vers ma jeunesse dorée, vers mon Lyon que j'aime tant ! — Nuit bien mauvaise, encore maux d'estomac épouvantables. Serait-ce ce dîner extraordinaire qui m'aurait fatigué à ce point...? Des contractions, des aigreurs, de la souffrance enfin... (quoi qu'en dise Monsieur le Major !) — Ecrit longue lettre bien tendre et bien affectueuse à ma famille pour lui raconter notre petite fête et les réconforter en leur disant que, malgré tout, tout va bien. — Ecrit aussi à mon oncle Eugène, à Jean, à Nette et à Yvonne.

Samedi, 26 décembre 1914.

Rien de Nette ! Serait-elle malade? J'en éprouve une certaine inquiétude et j'en conçois un peu d'ennui. Mais, l'avouerai-je? ces sensations s'émoussent, tant ayant souffert on pense d'abord à ses misères. — Matinée glaciale, puis dégel et pluie. — Je souffre toujours atrocement de l'estomac et conserve sans cesse une sainte horreur des tranchées. Les camarades aussi en sont tout chose... et n'en voient point l'approche avec le sourire ! Il faut partir ! quatre heures sous la pluie... J'ai combiné un plan, et à Ecoivres, je reste en route. Je me rends à la ferme de Berthonval ; je trouve « une planque » constituée en l'espèce par une cave où gîtent la 8ᵉ et 9ᵉ Cⁱᵉˢ du 21ᵉ chasseurs. Chaleur assez douce, quelque peu dormi.

Dimanche, 27 décembre 1914.

Me sentant encore bien las et bien fatigué de l'estomac, je ne puis me résoudre à rejoindre la compagnie, d'autant que le temps est menaçant. Je me refuse également à aller trouver le Major, car la veille, m'étant présenté à la visite du matin, il m'a « fait courir » à l'habitude... Je dois avoir une tête qui ne lui revient pas ! Ma foi ! je me passerai bien du diagnostic de ce monsieur, et saurai bien me soigner moi-même ! Toutefois, pour éviter tout désagrément, toute rencontre inopportune, je me terre dans le souterrain, ne sortant que pour les besoins les plus urgents. Je me mets à la diète, simplement un peu de chocolat. Un infirmier me donne un peu de bicarbonate de soude, et je m'allonge sur la paille. — Quelques obus tombent dans la cour, mais je me sens bien à l'abri, et n'en ai cure ! — Tout à coup, vers les une heure, canonnade furieuse. Les nôtres attaquent, paraît-il. Véritable concert qui dure jusqu'à la nuit. Résultat : prise de trois tranchées par les chasseurs alpins, sur la gauche (au bois de Berthonval), sous toutes réserves, naturellement, car plusieurs versions circulent à peu d'intervalle. — Pluie violente à ce moment : je songe aux camarades, pataugeant dans les boyaux, montant une fois de plus leur long calvaire... A 5 heures, me sentant mieux et l'estomac en place, les chasseurs du 27e me font goûter avec insistance à leur repas fort copieux et fort appétissant. Bien que nous soyons serrés comme des anchois et que la cave soit remplie de fumée, qu'il y fasse noir comme dans un four, la journée passe et la nuit aussi ! Ces braves territoriaux sont pleins d'entrain, et ils m'amusent... — Nuit, dans ces conditions, aussi bonne que possible.

Lundi, 28 décembre 1914.

Toujours le mauvais temps et toujours le souterrain. Je dois avoir passablement la fièvre, car, dans des instants de somnolence, je me crois à Lyon au milieu des miens, près de mes affections et de mes amis. On voit d'ici ce que cela pouvait être gai ! — La journée est longue... me sentant tout courbaturé et fiévreux encore. Pourtant, vers 4 h. ½, malgré mon piteux état, je dis adieu aux chasseurs qui m'ont offert cet abri providentiel, et sous la pluie battante, les jambes faibles, sans force, je m'achemine vers Acq, où j'arrive trempé et saucé vers les 7 heures. Véritable tempête de vent qui a sévi toute la nuit. Dormi assez mal, mais heureux quand même. — Ai trouvé au cantonnement une lettre de mes parents lue et relue avec un indicible plaisir. Chaque détail, le moindre soit-il, est pour moi des plus intéressants. Cela enchante ma mère de m'écrire un véritable journal, et cela satisfait ma soif de tout savoir.

Mardi, 29 décembre 1914.

Reçu une carte-lettre d'une amie de Nette qui m'annonce qu'elle est malade. Il ne manquait plus que cela ! Mais, pour l'instant, j'ai tant souffert que, ma foi, les misères des autres me trouvent quelque peu cuirassé... et indifférent. Pauvre Nette pourtant, pour laquelle je me suis fait tant de bile... Je lui écris une longue lettre cependant affectueuse et pleine d'encouragements. — Ecrit aussi à ma chère bonne maman que je n'oublie pas pour lui souhaiter la bonne année, et à tante Lucie également. — Je me fais raser. — J'avale nombre de « bistouilles » pour noyer mes embêtements, et fais de nombreuses stations au café. — Nuit assez bonne. — J'ai oublié plusieurs fois de noter ici mes petites visites à l'église d'Acq, mais je tiens à l'écrire, car c'est là où je vais puiser, quand je le peux, de la force, de l'énergie et de la confiance.

Mercredi, 30 décembre 1914.

Exercice d'une heure entre Acq et Ecoivres. — Matinée assez belle. — Bonne nouvelle : nous n'allons pas aux tranchées, le 1er bataillon nous remplaçant. Dorénavant, nous ferons quarante-huit heures de service et aurons quatre jours de repos. C'est peut-être trop beau pour que cela dure ! Profitons de l'aubaine qui nous permettra de passer les deux tiers du Premier de l'an au repos. — Après-midi pluvieuse, nettoyage des armes et des effets. Dîner dehors, en compagnie de camarades, avec des provisions envoyées « de chez nous ». Bonne côtelette de porc en supplément et des dattes. — Assisté au Salut du soir. — Nuit bonne.

Jeudi, 31 décembre 1914.

Exercice pendant une heure et demie environ. — Temps pluvieux, toujours eau et boue. — Ecrit à mes parents bien longuement, bien affectueusement, leur envoyant les vœux du petit soldat, bien vibrants, bien tendres, bien sincères. « J'ai trop souffert, leur ai-je

14

écrit, pour que le bon Dieu ne me donne pas la récompense suprême : celle de vous revoir, de vous embrasser, de nous trouver réunis comme autrefois, trilogie sacrée du père, de la mère et de l'enfant !... » Oui, j'ai pleine confiance en mon retour... — Ecrit à l'ami Jean. Il ne se plaindra pas non plus du manque de nouvelles. — Assisté à nouveau au Salut. — Brusquement, à 11 heures, le soir, alerte ! sac au dos ! L'ennemi attaquerait-il? On tient ces renseignements de prisonniers faits dans la journée. — Nous nous rendons lentement à la ferme de Berthonval, et j'ai le pressentiment qu'il n'y aura rien du tout... en tous cas, je fais des vœux pour qu'il en soit ainsi ! — Couché là-bas sur un peu de paille, mais j'ai les pieds glacés et n'ai pu fermer l'œil de la nuit.

Vendredi, 1er janvier 1915.

Le Jour de l'An ! — Affreux et triste, ô combien ! ce premier jour de l'année... Toute la journée à la ferme, à attendre l'attaque... Les officiers campés avec nous, en ont bien ri ! et les hommes ne sont pas éloignés de croire qu'on a voulu ainsi les empêcher de se griser. Pour ma part, je peste dans mon for intérieur... et j'ai des idées noires... car je souffre trop aujourd'hui ! J'ai reçu heureusement des nouvelles de ma famille, ce qui a mis un rayon de soleil dans cette obscurité. — Vent violent, averses successives. — Départ à 5 heures pour les tranchées par une pluie

battante. Ah... oui, il était gai, le jour de l'An, ici !...
Boyaux en mauvais état. Je suis découragé et ai
grande envie de retourner à la ferme. La nuit se passe
cependant sans incident, ni pluie, et je prends la garde
de 4 heures à 6 heures.

Samedi, 2 janvier 1915.

Un peu de pluie, mais le temps, quoique couvert,
est bien supportable. — Notre artillerie canonne toujours par intervalles les positions ennemies. L'adversaire est silencieux, à peine quelques coups de fusil
dont l'un, malheureusement, blesse un sergent et un
homme de ma compagnie. C'est dire, comment tous
les jours et à tout instant, la mort nous guette. —
Nuit superbe avec lune magnifique. — Je suis de
garde de 1 heure à 3 heures, et j'ai le temps de rêver
à beaucoup de choses. — Pas dormi, puisque, comme
toujours, mes pieds étaient à la glace.

Dimanche, 3 janvier 1915.

De la pluie à satiété, des tranchées de plus en plus
pleines d'eau et de boue, cloaque habituel. Pieds gelés et trempés, lassitude générale. — Un courrier assez
important : lettre de maman, bien longue, bien affectueuse, lettre de D***, non moins longue et amicale,
et lettre de Nette, à peu près rétablie. — Sommes re-

levés à 5 h. ½. — Retour pénible à Acq, mais la jeunesse reprenant le dessus, nous avons chanté tout au long de la route. — Nous n'aurons probablement que quarante-huit heures de repos, ce qui n'est pas pour m'étonner beaucoup. — Nuit assez bonne, bien que m'étant réveillé plusieurs fois.

Lundi, 4 janvier 1915.

De la pluie en abondance, de vraies cataractes déversées par le ciel impitoyable, rues détrempées. Reçu un paquet de la maison (envoi pharmaceutique principalement). Répondu avec cœur à D*** et quelques mots à ma famille. Comme j'ai écrit longuement à Jules, je n'ai pu le faire pour les miens, n'ayant guère de temps de libre. — Déjeuné au café avec du chocolat, mais il a dû me peser, car la nuit a été mauvaise et ai des crampes d'estomac. — Décidément, je n'y comprends plus rien !...

Mardi, 5 janvier 1915.

Encore une journée de correspondance : carte au docteur C***, à Nette, à Pierrot L***, le veinard ! — Temps semblable aux jours précédents. — — Exercice d'une heure et demie. — A 4 heures, départ pour un nouveau secteur. — Traversée d'Ecoivres, de Mont-Saint-Eloi ; puis, à la sortie de ce der-

nier village, on s'engage dans un boyau d'au moins...
3 kilomètres de long ! défoncé, rempli de grosses
pierres, des plus pénibles pour atteindre notre emplacement en avant du bois de Berthonval. Tranchées
fort étroites, parapets fort élevés. — La lune éclaire
brillamment le sol. — Nuit blanche, pieds glacés,
mais pas de pluie. — On tiraille beaucoup sur notre
gauche où sont installés les chasseurs d'Afrique.

Mercredi, 6 janvier 1915.

Journée où le soleil a daigné paraître. Un obus
tombe au milieu de la 1re section, tuant un homme et
en blessant un ! Grand et indicible émoi ! Notre artillerie est plus active que celle de l'ennemi. — Sur le
soir, le temps se couvre, et naturellement ! la pluie
vers 10 heures... Nuit humide, froide et blanche.

Jeudi, 7 janvier 1915.

Nettoyage de la tranchée par temps brouillardeux,
petite pluie fine et serrée, vent assez violent. Les créneaux sont éboulés, et nous pataugeons dans l'eau
et la boue. — La relève devait se faire à 3 heures,
mais nos remplaçants se sont trompés de route, et
viennent nous relever seulement à 5 heures. — Retour
effroyable ! La pluie à torrents, un mètre à 1 m. 50
d'eau, jusqu'à l'estomac... J'arrive péniblement à la
ferme de Berthonval où a lieu le rassemblement. Nous

en repartons demi-heure après sous une pluie battante, l'on ne voit pas à 50 centimètres devant soi. Traversée des plus dures de Mont-Saint-Eloi, risquant de se faire écraser à tout instant puisqu'on n'y voit goutte. A la sortie du village, trombe d'eau... Je m'arrête à un carrefour pour secourir un camarade malade, et je le ramène à mon bras dans cette tourmente ! La compagnie s'est disloquée, fondue, emportée dans la rafale... On ne peut imaginer cet ouragan de pluie, de vent, de neige à la fois, non, on ne le peut ! Nous gagnons Acq, avec mon malade, et je peux constater les ravages du typhon : capote, pantalon, caleçon, chaussettes et souliers, tout a été traversé et ruisselle d'eau et de boue gluante... J'ai des frissons, la tête à l'envers, l'esprit chaviré... toute la lyre !... Mon camarade se remet, et, chose épatante ! nous avons un appétit formidable ! Nous dévorons une très bonne soupe julienne, des nouilles excellentes, du café brûlant. Nous nous étendons sur la paille ! Dehors, la pluie qui tombe toujours à flots... — Nuit passable, ayant couché avec un simple caleçon de toile. Dame ! Il a fallu faire sécher ses habits. Aussi, j'ai eu froid aux jambes et aux épaules.— Il paraît que le bataillon qui nous a remplacés aux tranchées a failli être enlizé tant il y avait d'eau et de boue !... Cela ne m'étonne nullement, car quand nous avons quitté cette tranchée, l'eau y atteignait 1 m. 50 !... Incroyable... mais pourtant bien véridique !. — Après cela, je crois avoir enregistré aujourd'hui la plus sombre et la plus épouvantable journée de la campagne...

Vendredi, 8 janvier 1915.

Toujours le mauvais temps, mais le cyclone a cessé. Des ondées diluviennes, suivies d'arrêts courts. — J'essaie vainement de me sécher ! Aussi, pour la première fois, depuis notre séjour à Acq, je ne vais pas au café et me casemate au cantonnement. J'ai encore des frissons et les pieds gelés. — Je me couche, comme les poules ! à 5 h. ½, mais nuit médiocre par suite du froid et de douleurs aux épaules que m'a valu notre séjour dans les Vosges.

Samedi, 9 janvier 1915.

Au réveil, vaccination contre la typhoïde, dans l'église d'Acq. — Ecrit à ma famille pour lui conter ma mésaventure d'hier. — Temps couvert et pluie par intermittence. — Effets toujours trempés que j'endosse quand même ! Si avec cela, je n'attrape rien, c'est que je suis bigrement solide !... On parle beaucoup de nous donner du repos qui aurait lieu le 12. Attendons... et n'y comptons pas trop, car il y a belle lurette qu'on nous berne de cet espoir! — On m'annonce que je serai peut-être nommé téléphoniste ! Ce serait un assez « bon filon », à ce qu'il me semble. Patientons ! Mon camarade G*** a été pris le 6 janvier pour la manœuvre du canon. J'en ai éprouvé un grand ennui, car nous avons peiné et souffert ensemble depuis notre départ de Briançon ; mais fort heureusement, il prendra son repos avec nous. — L'après-midi, vives douleurs à l'épaule, me paralysant le bras gauche, suite de la vaccination. Je dois me faire aider à m'habiller. Pour cette raison, nous ne prendrons pas les tranchées ce soir. Nous nous rendons seulement à Ecoivres vers 5 h. ½. — Cantonnement assez propre et chaud. — Nuit douce, mais n'ai pu dormir par suite de ces violentes douleurs lancinantes ; les camarades d'ailleurs en ont également ressenti les effets.

Dimanche, 10 janvier 1915.

Beaucoup d'animation à Ecoivres. Un temps magnifique, un soleil rutilant. Ce qu'on appelle un beau dimanche. Des aéros en grand nombre. — Nous avons mangé entre autres choses des haricots fort bien préparés. Appétit toujours soutenu, malgré nos misères. Ordinaire paraissant bien amélioré. Cela serait-il dû au départ d'un des cuisiniers?... — J'assiste à la messe de 9 heures. Eglise comble ! Ai bien prié. — Reçu un paquet de ma famille avec une carte-lettre. — Répondu à ma mère et à Jean A***. — Après-midi dominicale occupée à flâner dans les cafés, ma foi, fort bien achalandés, et servant des consommations plus copieuses qu'à Acq. — Je souffre toujours beaucoup de ma piqûre de vaccin et ne peux lever le bras gauche. — Des soldats du 158ᵉ, que nous trouvons dans les cafés, nous content leurs misères pires que les nôtres... à les entendre ! — La nuit pluvieuse eût été bonne si je n'avais eu à me plaindre de ma douleur au bras. Mangé un excellent camembert, cela vaut la peine de le noter, car il m'a fait penser à D***, qui en est grand amateur...

Lundi, 11 janvier 1915.

Matinée superbe, quoique ventée. — Ecrit à ma famille, accusant réception du paquet en style télégraphique, mais qui donnera tout au moins des nouvelles du petit pioupiou. — Le temps se couvre ; décidément, le soleil ne nous fait pas longtemps risette, et nous partons avec un ciel plein de menaces... La pluie, en effet, vers 4 h. ½, en allant à la ferme de Berthonval où nous y accédons par un boyau des plus gras. — Mon peloton reste en réserve et couche dans une écurie. — Nuit passable, quoique fraîche.

Mardi, 12 janvier 1915.

Journée sans pluie, ô miracle ! — Nettoyage des caves de la ferme et repos. — Départ à 5 heures, pour relever le premier peloton en avant de la ferme à l'emplacement occupé auparavant par la 5e Cie. — Nuit froide, mais belle. — Heures mortelles ! — Quel cauchemar de plus en plus redoutable que cette existence de tranchées !... Vivement plutôt l'offensive ! — L'ennemi nous lance, maintenant, des bombes au moyen de minnerwerfer. Ces Allemands maudits inventent tous les jours des moyens destructeurs,

Mercredi, 13 janvier 1915.

La pluie... le cafard... l'espoir d'être pris comme téléphoniste... — Reçu une lettre de ma mère qui m'apprend que deux de mes amis ont fait des bêtises, l'un principalement. M'aurait-il pris ma maîtresse? La phrase maternelle est ambiguë, et je ne pourrai être renseigné que par Jean, dont je suis toujours sans nouvelles... Incompréhensible ! Quelle tristesse, mon Dieu ! Quels moments de découragement ! — Heures plus mortelles encore après la lecture de cette lettre... — Sur quelques feux de salve, l'ennemi nous envoie quelques bombes, demandées par notre artillerie, pour permettre la révélation de l'emplacement des minnenwerfer. — Relevé à 5 heures. Boyaux impraticables, de la boue jusqu'à mi-cuisses. — Retour excessivemnt pénible, souffrant affreusement des pieds... mais on m'annonce officiellement ma nomination au poste de téléphoniste, et j'en éprouve un grand encouragement. — Nuit très bonne, parce qu'après cette heureuse nouvelle, j'ai eu l'esprit très calme, et n'ai fait par extraordinaire !.. qu'un somme!!

Jeudi, 14 janvier 1915.

La grosse désillusion !... Je ne suis plus téléphoniste; un autre, peu scrupuleux, a intrigué et pris ma place ! Je ne saurais dire la peine que j'en ressens...

« Cafard », de ce fait épouvantable !... Jamais je ne pourrai continuer à mener cette existence si pénible de tranchées... — Reçu nouvelle lettre de ma famille et une de... Jean. Enfin ! Cela, le croirait-on? a mis un peu de baume sur la plaie ! — Répondu à ma famille pour lui apprendre ma déconvenue et à Jean également pour lui dire ma joie d'avoir eu de ses nouvelles. — Au repos, le temps s'écoule effroyablement vite ! On n'a pas le temps de se retourner...— Mangé des « frites » exquises dans une maison, à l'orée du village ; le soir, côtelette et frites encore. Par exemple, la note est un peu salée ! Temps gris et sale, averses par intermittences. — Assisté au Salut de 5 h. ½. J'ai prié pour que quelque chose d'heureux m'arrive en compensation de mon échec comme téléphoniste. — Nuit bonne.

Vendredi, 15 janvier 1915.

Temps couvert et vent violent. — Reçu enfin une lettre de Nette et une de mon oncle Eugène. D'Yvonne, aucune nouvelle, — ce qui me cause quelque tristesse. — Ah ! ces affections de là-bas, dans la grande ville, qu'au moins elles me soutiennent de leur souvenir ! Quelques lignes d'elles, et je suis tout de suite plus gai et plus confiant... — J'ai pris du chocolat au lait : une fantaisie fort chère, car les civils vous écorchent ! — J'ai tout plein de bonnes nouvelles à enregistrer aujourd'hui ! d'abord : le lieutenant F*** qui est venu me trouver et m'a remis 50 francs de la part de ma mère qui l'en a prié, afin que je sois plus tôt en possession de cette somme. On pense que je les encaisse avec plaisir ! Et puis... la grande et bonne nouvelle ! Celle qui m'a rendu gai, joyeux, presque comme au bon temps de ma vie civile. Je vais remplir les fonctions d'agent de liaison entre le commandant du 2e bataillon et celui de la 7e Cie !... J'en suis ravi, fou, émerveillé. Je ne mènerai plus ma vie épouvantable de tranchées, je serai en rapport fréquent avec les officiers, dans un milieu plus approprié à mes goûts, à ma nature, à mon intelligence, à mon éducation. C'est pour me dédommager de mon échec comme téléphoniste qu'on m'a offert ce poste. Je savais bien que ma prière de l'autre jour, à l'église, produirait son effet ! Il est certain qu'il y a de gros risques à courir quand on est agent de liaison ! mais pourquoi ne pas avoir toujours confiance? Est-ce que je n'ai pas échappé plusieurs fois aux pires dangers?... Alors?

— Je prends immédiatement possession de mon poste. Pour débuter, exercice de cadre sur la route de Haute-Avesnes, marche à travers champs, pénible, par suite du terrain détrempé et du vent ; je parcours inutilement un ou deux kilomètres pour retrouver le commandant. Retour vers 3 h. ½, avec le général B***, venu pour surveiller l'exercice. — Ordinaire de la compagnie de plus en plus amélioré ; entre autres choses, confiture excellente. « Frites » à la ferme, mais hors de prix ! — Départ pour Ecoivres, vers 5 heures du soir. — Mon camarade P*** est pris comme ordonnance du commandant, ce qui fait que nous serons toujours ensemble. — Nuit assez bonne au château, paille fraîche en abondance. Allons ! je ne débute pas trop mal !...

Samedi, 16 janvier 1915.

Reçu lettre de cousine Anna, toujours affectueuse pour le petit soldat, et ai écrit à ma famille pour lui dire mon bonheur et mon contentement. — Temps couvert, sans pluie, mais vent frais et violent. — Mangé du beurre et du camembert. — Journée, la première de mon nouvel emploi, calme ; quelques notes à copier, aucun ordre à porter. Mon « filon » paraît bon et vouloir me laisser de longs instants de repos ; toutefois, n'anticipons pas. — Echec sérieux du côté de Soissons. De plus, catastrophe épouvantable en Italie : tremblement de terre occasionnant la mort de milliers de personnes et la destruction de plusieurs villes ou villages. Voilà qui n'est pas fait pour hâter l'intervention à main armée du peuple latin ! — Dans le « Journal », je lis, non sans regrets, la mort de M. de Caillavet. Une perte fort sensible pour l'art dramatique ! Il y a un mois de cela, c'était le directeur des Variétés : Samuel. Et combien la liste doit être longue des hommes de lettres et de théâtre, des artistes célèbres, tués ou blessés ! Et que de jeunes espoirs littéraires à jamais fauchés, enlevés, dans cette lutte atroce et sans merci... — En politique, les affaires se compliquent : la Turquie envahissant la Perse. — Toutefois, une bonne nouvelle : l'Autriche, épuisée, battue à plate couture par la Russie et la Serbie, menacée d'une intervention de la Roumanie, songerait dit-on, à demander une paix séparée. Ce serait bien pour l'Allemagne un sale coup... Attendons, patientons et... ne nous emballons pas ! — J'ai commencé à me nettoyer et me raccommoder. Mon pantalon s'en va en loques, il était temps que j'arrête les frais... Encore quelques jours, et je serai sans doute plus présentable !... — Nuit bonne, bien qu'ayant ressenti les mêmes douleurs lombaires.

Dimanche, 17 janvier 1915.

Temps nuageux avec quelques échappées de ciel bleu. — Chocolat au lait au déjeuner. Reçu une carte de ma famille aux abois et épouvantée parce que je suis agent de liaison... Elle me voit déjà mort ! J'écris de suite pour bien rassurer les miens et leur expliquer qu'il n'y a guère plus de dangers là qu'ailleurs (du moins, je le leur fais accroire pour les tranquilliser). Reçu aussi une carte d'un camarade : D***. — Toujours le calme et la tranquillité à mon poste. — J'aurais voulu assister à la messe, mais j'ai trouvé, je ne sais pourquoi, l'église close. — Départ à 4 h. ½ pour la ferme de Berthonval ; installation au poste de commandement. Un bon poêle, des fauteuils, des chaises, de grandes tables, et surtout de bons camarades, agents de liaison comme moi. Pas de Lyonnais, ils sont tous des Dro...madaires, et un de Marseille. Gais, jeunes, pleins d'entrain, et parce que Méridionaux, un peu Tartarin peut-être, mais très bons garçons et très serviables. — Je dois porter la soupe au lieutenant de la compagnie, avec l'aide d'un homme, c'est le seul désagrément de mon métier. Mais c'est peu ! — En allant porter la soupe dans les tranchées, la nuit est noire, atrocement ; marche fort difficile, nombreux heurts et tâtonnements, grande difficulté à avancer, et chemins fort longs et tortueux. Heureusement, le boyau est praticable. — Causeries au poste jusqu'à 3 heures du matin. — Couché sur un matelas à la cave, fraîcheur.

Lundi, 18 janvier 1915.

Temps neigeux, flocons abondants, couche de dix à vingt centimètres. — Porté par ce temps-là la soupe à mon lieutenant, le matin à midi, le soir à 5 heures. Ai été transmettre des ordres à 6 h. ½ le matin. Le soir, boyaux impraticables, ai pris deux bûches sensationnelles, boue et eau jusqu'à mi-cuisses, mais au retour, la fatigue a disparu, car le poêle ronfle bien ; le « phonographe » que nous avons trouvé l'autre jour dans une tranchée allemande, nous joue un des plus jolis airs de Botrel, le poète breton ; les camarades sont gentils, amusants, et s'ingénient à me distraire de leur mieux. Bien mangé, bien dormi, bien causé, tout va excellemment ! Le commandant ne nous embête pas et nous sommes comme des princes !... Quelle différence avec ma vie de tranchées ! Tout un monde ! L'enfer et le paradis ! — Une lettre de ma famille à laquelle je réponds illico pour lui dire ma satisfaction sur ma nouvelle existence. — Couché à 3 heures du matin. Il fait un peu frais.

Mardi, 19 janvier 1915.

La neige ne tombe plus, c'est quelque peu le dégel. — Le lieutenant m'a dispensé de lui porter la soupe et a envoyé un homme à cet effet. — Toujours au poste de commandement, les chants, les causeries, les rires, les cartes même ! Bon repas, fait par un camarade, comme la veille. Le plaisir ! la joie !... Ah ! que c'est beau après ma dure existence ! Souhaitons que cela dure... Le vaguemestre me remet une lettre de maman et une de Nette. Toutes deux lues et relues avec un indicible contentement. — Parti de la ferme presqu'à regret (tant l'on y est bien)! vers 5 heures.— Retour à Acq.— Nuit assez bonne, sous la paille, dans une petite grange, adossée au poste de commandement.

Mercredi, 20 janvier 1915.

Reçu une lettre de mon cousin Henri, et un colis de la maison (lanterne très jolie, pipe, cigarettes, gâteries, etc.). — Temps sombre, gris, sale, la neige fond insensiblement. — Lecture des journaux au poste, causeries, port d'ordres et notes. — Mangé un rôti de veau, des « frites », du chocolat au lait. — Nuit assez bonne, mais toujours vives douleurs dans le dos et aux reins.

Jeudi, 21 janvier 1915.

La pluie continue ; plus de neige : l'eau et la boue. — Revaccination le matin, et douleurs presque immédiates. — Malaises dans la journée. — Reçu une fort longue lettre et instructive de l'ami Pierrot L***, écrit à ma famille et à Nette. — Chocolat au lait délicieux, mais lourd ! — Notes, causeries, ordres à porter, lecture passionnante des journaux qu'on s'arrache. — Départ à 5 heures pour Ecoivres. — Me sentant fatigué, je me couche aussitôt. Douleurs à l'épaule, produites par le vaccin, tête en feu, frissons. — Nuit des plus médiocres.

Vendredi, 22 janvier 1915.

On ne peut pas dire que je suis oublié ! Nouvelle lettre des miens, de mon père qui est très abondante, très patriotique, très mâle, enfin dans sa tendresse pour son fils ; lettre de tante Lucie, me rappelant notre pêche miraculeuse d'écrevisses au bord du Durzon. Que tout cela me paraît lointain ! — Journée de correspondance de ma part : écrit à mon père, à Henri, à D***. — Temps sans pluie, assez frais. — Quelques notes à copier, causeries ; toujours satisfait : le « filon » est bon ! — L'ennemi nous lance quelques obus en avant d'Ecoivres. — Nuit passable, meilleure pourtant que la précédente, mais douleurs à l'épaule encore !

Samedi, 23 janvier 1915.

Nouvelle lettre de ma mère. — Ecrit à Jean A***. — Journée ensoleillée et fraîche. Je suis allé hier à Acq en bicyclette, mais je n'ai pu gravir les raidillons : manque total d'entraînement, quand on songe qu'il y a bien cinq ans au moins que je n'y étais remonté ! — Départ à 5 heures pour la ferme de Berthonval. — Le phonographe a disparu, mais le poêle ronfle toujours bien. — Nuit assez bonne dans la cave, après avoir porté la soupe aux officiers, à « l'Ouvrage Blanc ». — Boyaux bons, et chemin assez rapidement couvert. — Travail de notre artillerie.

Dimanche, 24 janvier 1915.

Journée fraîche et brumeuse. — Porté la soupe aux officiers sans aucune fatigue. — Canonnade accentuée sur la gauche, côté de Carency. Echange de coups de feu habituels. — Mangé côtelette, pommes de terre, haricots ; vin. — Jou' au banco, caus , fumé, tout va bien ! — Reçu une lettre de Jean contenant une vieille lettre de L***. Ecrit à Yvonne. — Nuit bonne.

Lundi, 25 janvier 1915.

Je reçois une longue lettre de ma mère contenant des détails intéressants. Cela satisfait la tarentule de maman qui aime tant à écrire à son Gaby, et cela contente aussi ma soif de tout savoir, même les détails les plus insignifiants... C'est que, pour un soldat, le meilleur moment de la journée, c'est l'heure du courrier. — Ecrit au docteur C*** et à Nette. — Journée encore brumeuse et froide, mais boyaux en bon état. — Un petit bombardement, petit par sa durée, mais important par ses ravages, a rompu la monotonie coutumière. Vers les midi, les Allemands commencèrent à exécuter quelques salves vers le bois, puis rapprochèrent leur tir. Un obus tomba à côté d'une meule de paille, à 100 mètres en avant de la ferme. Un second troua le mur du poste de commandement, démolit les cabinets, et arracha une moitié de la porte de la cuisine des officiers. Des tuiles, du plâtre, des débris de toutes sortes s'éparpillèrent à l'alentour. Des hommes se réfugièrent dans les caves situées dessous. Le troisième boulet éclata en plein au-dessus de la salle à manger des officiers, perçant deux plafonds successifs et projetant une grêle de balles ! La salle à manger fut emplie de poussière et de plâtre, la table percée de balles, et chose bizarre ! les verres et les assiettes... intacts ! Le dîner, comme l'on pense, fut perdu, les officiers ayant eu la bonne idée de quitter la pièce quelques instants auparavant. J'étais en train de m'amuser à faire cuire des côtelettes, et le déplacement d'air, provoqué par le passage du troisième boulet, m'invita à descendre à la cave rejoindre mes camarades qui se trouvaient avec un lieutenant de dragons, l'aumônier de la division et les cuisiniers. — Je descendis sans grande émotion, abandonnant à regret mes côtelettes..., et, quand je remontai, je me dis tout de même que je venais de l'échapper belle ! car, à côté de la table où j'écrivais quelques minutes auparavant, l'obus avait transpercé de part en part, le registre où je copiais des notes... Et si j'étais resté à cette place, il me semble bien que le boulet m'aurait réglé mon compte !... J'ai envoyé, comme véracité du fait, en même temps que comme un souvenir, un des feuillets du registre en question à ma famille... L'ennemi continua à envoyer encore quelques obus dont l'un troua la bascule dans la cour et un autre perça la toiture au-dessus de l'infirmerie. Nous avons quand même mangé de fort bon appétit, mais mes côtelettes avaient été pulvérisées!!!... Donc, ce bombardement de peu de durée et d'intensité causa ainsi des dégâts fort appréciables puisqu'il nous obligea à quitter notre local et à nous transporter à la crèmerie, ainsi que le logement du commandant et les téléphones. L'après-midi fut employée à notre déménagement. Je ne sais encore quelle sera notre organisation nouvelle, mais d'après une première visite, il me paraît que nous serons fort mal et qu'il n'y fera point chaud. Comme je vais regretter, en ce cas, notre pièce si chaude, si commode, d'autant qu'elle n'a pas été touchée par le bombardement. N'était notre éloignement du commandant, nous aurions fort bien pu continuer à y vivre confortablement. — Retour à Acq à la nuit. — Craignant la proximité de la citerne, j'apporte de la paille et couche au poste de commandement. — Nuit bonne.

Mardi, 26 janvier 1915.

Temps couvert, froid, brumeux. Déjeuné avec du chocolat au lait. Causeries amusantes, bien que l'adjudant nous ait quelque peu embêtés à propos d'un cantonnement laissé sale par l'autre bataillon. Le soir, à 5 h. ½, Salut. Foule recueillie des soldats de toutes armes. J'arrive à prendre à ces cérémonies un véritable plaisir, et j'y chante à tue-tête ! — Reçu gentille lettre de Nette. — Nuit bonne au poste. — Ayant ressenti de violentes démangeaisons, j'ai passé une inspection de mon linge, sans aucun résultat. C'est l'absence sans doute d'un bon bain chaud qui, hélas ! fait complètement défaut...

Mercredi, 27 janvier 1915.

Nouvelle longue lettre de maman, à laquelle, je réponds de suite. — Temps froid, bise pénétrante. Quelques rayons de soleil venus dorer les plans d'un superbe aéro français, dont le moteur ronflait gaillardement à deux ou trois cents mètres au-dessus d'Acq. — Travail habituel. — Départ à 5 heures pour Ecoivres, nombreuses libations dans les cafés, gaieté, nuit bonne, quoique douleurs lombaires.

Jeudi, 28 janvier 1915.

Lettre d'Yvonne très amusante. — Temps froid mais allant vers le beau. — Rien de saillant à signaler. — Quantité de camions automobiles amenant le matin pour les ramener le soir, des fantassins qu'on occupe à creuser des tranchées, en avant d'Ecoivres. Beaucoup d'artillerie; les rues sont encombrées, à certaines heures, de convois de toutes sortes. Ah! si les Allemands tiraient! Quelle bouillabaisse, mes aïeux!... — Hier soir, ils ont envoyé quelques « marmites » qui ont éclaté en avant du village. Ils cherchaient sans doute l'artillerie?... Toujours est-il que nous avons eu quelques minutes d'émotion en entendant siffler et éclater à nos oreilles ces joujoux meurtriers ! — Dîné avec une côtelette de porc et mangé ensuite à la cuisine un beau rôti de mouton. — Nuit bonne.

Vendredi, 29 janvier 1915.

Ecrit à mon père pour répondre à sa longue lettre, très intéressante et très paternelle. — Reçu aussi un colis de maman (chocolat, jolie petite pipe, papier à lettre, bonbons). Enfin, toujours gâté ! — Temps superbe : une vraie journée printanière, un bon soleil, de la gaieté sur la campagne, dans l'air, dans le cœur, dans l'âme et sur les visages, une envie folle de s'ébrouer, une renaissance de tout l'être... une joie ! un réconfort ! Comme il en faut peu pour me contenter ! — Je répare ma bicyclette et constate qu'elle roule bien. — Vin chaud, pris en allant porter un ordre. — Départ à 5 heures pour la ferme de Berthonval. Le ciel devient le champ de courses des nuages à travers lesquels passe parfois la lune. Les routes sont dures, la boue s'est agglutinée, le sol résonne de nos pas. Nous obtenons la permission de rester à notre ancien local bien que le poste de commandement soit installé avec le téléphone et la cuisine dans la crèmerie de la ferme. Nuit bonne. — Banco avec la liaison. — Pris la garde au poste de commandement de 3 heures à 7 heures du matin. — Sur le soir, entendu une vive fusillade et une assez violente canonnade sur la gauche.

Samedi, 30 janvier 1915.

Reçu lettre d'Yvonne fort ancienne. — Ecrit à Jean A***. — Maman m'a adressé une fort jolie lettre, vraiment belle au point de vue patriotique, et si tendre, si câline pour son petit soldat ! Je crois que je l'aime davantage, ma mère, maintenant que je comprends mieux ce dont je suis privé en étant si loin d'elle !...— Encore une journée magnifique, sèche et ensoleillée.—Ma compagnie reste en réserve à la ferme, ce qui me dispense de porter la soupe aux officiers. — Nouveau bombardement d'une demi-heure environ : l'ennemi tire, paraît-il, des 210. Aucune perte humaine, mais dégâts matériels considérables : trous énormes dans le sol, jets d'éclats et de mille débris à 200 mètres à la ronde, épaisse fumée blanche, ébranlement de toute la ferme. Chose curieuse ! Toute une partie du toit a été enlevée et transportée dans un champ situé derrière, par la force et la violence de l'explosion. Décidément ! nous ne sommes plus en sûreté ici, même dans les caves. Je ressens une émotion beaucoup plus vive que lors du précédent bombardement. Certes ! il y a de quoi !... — J'ai vu un coucher de soleil absolument féerique : un ciel incendié, des nuages pourpres, trois grandes trouées par lesquelles fusaient des demi-rayons, semblables à trois formidables projecteurs, une ligne toute droite barrant l'horizon, et les ruines superbes du clocher de Mont-Saint-Eloi, se détachant à droite, comme un défi !... — Nos pièces ont tiré fort longtemps à intervalles réguliers. Nuit bonne, à la cave, sur un matelas.

Dimanche, 31 janvier 1915.

Changement à vue : la neige ! Temps très vif et vent. — Ai écrit à maman aussi affectueusement et

aussi gaiement que je l'ai pu pour fortifier sa confiance
et sa foi en mon retour. — Banco au poste, causeries,
fumé quantité de cigarettes, rien à signaler. — Relève
à 5 h. ½. Retour à Acq, routes gelées, marche glissante. — Nuit bonne au poste de commandement. —
N'ai pu, étant de service, assister à la messe. L'ai bien
regretté.

Lundi, 1er février 1915.

Ecrit à Nette. — Je reçois un colis de cousine Anna,
du chocolat en bouchées exquises ! Un kilog ! ça commence à faire !... Il est vrai que, partagé avec les camarades, il sera bientôt fini... — Des éclaircies sur un
ciel bousculé de nuages. Ai pu assister au Salut du
soir : toujours la même foule, le même empressement,
le même recueillement, la même impression de réconfort et d'espérance. Comme les temps ont changé !
Que d'esprits malveillants, j'entends hostiles à la re-
ligion, ont tourné casaque et se sont placés sous la
protection divine ! L'approche de la mort, cette épée
de Damoclès constamment suspendue sur les têtes,
cette existence terrible au milieu des dangers de toutes
sortes, il n'en faut pas plus pour courber les mé-
créants et mettre fin aux sarcasmes, aux railleries,
aux injures, et aux blasphèmes. Jusqu'aux plus im-
pies, aux plus acharnés, aux plus anticléricaux qui ont
senti passer le grand frisson, l'ombre pâle et froide de
la mort, et qui, accablés, tout tremblants d'effroi et

de peur, ont fléchi le genou, implorant Dieu et le suppliant de les bénir, de les protéger et de leur pardonner !... Cette guerre ramènera à coup sûr, au chemin de l'Eglise, beaucoup d'égarés et d'athées. Et la France de demain n'en sera que plus forte, plus belle, plus chrétienne ! Ne sera-ce pas encore un des bienfaits de cette guerre que cette sorte de purification par l'épreuve, la prière et l'adoration?... — J'ai mangé avec une certaine gourmandise un œuf..., le premier depuis mon départ de Briançon, si mes souvenirs sont bien précis. — Je touche un pantalon de velours pour remplacer mon rouge usagé et en loque. C'est d'ailleurs une mesure générale puisqu'on en a distribué une moyenne de 100 à 150 par compagnie. Plusieurs hommes en avaient fait venir auparavant de chez eux et on les leur a remboursés pour la plupart. Si la lutte se prolonge longtemps encore, on en arrivera certainement à habiller le soldat de pied en cap comme un civil ; il paraît même qu'il y en a déjà. — Le nombre d'effets et subsistances envoyés sur le front prend des proportions considérables et inimaginables ! Chaque jour apporte son contingent nouveau. — Que de dépenses ! que d'argent une guerre peut bien entraîner et exiger ! ! Il est vrai que certains envois sont le résultat magnifique de souscriptions et de dons. N'importe ! Notre budget, bien amoindri déjà, subit de rudes entailles ! une saignée à blanc!! — Effet très curieux : ma sensibilité s'est fort atténuée et de me voir presque en tenue civile m'a donné l'illusion que je suis redevenu moi-même... Nuit bonne.

Mardi, 2 février 1915.

Reçu une lettre de cousine Anna, très encourageante, lui réponds par le même courrier, ainsi qu'à ma famille. — Temps toujours pluvieux, averses, boue, ciel bas. — Causeries au bureau, notes nombreuses et longues à copier, ordres à porter ; mais le soir, tranquille veillée en jouant aux cartes. — Vu l'ami G*** qui me manque bien ! Nouvelles de la guerre bonnes, sauf en Argonne, où nous semblons reculer sous la poussée terrible des Allemands. — La Russie paraît entrer véritablement en action et fait du bon travail. — Nuit bonne quoique ayant toussé beaucoup et éprouvé certains malaises dans la journée. — Notre artillerie a tiré assez souvent. — Je me fais raser et couper les cheveux. — Nous partons à Acq.

Mercredi, 3 février 1915.

Reçu une lettre inattendue de R*** et une carte de ma famille. — Temps couvert, avec éclaircies. — Vers 2 heures l'après-midi, effluves printaniers ; nombreux aéros. — Mangé une salade de pissenlits ramassés dans un champ. — Egalement bu un chocolat au lait délicieux, mais « pétardant » — Tir de notre artillerie lourde. Effrayante canonnade du côté d'Ecurie.

Jeudi, 4 février 1915.

Une lettre de Nette ! Ai écrit aux miens une longue missive. — Répondu à R***. — Journée ensoleillée, les aéros s'en donnent à cœur joie. — J'ai beaucoup de loisirs, et les mets à profit. En parlant d'aéros, j'ai admiré les prouesses d'un avion boche planant impudemment sur Acq et défiant nos canons, gênés au reste, par la présence de nos propres avions et par un cerf-volant. Une activité enfin inaccoutumée, résultat de l'état atmosphérique, se manifeste ; la lutte va reprendre, plus vive, plus acharnée. Qu'importe?... Je marcherai vaillamment, ayant foi en mon étoile, car j'ai de l'espoir et de la confiance plein les bras... plein le cerveau... plein le cœur !... — Départ à 5 heures pour la ferme. Marche pénible, enrayée par le passage des troupes et de l'artillerie. J'arrive exténué, et dois repartir immédiatement pour guider un peloton du 28e territorial, dont le capitaine a été charmant à mon égard. Je le conduis à l'emplacement de la 7e : à « l'Ouvrage Blanc ». — Je repars une seconde fois porter la soupe aux officiers. Il fait très sombre, quoique la nuit soit claire et étoilée. Boyaux fort sales par endroits. — Retour pénible. — Avec ça je prends la garde de 11 heures à 3 heures, au poste de commandement ; et, pour compléter cette journée si bien remplie, je sers de cicerone à deux territoriaux, ramenant un des leurs, devenu fou. Pauvre diable ! Il y en a beaucoup dans son cas... Il faut, pour ma part, que ma tête soit bigrement solide, car j'en ai pourtant vu de toutes les couleurs !... — Nuit passable dans la cave. — Lune à 11 heures du soir, d'une resplendissante clarté.

Vendredi, 5 février 1915.

La plus belle journée que nous ayons eue depuis notre arrivée dans la région ! Un ciel des plus purs, un soleil rutilant, de la joie, de la gaieté dans l'air. — Hélas ! on m'apprend bientôt la mort du capitaine B***, tué vers les 10 heures du matin, par un obus, ainsi que celles d'un territorial et d'un artilleur. Cette triste nouvelle m'a coupé les jambes, et nous en sommes tous restés péniblement impressionnés ! Je connaissais beaucoup et de longue date le pauvre capitaine, sous les ordres duquel j'avais servi dans l'active, à la 15 Cie. Encore un des meilleurs qui s'en va. — Porté à manger aux officiers sans grand mal, mais le soir, nuit noire et marche à tâtons. — De plus, les Boches ont dû régler leur tir et baisser leur hausses, car plusieurs balles ont sifflé désagréablement à mes oreilles quand j'ai rasé le boyau. Au retour, causeries, fumé cigarettes et pipes, fait un petit banco. Comme on oublie vite le danger couru... — Reçu deux lettres de ma mère, dont l'une fort ancienne. Pourquoi?... et une autre d'Yvonne (adresse fort mal mise, à l'habitude).

Samedi, 6 février 1915.

Temps pluvieux et brise assez forte. Avec cela, des boyaux pas trop sales, un peu de boue seulement gluante et collante. — Hier, notre artillerie a copieusement arrosé les tranchées ennemies pour venger la perte du capitaine B*** et des autres morts. Souhaitons qu'elle en ait démoli quelques-uns ! — Aujourd'hui l'adversaire tire sur Saint-Eloi et aussi sur Ecoivres, occasionnant des dégâts et faisant quelques victimes, la première fois depuis l'ouverture des hostilités. Il paraîtrait que l'artillerie allemande visait la gare et le train blindé, mais une trajectoire trop courte aurait fait éclater sur le village même les obus à eux destinés. Il ne faudrait pas que cette tentative se renouvelât, car le village est bondé de troupes, bourré de munitions et d'approvisionnements. Il est du reste étonnant que l'ennemi n'ait pas plus tôt ouvert le feu, parce qu'il ne peut ignorer la position ni ce qu'elle renferme. — Vers 5 heures, nous retournons à Acq ; averses violentes, routes détrempées, ciel noir comme l'encre, fatigue extrême. Plus cela va, plus mes forces semblent diminuer. D'où vient cela?... Pourtant, nuit bonne au cantonnement, après avoir joué aux cartes avec les camarades jusqu'à 11 heures du soir.

Dimanche, 7 février 1915.

Temps couvert et bruine. On me remet deux colis l'un de maman, l'autre de mon cousin Henri. Ils sont pleins de bonnes choses, et on s'en régalera ce soir sans tarder. — J'ai assisté aux funérailles du capitaine B*** et des deux autres morts. Cérémonie émouvante, autel drapé de noir, messe chantée, fort joli duo (basse et ténor), allocutions d'un aumônier à l'église d'Acq, du colonel et du général au cimetière, beaucoup de monde... Fort impressionnant ! Ecrit à la maison pour remercier de l'envoi et à cousin Henri. Ai envoyé aussi des cartes à L*** et à Jules D***. — Notes, ordres, causeries, etc. — Salut à 5 h. et demie le soir. Autel brillamment illuminé, prières pour les défunts, lecture de la lettre du Pape (fort ambiguë à mon avis, voulant ménager la chèvre et le chou). Remarqué un passage relatif à l'héroïque petite Belgique, et qui m'a particulièrement frappé. Exhortations du Souverain Pontife à respecter l'ordre public établi par les Allemands. Il est vrai qu'il ajoute : « Nous croyons et faisons des vœux pour le triomphe définitif de la Justice et du Droit. » Prières pour la paix. — Nuit calme.

Lundi, 8 février 1915.

Temps clair et chaud soleil tempéré par la brise. — Reçu à nouveau lettre de ma famille et une de D*** fort encourageante et superbe de calme résignation au sujet de la mort de son frère G***, et de son amputation à lui. Quelle énergie ! — Rien à signaler. — Départ à 5 heures pour Ecoivres. — Nuit à l'habitude.

Mardi, 9 février 1915.

La poste se conduit admirablement ! Nouvelle lettre des miens et une carte de Nette. — Temps pluvieux, averse et boue... pour changer un peu ! Notre artillerie ne tire point, occupée qu'elle est, paraît-il, à la construction de blockhaus. Aussi les communiqués allemands pourront-ils insérer : « L'artillerie française a été réduite au silence. » — Je note ici cette phrase ci-après que je viens d'entendre et qui m'a fait tordre ! « Le ravitaillement n'a apporté que de la viande *glorifiée*... » Pas mal, n'est-ce pas?... — Me voilà pris de la gorge, et je souffre des reins. — Nuit passable.

Mercredi, 10 février 1915.

Temps assez couvert avec quelques échappées. — Reçu une carte-lettre de ma cousine Eugénie. — Le château d'Ecoivres a reçu quelques obus dans sa façade. Le trou n'est pas bien grand, mais toutes les vitres des fenêtres ont volé en éclats ; une maison située face à l'entrée principale s'est en partie écroulée et a vu ses tuiles s'envoler à qui mieux mieux. — Toujours le silence à peu près complet de nos batteries ; nombreux aéros canonnés sans résultat. — Départ à 5 h. ½ pour la ferme de Berthonval, toujours avec une vive appréhension. — Décidément, ce claquement

sec des balles m'agace et m'énerve au plus haut point!
— Ma bicyclette possède une âme des plus revêches !
pas moyen de tenir gonflée ma roue avant. Crevaison,
éclatements, hernies, toute la lyre ! — Porté la soupe
aux officiers le soir à 8 heures, par nuit noire... Marche
à l'aveuglette, boyaux défoncés, empierrés, mais
propres. — Pris la garde de 11 heures du soir à 1 heure
du matin. Longue rêverie, pensées nombreuses vers
tous ceux que j'ai laissés... — Gorge de plus en plus
prise, toux, très mal dormi en somme, quoique sur
un matelas.

Jeudi, 11 février 1915.

Un beau soleil jusqu'à midi, puis le brouillard et
abaissement subit de la température. — Boyaux secs
le soir, mais marche à tâtons. — Je porte l'ordre d'un
simulacre d'attaque à exécuter sur tout le front de la
77ᵉ division, pour ce soir, dans la nuit et au matin du
12 février. Je prévois que je vais avoir à faire bon
nombre de courses dans les boyaux, ce qui n'est pas
pour m'amuser ! Me voyant fatigué et tombant de
sommeil, je vais quand même me coucher. — A
9 heures, crépitement de la fusillade, canonnade, fusées
durant dix minutes... puis accalmie, et je m'endors.
— Reposé quelque peu. — Dans la journée, les Allemands ont tiré une cinquantaine d'obus (77 et 105)
sur la ferme, sans causer grand dommage. Toutefois,
par prudence, nous avons effectué une petite descente
à la cave. — Ecrit à ma famille.

Vendredi, 12 février 1915.

A 7 h. ½ du matin, dernier simulacre d'attaque, les autres ayant eu lieu à 9 heures, 11 heures du soir et 4 heures du matin. — Notre artillerie inonde les tranchées ennemies, bouleverse les ouvrages, et détruit les boyaux. Les Allemands tentent de répondre, mais sont réduits au silence. Résultat général : chez nous : cinq blessés et une vingtaine d'hommes jetés à terre par l'éclatement d'un minnenwerfer. Chez eux, probablement des morts, des blessés, des pertes sensibles, et de gros dommages matériels. Mas il faut reconnaître qu'ils ont été prompts à la riposte et que notre première attaque a été loin de les surprendre ! C'est donc qu'ils veillent attentivement... ou peut-être qu'ils sont bien renseignés... Les espions ne manquent pas, hélas !... Nous avons eu aussi trois ou quatre obus sur notre ferme à l'attaque du matin ; le soir, plusieurs sur les boyaux, mais réponse immédiate de nos canons par salves et rafales. — Neige et pluie, boyaux gras, sans être chargés d'eau, temps, en somme, maussade et triste. — Le poêle a ronflé suffisamment, ce qui nous a permis de nous chauffer et de nous sécher tant soit peu. — J'ai toujours la gorge prise, je tousse, rhume à l'état latent. — Reçu avec plaisir toujours nouveau une lettre de maman et une carte de Jo, l'amie de J*** A***. — Départ à 5 h. ½ pour Acq, difficultés à y parvenir, faiblesse générale extraordinaire. — Nuit assez bonne, quoique courte.

Samedi, 13 février 1915.

Encore longue lettre des miens. Y ai répondu. Ecrit aussi à J*** D***. — Violentes averses, vent soufflant en tempête, avec furie et rage. Malgré cela, quelques échappées de soleil. — Rien à signaler. — Je commence une « Nouvelle » et me propose d'en écrire plusieurs, de faire même une pièce de théâtre. Mais aurai-je suffisamment de loisirs, et trouverai-je toujours un emplacement aussi convenable que celui d'Acq? — Assisté au Salut avec la même foi et le même plaisir. — Je me suis fait raser, et en éprouve quelque bien-être. — Nuit assez bonne, quoique ayant eu au coucher, un violent accès de toux.

Dimanche, 14 février 1915.

Reçu une longue lettre de ma famille, j'ai répondu ainsi qu'à Jean A***. — Temps couvert, pluie, boue, « radées » violentes. — Flâneries autour d'un poêle ronflant impétueusement. — A 5 h. ½, départ pour Ecoivres, sous la pluie battante. — Nuit assez bonne, mais quelques douleurs lombaires.

Lundi, 15 février 1915.

Ecrit à Nette. — Temps couvert et froid, mais sans pluie. — Les Russes semblent avoir remporté de sérieux avantages sur leur front et avoir fait subir à l'ennemi des pertes énormes. — De notre côté, toujours des actions de détail, le plus souvent heureuses. L'artillerie y joue, à l'habitude, le premier rôle. — Rien à signaler. — Nuit toujours assez bonne, mais violentes douleurs lombaires.

Mardi, 16 février 1915.

Reçu lettre d'Yvonne et une carte de D***, une que je n'attendais pas ! — Ai senti le besoin d'écrire à ma famille, cela me réconforte... — Temps splendide, soleil rutilant ! du printemps par bouffées ! — Petite promenade à Acq. Admiré le paysage environnant : la ceinture de bois du côté de Mont-Saint-Eloi, bois roux, teintés de violet et de brun, des champs incultes qui devaient être si prospères avant la guerre, des prés, des lignes d'arbres, et puis des batteries passant au grand trot sur les routes, la buée des chevaux, leurs sabots faisant gicler la boue, des compagnies faisant l'exercice entre Ecoivres et Acq, des ballons captifs, des aéros, etc., etc. — Sur le soir, d'après des indications, fournies par un avion, tir intense de notre artillerie, peut-être sur un ravitaillement ennemi, ou sur un rassemblement de troupes. — Autre petite promenade encore du côté d'Ecoivres. — Départ vers 5 heures pour la ferme de Berthonval, avec les appréhensions coutumières. — Démonstration par notre infanterie pendant cinq minutes, à 10 heures du soir, l'ennemi répondant faiblement. — Le lieutenant me dispense de porter la soupe, parce qu'ayant déjà porté plusieurs fois des ordres. — Nuit médiocre : mal dormi, toux assez vive.

Mercredi, 17 février 1915.

Un vent des plus violents, sinistre, bruissant dans les arbres, secoué par les rafales, hululant, hurlant à la mort... De la pluie par intermittence, salissant les boyaux, collant aux pieds de la boue gluante, faisant ébouler la terre, du froid enfin. Les boyaux pourtant ont été pourvus de claies, fort utiles par ces temps pluvieux, mais dangereuses en ce que les branches se relèvent aux extrémités et risquent de vous faire buter et casser la figure. — Jules D*** m'apprend la disparition, ou pour ainsi dire la mort de Joseph A***. Encore un brave garçon qui s'en va ! Sommes-nous donc destinés à disparaître tous...? — Ecrit à Nette de qui je viens de recevoir une gentille lettre. — Je porte l'après-midi, vers le soir, la soupe, mais il fait plein jour, ce qui me dispense d'une corvée des plus pénibles. et des plus redoutées à effectuer la nuit. — Nous arrivons, par des soins constants, à rendre à notre poêle un peu de sa vigueur d'antan. — Causeries à bâtons rompus, à tel point que nous en oublions la proximité de l'ennemi! Donc, l'on s'habitue à tout... Courageuse insouciance ! — Nuit passable dans la cave. — Pris la garde à 5 heures du matin.

Jeudi, 18 février 1915.

Je reçois une lettre de maman qui me confirme la mort d'A***. Je revois ce bon camarade, très prévenant, affable, et je songe à la douleur horrible de la mère !... Écrit à maman, pour la remonter, car cette mort l'a péniblement impressionnée, et je me fais bien affectueux et bien tendre... — Toujours le vent, toujours le temps couvert, avec quelques éclaircies toutefois. — J'ai conduit des territoriaux le matin à leur emplacement aux tranchées. Ils ont insisté pour que j'aille boire un verre avec eux. — Depuis quelques jours, je ressens quelques douleurs sourdes dans les parties et constate quelques suintements inquiétants. J'ai peut-être trop usé de la bière et du vin ; au reste, la bicyclette ne doit pas y être étrangère, car j'en fais pas mal étant donné les nombreux ordres à porter. Il faudra veiller et éviter soigneusement toute stupide complication. — Départ à 5 h. ½ pour Acq ; — retour coutumier, grande lassitude dans les jambes, déperdition croissante de nos forces. C'est le printemps sans doute qui commence et qui est cause de ces malaises. Et au surplus, toutes les dures fatigues de cette horrible guerre... Ah ! combien qui reviendront peu solides, et combien seront peu nombreux les bien portants ! — Nuit passable, toux et réveils brusques.

Vendredi, 19 février 1915.

Surprise ! Un colis de friandises et de gâteries envoyés par ma famille, avec une carte-lettre. — Ecrit à Pierrot L***. — Temps couvert, mais doux. — Le matin, je vais chercher un litre de vin blanc pour mon lieutenant, à Ecoivres. J'y avais déjà été le 14 courant. C'est bien la bicyclette qui m'occasionne ces douleurs aux parties. Comment faire? Je ne puis pourtant m'en abstenir pour les longues courses. — Le communiqué du 16 est peut-être le meilleur que nous ayons eu depuis le début de la guerre : toutes les opérations nous ont été favorables, et il y en a eu d'importantes ! Tant mieux ! Sans autres commentaires !... — Nuit assez bonne au poste de commandement.

Samedi, 20 février 1915.

Reçu une lettre recommandée de ma mère: doublement la bienvenue. Répondu à maman pour accuser réception de sa lettre et de son contenu. — Ecrit aussi à Jean, le seul de nous resté là-bas, et qui est le lien et le trait d'union de notre bande. Pauvre ami ! Il voudrait bien, lui aussi, faire la guerre, mais ne rend-il pas des services précieux à son ambulance, et n'y est-il pas aussi utile que s'il était au front?... — Temps couvert, chute de grêlons, de la grosseur d'un œuf..., puis la pluie, par ondées intermittentes. Très

curieux ces grêlons, je n'en avais jamais vu de pareils !
Je suis même certain que, tombant sur un parapluie,
ils en auraient crevé la soie... — Arrivée d'un nouveau convoi de bleus et de blessés rétablis. — Départ
à 5 h. ½ pour Ecoivres, averses en route, et croisé un
convoi de 55 automobiles-camions. Ah ! si l'ennemi
avait pu s'en douter ! — Mangé aux cuisines, une
excellente côtelette de cochon ; vin rouge et blanc. —
Nuit assez bonne à la sellerie, près du château. — Le
communiqué est excellent de notre côté ; du côté
oriental, les Russes, assaillis par des masses énormes,
reculent, tout en ne lâchant le terrain que pied à pied.
Quel dommage qu'ils manquent de vivres, de munitions, et de voies de communications ! Ce qui les prive
de concentrations rapides et des attaques en force.

Dimanche, 21 février 1915.

Reçu enfin une carte de Jean A*** ! Quelques
-mots expédiés de Bourg, sans importance, ce qui tend
bien à prouver qu'on arrête systématiquement les
lettres fermées qu'il m'adresse. Pourquoi?... Craint-
on la divulgation de documents ou de nouvelles se-
crètes? Cela me fait sourire ! mais je suis furieux de
cet ostracisme stupide et certainement des plus mal
fondés. — Ecrit à Nette. — Temps de brouillards, de
brume épaisse et pénétrante, ressemblant au climat
lyonnais, à s'y méprendre ! — L'après-midi, beau soleil, aéros, promenade aux alentours d'Ecoivres. —

Le matin, j'ai assisté à la grand'messe artistement chantée ; lecture par le curé d'une lettre magnifique de Monseigneur l'Evêque d'Arras, belle page littéraire qui m'a ravie, parce que vraie et vécue. J'ai prié pour les morts, particulièrement pour mes amis et camarades. Le soir, Salut solennel. — Nuit bonne, bien que n'ayant pas eu très chaud aux pieds.

Lundi, 22 février 1915.

Journée de correspondance : écrit à ma famille, à cousine Anna, Eugénie et à Jules D***. — Reçu deux lettres : de maman et d'Yvonne. — Brouillard épais, humide et froid. Il se dissipe tard dans la soirée, ce qui me permet toutefois, étant parti vers 5 h. ½ pour la ferme, de porter, sous la clarté lunaire, et par conséquent sans difficultés, la soupe aux officiers. — Nuit bien médiocre, toux et énervement. — Pris la garde au poste de commandement, de 4 heures à 6 heures.

Mardi, 23 février 1915.

Reçu encore lettre de ma famille, très gaie, très tendre, très réconfortante. Une lettre également de Nette, celle-ci me reprochant de correspondre avec mon ancienne amie Yvonne, qui n'est pourtant plus maintenant pour moi qu'une bonne camarade... — Temps toujours brouillardeux, puis le soleil, ensuite temps couvert; sur le soir, lune fort belle. — Corvée de soupe pas pénible, celle du soir ayant été portée à la chute du jour. — Opérations calmes sur notre secteur. — Nuit passable, plutôt médiocre, énervement continu. — Vive canonnade et fusillade côté Carency.

Mercredi, 24 février 1915.

Reçu deux lettres inattendues : l'une du petit R***, l'autre, de Jean A***. Comment se fait-il que cette dernière ait échappé à la censure?... Toujours est-il que j'en suis ravi, car les nouvelles sont intéressantes. Puissent-elles se renouveler souvent ! — — Temps brumeux, puis de la neige à moitié fondue, air vif et froid.— Les Allemands ont bombardé hier et aujourd'hui nos tranchées avec des obus de 105, sans occasionner autre chose que des dégâts matériels. Toutefois, dans la tranchée occupée par l'ennemi et prise par nous, un pauvre sergent a été tué, et un soldat blessé par les balles. La situation de la section qui la défend est très périlleuse et demande une surveillance de tous les instants. — Pour la première fois, j'ai eu une absence totale d'appréhension, et le temps ne m'a pas duré. Il est vrai que nos causeries et la vue d'un assez bon feu y ont été pour quelque chose. — Vers 6 heures, départ pour Ecoivres; le 4e bataillon prend les abris, deux compagnies (5e et 6e) du nôtre vont à Frévin-Capelle, deux autres (7e et 8e) restent à Ecoivres avec le poste de commandement. Celui-ci a été nettoyé et pourvu de paille fraîche. — Nuit assez bonne. — Ecrit longuement aux chers miens.

Jeudi, 25 février 1915.

Cousine Anna vient de m'écrire, elle ne m'oublie pas non plus, et cela fait tant de plaisir de se sentir aimé ! — Yvonne m'a envoyé aussi quelques mots. C'est une brave fille... Au réveil, surprise : la neige ! pour changer !... — Temps de ce fait vif et froid, rues transformées en cloaques. Ah ! cette boue, cette immonde boue, on ne peut pas savoir quel supplice elle est pour le pauvre pioupiou !... — Le poste de commandement à Ecoivres est défectueux en ce sens qu'il n'a pas de poêle, et qu'il y fait bigrement froid ! Nuit passable.

Vendredi, 26 février 1915.

Encore un courrier volumineux pour moi aujourd'hui : deux lettres de maman, une de J***, toutes avidement lues, parce qu'également très intéressantes. — Y réponds de suite. — Froid très vif, temps brumeux, coliques, pieds gelés, frissons. — Causé longtemps avec mon camarade G***, venu d'Acq spécialement pour me voir. Cette attention de sa part, m'a vivement touché. C'est un garçon plein de cœur ! — Les cafés restent ouverts seulement de 10 heures à 12 heures, et de 5 heures à 7 heures le soir. Bonne mesure ! car beaucoup d'hommes y séjournaient tout le temps et se grisaient... une chose que je ne peux admettre, ni comprendre en temps de guerre ! — Les Russes semblent être sortis de l'étau germanique, non sans grosses pertes, mais ils paraissent maintenant occuper des positions très fortes, et avoir reçu des renforts en troupes fraîches. Sans doute, ils ont abandonné la Prusse orientale, mais ce n'est pas la première fois, et cette tactique leur a toujours réussi. Il y a donc lieu de se rassurer et d'attendre la suite des événements. — De notre côté, mêmes succès, surtout d'artillerie. — Nuit bonne, ayant eu la précaution de mettre aux pieds des chaussons que m'a prêtés un camarade de la liaison. — Reçu un colis de cigarettes, tabac et cigares faits par ma mère.

Samedi, 27 février 1915.

Ecrit à Jean A***, à D*** et à C***, dont je suis sans nouvelles. Il est vrai qu'il n'a pas l'habitude d'écrire souvent. Cela ne l'empêche pas de penser à ses amis, car celui-là aussi, c'est de l'or en barre...— Température toujours des plus fraîches, et toujours pieds gelés... Quel dommage que nous n'ayons pas de poêle au poste ! — Remise de décorations à laquelle assistent deux bataillons du 159e. Je n'y prends pas part. — Ordre d'alerte pour un exercice de nuit : on suppose la prise d'une de nos tranchées à La Targette, et il faut préparer la contre-attaque. Cet exercice me plaît énormément, car je suis chargé de porter les ordres en course rapide dans les boyaux. Mais ils sont si sales ! si boueux !... — Puis contre-ordre est donné, rien de fait... — Nuit médiocre, le téléphone ayant fonctionné toute la nuit pour l'alerte des chasseurs à pied, et de plus, j'ai été énervé par des chevaux à l'écurie, proche du poste de commandement, qui ont dansé un cake-walke effréné...

Dimanche, 28 février 1915.

Ecrit à ma famille. — Toujours la température froide et le vent glacial. Ciel bousculé de nuages avec quelques échappées de soleil. — Rien à signaler, comme disent les communiqués. — Départ pour la ferme, à 5 h. ½. — Arrivée facile, soupe portée au clair de lune, trous assez profonds en route et flaques d'eau. — Nuit assez passable dans la cave. — Je me fais raser avec un réel bien-être.

Lundi, 1er mars 1915.

Maman, en m'écrivant aujourd'hui m'envoie le bulletin des amis et camarades sur le front... Déjà que de tués... ou de blessés ! Mais, jusqu'à présent, à part Georges D***, René G***, A***, les autres sont intacts, ou du moins ont des blessures dont ils se remettront. Tant mieux !... — Vers les 4 heures, nous avons eu une bourrasque violente : un ciel noir, le tonnerre grondant sourdement, et chose bizarre, autant qu'étrange, la neige !... De ce fait, température des plus froides, et j'ai les pieds à la glace ! — Causeries autour de notre bon poêle, retrouvé ici avec un sensible plaisir. Ces causeries ont été un peu relevées et plus sérieuses par la présence d'un ingénieur-chimiste dont j'ai fait la connaissance. — Les Boches sont gentils : ils ne nous bombardent point. Nous réservent-ils cette surprise pour demain?... — Mangé une soupe aux pommes de terre et au fromage délicieuse ! — Nuit passable. — Pris la garde de 11 heures du soir à 1 heure du matin. — Rêveries longues et mélancoliques, pensées nombreuses vers les miens... Espérance et confiance toujours !

Mardi, 2 mars 1915.

Sept mois aujourd'hui que la mobilisation générale a été décrétée !... Sept mois que nous luttons, que nous souffrons pour l'indépendance de notre chère patrie ! pour le triomphe de la justice et du droit ! pour l'écrasement de l'ennemi séculaire tant abhorré. Sept mois !... Qui m'aurait dit devoir lutter, batailler si longtemps, et me trouver encore si solide au poste, si vaillant, si inébranlable dans mes convictions et ma foi?... — Reçu une lettre de Nette (un rayon de soleil !) et une carte de Jean très amicale. — J'écris le plus que je le puis à ma famille, presque tous les jours. — Belle et superbe journée facilitant les vols des aéros et les prouesses des aviateurs. Ni les uns, ni les autres n'y ont failli. Sur le soir cependant, le ciel s'est couvert. — L'ennemi a bombardé nos tranchées, nous lui avons répondu coup pour coup. — Départ à 6 heures pour Acq. Fatigue assez grande, ayant la plante des pieds brûlée et douloureuse. — Nous devons recoucher dans le hangar attenant au poste de commandement, et malgré mes craintes d'y être fort mal, la nuit est assez bonne. — Causé ce soir avec le lieutenant F***, toujours aimable.

Mercredi, 3 mars 1915.

Je viens de recevoir une lettre de la maison et deux colis de cousine Anna : un, de chocolat, et l'autre de conserves. Je suis bien gâté par elle ! Je réponds par des remerciements chaleureux, et j'écris aussi à Nette qui le mérite bien. — Temps pluvieux, le beau temps ne dure guère : ciel gris et bas, boue, flaques d'eau... mélancolie... — Nos pièces lourdes de 155 tirent toute la journée ; l'ennemi envoie des obus sur la route longeant le bois des Alleux, à gauche de Mont-Saint-Eloi. — J'assiste à une partie du Salut, et j'entends un magistral sermon sur la Grâce par un prêtre que je suppose être quelque missionnaire ou Jésuite. — Puis nous avons alerte pour une tranchée supposée prise. J'arrive en retard au poste de commandement (ayant voulu rester jusqu'à la fin du Salut), et me fais co-

pieusement eng..... pour ce retard ! — Départ par
nuit noire au Nord-Est d'Ecoivres, vers l'estaminet
où le bataillon est supposé être en réserve. — Je
passe derrière le commandant la revue de l'emplacement des troupes et j'écoute la critique. — Puis, retour à Acq. En somme, un exercice pas trop pénible
et intéressant. — Nuit bonne.

Jeudi, 4 mars 1915.

Ecrit longue lettre aux miens. — Beau temps le
matin, mais, sur le soir, nuages, ciel gris et maussade.
— L'artillerie lourde continue son tir. Certains obus
boches viennent mourir à 200 mètres environ d'Acq.
Sûrement, il doit se passer quelque chose là-haut, sur
notre gauche, du côté de Carency, car j'ai entendu la
sourde rumeur d'une canonnade lointaine. — Il paraîtrait que l'ennemi nous aurait pris une tranchée
avec 10 mitrailleuses et 1000 hommes. Au sujet des
causes de cet échec, plusieurs versions circulent...,
telle que celle d'un régiment qui aurait flanché...
Mais tout cela demande confirmation. — J'assiste au
Salut de 5 h. ½, où je prie avec la confiance et la foi
coutumières. — Je me fais couper les cheveux à la
tondeuse et m'octroie une bonne friction savonneuse,
parfumée d'eau de Cologne. C'est une coquetterie
dont j'étais privé depuis longtemps... — Nuit passable seulement, parce que plusieurs fois réveillé par
la fraîcheur, le vent violent et une canonnade éloignée.

Vendredi, 5 mars 1915.

Ai reçu ce matin une carte de ma famille. — J'ai écrit à Jules D***, avec qui je corresponds si agréablement, et ai adressé aussi quatre pages pleines d'humour aux miens. Maman pourtant se plaint de ne plus recevoir de mes nouvelles. Elle en est affolée ! L'on a prétendu qu'en raison des événements qui semblent se préparer, toute la correspondance devait être supprimée, ou tout au moins retardée. Serait-ce l'application de cette mesure?... Elle me paraît draconienne, injustifiée, inhumaine... Mais attendons pour la bien juger, qu'elle ait été expressément appliquée. — Ecrit encore à Jean A*** et à Yvonne, à la date de demain. — Temps couvert, mais sans pluie. — Violente canonnade assez rapprochée du côté de Notre-Dame de Lorette ; les pièces lourdes d'Acq mêlent leur voix à ce concert, et déchirent l'air de sifflements lugubres et prolongés. L'ennemi répond sur la gauche, et l'atmosphère gronde un sourd roulement. — Au soir, invité au mess des officiers, par mon lieutenant, je me produis dans certains numéros de chant et historiettes, et obtiens un assez vif succès, cela dit sans me vanter. — Nuit encore passable, le vent impétueux m'empêchant de goûter un repos prolongé. — Au matin, je me fais raser de frais et suis bien ainsi.

17

Samedi, 6 mars 1915.

Reçu un colis de maman, bourré de friandises. J'ai répondu de suite par des remerciements, espérant que cela la tranquillisera sur mon compte. — Temps épouvantable ! Pluie diluvienne, transformant les rues en torrents, vent violent, ciel tourmenté, et, par instants, noir comme l'encre. — Canonnade fort vive toujours, nos pièces tirant souvent à intervalles réguliers. — Départ à 5 h. ½ pour la ferme. La pluie, qui avait cessé, se remet à tomber à pleins seaux ! J'arrive à Berthonval trempé jusqu'aux os... Nuit d'encre : on ne voit pas à 50 centimètres devant soi. Pour porter la soupe aux officiers, difficultés extrêmes, de l'eau et de la boue en masse... Le boyau de la 7e Cie est une mare de boue liquide et infecte. Je ne marche que grâce aux fusées éclairantes. Je m'enfonce jusqu'au bas-ventre ; capote, pantalon, de velours, caleçon, chaussettes, tout est traversé ! Quelque chose d'horrible et d'innommable !... Je me couche en caleçon et sans chaussettes. — Nuit, dans ces conditions, des plus médiocres.

Dimanche, 7 mars 1915.

Reçu une lettre de ma Nette, et une carte de T*** qui m'a causé un véritable plaisir. — Le vent souffle avec impétuosité, les boyaux sont toujours affreux à parcourir. La pluie toujours encore ! — Je vais porter la soupe sans capote, ni pantalon, ni chaussettes. On voit d'ici le tableau !... Et je reste ainsi toute la journée, transpercé de froid, couvert de boue, repoussant... Il faut bien que mes vêtements aient le temps de se sécher ! Toutefois, dans l'après-midi, le travail de nettoyage s'étant effectué, les cheminements sont plus praticables. — Violente canonnade sur la gauche, côté Notre-Dame-de-Lorette, Nous avons repris les tranchées perdues, et avons infligé à l'ennemi des pertes considérables ; les nôtres sont sérieuses, hélas ! — Nuit passable.

Lundi, 8 mars 1915.

Une lettre de ma famille dans la joie d'avoir enfin reçu de mes nouvelles... — Vent glacial, éclaircies, giboulées. Boyaux meilleurs, les claies dont on les a pourvus jouant d'ailleurs un rôle d'assèchement considérable. — Il paraîtrait, d'après les communiqués, que nous aurions percé en Champagne cinq lignes de tranchées. On dit aussi qu'on se bat en rase campagne, notre artillerie en masses denses, faisant un travail énorme. Les journaux, là-dessus, ont reçu défense d'en parler. — En Pologne, les Boches reculent toujours devant les Russes ; en Galicie, les Autrichiens sont culbutés. L'attaque des Dardanelles se poursuit avec succès. En somme, situation bonne. — A 4 heures, départ pour Ecoivres par les boyaux. Je suis enchanté de quitter la ferme où nous venons de passer quarante-huit heures épouvantables ! — Le temps paraît se découvrir. — Nuit pareille à la précédente avec fraîcheur et quelques démangeaisons.

Mardi, 9 mars 1915.

Ecrit à T***, L***, dont je suis sans nouvelles depuis quelques jours, et quelques mots affectueux et tendres à Nette. Pauvre Nette, dont je suis si loin !... — Temps variable : froid de loup le matin ; le soir, giboulées et quelques rayons de soleil. — Démission de M. Venizelos en Grèce. L'intervention de cette dernière paraît, par suite, très problématique. — Rien d'intéressant à signaler. — Nuit assez bonne, quoique ayant eu des démangeaisons. Aurais-je de la vermine?...

Mercredi, 10 mars 1915.

Une lettre d'Yvonne au courrier de ce matin. — Ai écrit longuement à ma famille. — Temps brumeux, pluvieux, gris. — Je me rends à Frévin-Capelle porter des ordres aux 7e et 8e compagnies. — Changements d'effets : je touche une jolie capote bleu horizon, genre officier, avec poches extérieures, un peu arrêtée et un peu cintrée, et avec cela une paire de molletières neuves. Je suis ainsi très bien équipé et me trouve plus présentable. — Vu une belle fille, croisée en route, plantureuse, poitrine opulente, coiffée en larges bandeaux bruns. — Je suis de retour de Frévin-Capelle vers les 4 heures. — Notre artillerie lourde tire en avant d'Acq et j'assiste au départ des coups. — Me grattant de plus en plus, j'inspecte mon linge, et... horreur !... j'y trouve quelques poux... Comment faire pour m'en débarrasser?... La peau est en feu, et cela me démange fort. — Nuit passable, sommeil agité, troublé.

Jeudi, 11 mars 1915.

Courrier abondant ce matin : deux lettres de ma mère, une de cousine Anna, et un colis que je suppose venir de Mirande, contenant un superbe saucisson et une terrine de foie gras. — Quelle aubaine ! — Temps toujours brumeux, ciel gris, maussade...— Calme à peu près complet. Les opérations paraissent favorables aux alliés sur tous les fronts. — Des sous-marins allemands sont coulés. — Je trouve encore des poux à la suite d'une minutieuse perquisition ! C'est dégoûtant !... Il ne me manquait plus que cela pour être un vrai poilu. Ça y est maintenant... — Nuit meilleure sans être excellente.

Vendredi, 12 mars 1915.

Reçu des nouvelles de Nette, ai envoyé une carte à Henri C***, le bon ami que l'on n'oublie pas.

Ecrit aussi à maman pour lui demander l'envoi d'une poudre quelconque pour me débarrasser de cette vermine. — Même temps qu'hier. — Calme plat. — Nous avons organisé ces quatre jours durant nos repas au poste de commandement. On aurait dit un dîner entre bons amis, à cent lieues du front... La vie est drôlement faite tout de même ! Le Français est bien insouciant au milieu des dangers ! et il suffit d'un bien-être relatif pour lui redonner son entrain, sa gaieté, sa verve endiablée... — Tout autour de moi, je vois les artilleurs et les fantassins vaquer tranquillement à leurs occupations, la pipe ou la cigarette aux lèvres, en tenue débraillée, s'entretenant des événements, de la marche des opérations, de la fin, du retour surtout !... Des groupes se forment, discutent ferme, se dispersent pour se reformer ailleurs. Les rues sont animées, sillonnées de convois de troupes en marche ; les cafés regorgent de consommateurs aux heures réglementaires ; les marchands de journaux font florès, on s'arrache les nouvelles, on se les communique, on les commente. Des hypothèses s'échafaudent, des problèmes se résolvent, des solutions se présentent toutes seules, et les potins et les racontars vont leur train, avec tout leur cortège de stupidités, d'énormités, d'ignorance crasse, d'impossibilité. Mais parfois aussi, des réflexions justes, des reparties spirituelles saillent et fusent, et ce sont alors, pour ceux qui ont compris, des éclats de rire à n'en plus finir... Et voilà un aspect, un côté de notre existence actuelle, sous la perpétuelle menace de cette faux terrible que brandit la Mort, avec, dans les oreilles, le bourdonnement incessant et sinistre des balles, le ronflement rauque des obus ; et, dans les yeux, des visions sanglantes de champs de bataille, dégoûtants de sang, de lugubres et funèbres charniers humains, de blessés en proie aux pires douleurs, d'agonisants à leur dernier râle, d'éclopés, fuyant en hâte vers l'arrière, et s'ajoutant encore à toutes ces visions, le souvenir de ruées irrésistibles, de combats à la baïonnette, de corps à corps tumultueux, de cris, de vociférations, de commandements brefs, de mille rumeurs, d'une lutte de titans..... Puis... le silence ! plus impressionnant, plus angoissant encore, et la nuit tombant sur ce carnage, sur ce duel homérique de forcenés en délire................ Tout ce que je viens d'écrire n'est qu'un résumé incomplet de ce que je ressens chaque jour, de « ma vie intérieure », pourrais-je dire. Ajoutons-y les retours mélancoliques d'une tristesse poignante et douce ; ces retours où rentrent, pour une part sans doute, égale, les regrets amers, lancinants, et les espoirs accumulés devenus plus consistants, plus impérieux, plus redoutables plus magnifiques par la durée, par ces sept mois et demi de guerre continue, tenace, désespérée, vengeresse et définitive... Ces images de mon Lyon, du foyer tant regretté, des parents, de la maman si tendre, si attentionnée, ne vivant et ne luttant que pour son fils ; du papa attendri et confiant par sa volonté mâle de patriote ; des amis joyeux, dispersés maintenant aux quatre coins de notre France, quel-

ques-uns, hélas ! mais heureusement fort rares, couchés dans le linceul glorieux d'un humus ensan-
glanté ; les autres, vaillants et fermes défenseurs de
la Patrie si chère, par trop imméritoirement violée
et souillée ; des affections vivaces : ma grande brune,
sévère, froide, arrogante sans doute, forteresse difficilement abordable, parce qu'elle brise votre élan
émotif et refroidit aussi votre enthousiasme subit,
mais que l'on a justement plaisir à aborder, une vo-
lupté qui s'ajoute à mille autres ; à l'étreinte de son
beau corps de femme, à celle de la victime obtenue
malgré les embûches, les pièges, les misères, les ca-
prices de cet être volontaire, rompu à toutes les ficelles
n'ignorant rien de son métier d'enjôleuse, de séduc-
trice...

(Je viens d'être interrompu brusquement dans mes
développements... Une « marmite » a éclaté tout près
de moi, et comme notre appartement est loin de présenter une sécurité, même relative, je me suis précipité
à la cave. Fausse alerte ! Au bout de dix minutes,
nous nous croyons en mesure de remonter.)

Je continue, et je dis : Et l'autre, ma blonde, bou-
lotte, alerte, éveillée, avec cela, un petit bout de femme
fort drôle, engendrant la gaieté, amusante au possible,
si un tantinet pompette..., une vraie créature de plaisir charnel aussi, langoureuse comme une chatte,
aux caresses enveloppantes, à la peau douce et moite,
aux rondeurs appétissantes, aux baisers enivrants,
mais aux amours pas faciles, ah ! non, car elle a gardé
tout au fond de son être, de sa conscience, un reste de

dignité, d'honnêteté même ; mais subits, impromptus et imprévus, la femme aux béguins... durables, longs, solides, presque éternels... Et elle n'est aujourd'hui pour moi cependant qu'une bonne camarade à qui je garde un vif sentiment d'amitié, en souvenir de ce qu'elle fut pour mes vingt ans...................... — Je pars pour la ferme de Berthonval à 6 heures. — A 9 heures, je porte la soupe aux officiers par nuit noire, avec des boyaux difficultueux : trous, claies, dont les extrémités soulevées vous meurtrissent et vous font trébucher et culbuter; progression pour avancer lente, à tâtons. — Retour de ce fait tardif. — Nuit passable, sans démangeaisons. — Les Allemands tirent souvent pour arrêter toute surprise désagréable. Dans la ferme même, les balles sifflent, et il faut maintenant redoubler de précautions.

Samedi, 13 mars 1915.

Une lettre de mon père, longue, avec des appréciations sur la guerre, des motifs d'espoir, de confiance, des mots de tendresse et d'affection... — Maman m'envoie de la poudre de pyrèthre pour chasser la vermine. Elle est aux cent coups de me sentir aux prises avec de tels adversaires, surtout me connaissant si délicat. Pauvre maman, va, si tu savais comme on se transforme à la guerre !... — Jules D*** m'écrit aussi et me dit que son plus jeune frère, C***, est en Alsace. Voilà une famille de patriotes ! — Ciel couvert, maussade, mais assez doux. — Causeries amicales avec les camarades et l'ingénieur-chimiste dont j'ai déjà parlé. — Mangé une excellente soupe et un non moins excellent bifteck. — Ma corvée de tous les soirs s'effectue aujourd'hui sans difficulté : je l'ai faite sans capote, en vrai propriétaire, insouciant des dangers et heureux. Je porte aussi par deux fois des ordres. — Toute la journée on a entendu une canonnade intense, mais éloignée. — Les nouvelles sont bonnes : les Anglais prenant nettement l'offensive et l'avantage ; ils ont fait un véritable bond en avant et progressé de plusieurs kilomètres. — Nuit assez bonne.

Dimanche, 14 mars 1915.

Ciel brumeux avec éclaircies par intervalles, mais clément. — Reçu lettre d'Yvonne très drôle... comme elle. — Les cuisiniers du commandant me voyant passer près d'eux, non loin des cuisines, m'appellent pour manger avec eux. Comme j'ai très faim, je mange avec un féroce appétit. — Causeries assez relevées sur le théâtre avec l'ingénieur-chimiste. — Vers les 5 heures, au moment où nous nous disposons à quitter la ferme..... pss... pss .. et un obus éclate sur le bâtiment. Massés dans la crèmerie, et pas très rassurés sur la solidité de l'édifice, nous prêtons l'oreille... Quelques fusants se succèdent, éclatant en l'air, à droite, à gauche, de l'endroit où nous nous trouvons; puis, sur la riposte énergique de nos batteries, l'en-

nemi se tait et nous pouvons partir sans être inquiétés.
— Retour par les boyaux et la route. J'arrive à Acq
fatigué, les pieds endoloris et cuisants. — On fait
courir le bruit que Lille est repris par nos alliés bri-
tanniques, qu'il est en feu, et que les Allemands sont
coupés de leur ligne de retraite. Ne nous emballons
pas à l'avance et attendons une confirmation officielle. — Nuit assez bonne dans le hangar attenant
au poste de commandement d'Acq.

Lundi, 15 mars 1915.

Lettre recommandée de ma famille et une gentille
carte de Suzanne, ma charmante petite cousine de
Mirande. Et puis encore... toutes les chances aujour-
d'hui ! deux colis bourrés de friandises et de gâteries,
envoyés par maman pour fêter Saint Gabriel. Mais,
ma foi ! nous n'attendrons pas le 18 pour nous en régaler... Ce serait le supplice de Tantale renouvelé
que d'attendre trois jours encore devant ces bonnes
choses... Aussi je partage mes deux paquets avec mes
camarades qui lèvent leur verre en mon honneur.
Quelle noce, mes amis !.. — Ciel assez doux, mais ta-
pissé de nuages ténus. — Notre artillerie tire sans
relâche. Il a dû se passer quelque chose sur notre
gauche, car un de nos aéros n'a cessé de tourner alentour, reconnaissant les positions, et se livrant à de
continuelles allées et venues. — Au bureau de la 7e
Cie, à Acq, j'avais déjà remarqué la présence d'une

jeune fille sortant de l'ordinaire, surgissant nettement au-dessus de quelques femmes de la région ;
mais, suivant mon ancienne et vieille tactique, j'avais
fait semblant de ne pas m'occuper d'elle. Je viens de
me départir de mon calme, de ma froideur, et j'ai
causé, plaisanté surtout avec elle. Décidément, elle
est assez appétissante et m'inspire un certain sentiment. J'ai plaisir à la voir : blonde, assez bien prise,
une tête expressive, un cachet assez particulier, provenant sans doute de son séjour à Paris. Une sil-
houette de petite midinette, frottée à la vie de la
grande ville, et qui en a gardé l'empreinte, le genre,
l'allure. Espérer quelque chose, serait folie ! D'ailleurs, mon costume de simple soldat doit me désavan-
tager et me mettre dans un état d'infériorité, contre
lequel, par habitude, je ne songe guère à lutter...
Tout de même je subis ce que j'appellerai « le choc
en retour » et la vue de cette femme me ramène à mon
passé, à des images de mon Lyon, sillonné de ces petites ouvrières dont le chic est tout spécial et l'emprise souvent très forte...

Je suis invité à dîner avec les sous-officiers de la
compagnie. Bon et excellent menu. Puis, à la demande générale, je raconte quelques historiettes
(un peu poivrées peut-être, mais bien dans la note),
je chante quelques chansons comiques, et déclame
pour finir le « Siège de Saragosse ». — Applaudisse-
ments !... — Nuit passable ayant senti la fraîcheur.
— Je me fais raser.

Mardi, 16 mars 1915.

Reçu bonnes nouvelles de ma famille. — Ecrit à Yvonne, Nette, Jean A*** et Suzanne. — Temps nuageux et embrumé. — Sur les 7 heures, épouvantable canonnade et fusillade très vive sur notre gauche. Serait-ce une attaque ennemie et va-t-il falloir mettre sac au dos et partir?... Fausse alerte, mais qui se reproduit deux heures après, plus longue encore. — Mon commandant, nommé lieutenant-colonel, va me quitter. Je regretterai beaucoup cet officier, affable, bon, s'occupant extrêmement de son bataillon et de ses hommes, en père de famille. — Nuit bonne.

Mercredi, 17 mars 1915.

Au réveil, magnifique matinée, le soleil luit, la campagne secoue sa torpeur, mais voilà que les nuées s'amoncellent et le ciel devient gris. — Température douce. — Je viens de prendre une douche aux établissements militaires d'Acq, salutaire à tous les points de vue... — La nouvelle de l'incendie et de la prise de Lille, était, comme je le prévoyais, prématurée. Certes ! nos alliés ont fait de grands progrès, mais de là à s'emparer de la grande ville du Nord, il y a plus d'un pas... — Le communiqué de ce matin est un des plus longs qu'il m'ait été donné de lire... J'y constate une recrudescence d'activité sur tout le front, des attaques violentes et de furieuses ripostes de part et d'autre, avec prédominances de succès de notre côté. — Reçu une lettre d'Yvonne (du 3 janvier !...) Sans commentaire... — Ecrit à maman et à Jules D***. — Cristi !... que la petite blonde est intéressante !... Je me suis départi de ma froideur ; elle paraît assez éveillée, avertie, et sa conversation m'a semblé intéressante. Gaby..., Gaby..., gare ! gare !.............

Nuit assez bonne. — On m'a cassé mon lorgnon, celui qui avait fait jusqu'ici la campagne. — J'ai pu assister au Salut de 5 h. ½. Il y a toujours la même foule, où sont confondus officiers et soldats, dans le même recueillement.

Jeudi, 18 mars 1915.

La Saint-Gabriel. — Ma fête ! Comme je suis loin de tous ceux que j'aime ! et combien les souhaits envoyés sont peu de chose auprès de tout ce qui me manque : tendresse, sollicitude, baisers... ! Hélas ! hélas ! Il faut se bronzer le cœur et savoir en maîtriser les élans,... — Comme pour répondre à mon état d'âme, le soir, au Salut, j'ai entendu un sermon magnifique « sur la puissance d'aimer ». — Temps couvert, sombre, noir, qui vous noie dans la mélancolie. — Je viens de m'apercevoir qu'on m'a volé mon couteau ; il est vrai qu'il ne valait pas grand'chose ! — — La liaison se fait photographier devant le poste de commandement. Serai-je réussi ?... De toutes façons,

cela fera plaisir aux miens... et à d'autres... — Dorénavant, la relève s'effectuera de meilleure heure, ce
qui améliorera la montante et la descendante. — Départ à 4 heures par les boyaux. Je porte la soupe par
une nuit d'encre, d'une opacité extraordinaire... Vives
difficultés, marche tâtonnante, à l'aveuglette tout à
fait. — Nuit médiocre, peu de repos, ayant pris la
garde de 11 heures du soir à 1 heure du matin.

Vendredi, 19 mars 1915.

Reçu lettre de maman, contenant des articles littéraires de « l'Echo de Paris » qui m'ont bien inté-
ressé. Je sens en moi, vivace, la poussée de certains
élans littéraires, je voudrais écrire tout ce qui se
presse en mon cerveau. Mais pour cela il me faudrait
du calme, du temps, et tout cela fait défaut ici... —
Temps des plus bizarres, des plus changeants, bise
glaciale, nuages noirs, neige, giboulées, soleil, toute
la gamme ! — Nous nous tenons autour du poêle que
l'on veille comme un nouveau-né, et l'on cause, l'on
plaisante, l'on rit ! — Je me couche de bonne heure,
les yeux rougis, picotants, douloureux. — Nuit passable. Toutefois, vers 2 heures du matin, effrayante
canonnade lointaine qui me fait dresser sur mon séant
et me cause quelque anxiété : probablement un engagement du côté de Notre-Dame de Lorette, encore !

Samedi, 20 mars 1915.

Ecrit à ma famille longuement et affectueusement. — A la température sibérienne d'hier, succède une magnifique journée ensoleillée, printanière. Aussi les aéros fendent-ils l'espace ! — Vers les midi, violente canonnade sur notre gauche, toujours côté Notre-Dame de Lorette et Carency. — Départ à 5 heures, pour Haute-Avesnes où nous avons cantonné en novembre dernier. Retour rapide au crépuscule. Cantonnement confortable sur la route d'Arras à Saint-Pol. — Bombardement assez vif. J'aperçois les lueurs fulgurantes des canons sur la lisière des bois d'Ecoivres : toute une ligne de feu zébrant l'obscurité. Ciel superbe, étoilé. — Nous couchons sous les combles, la fraîcheur s'y fait sentir, et je m'éveille à plusieurs reprises. — Aujourd'hui, comme tous les jours, depuis mon départ de Lyon, j'ai pensé... j'ai regretté... mais espéré aussi...

Dimanche, 21 mars 1915.

Deux lettres de la maison, et une de Nette. Enfin ! Quelle belle journée ! Un soleil rutilant, chaud, dans un ciel semé à peine de quelques nuages ; une campagne fertile, des champs, des terres labourées, du travail, un paysage d'arrière, borné par les bois d'Ecoivres, crête sombre et épaisse, défense magnifique et sûre ! Malgré tout, en prévision d'échecs, des tranchées construites en avant du village, dominent la plaine. Des routes droites : celle d'Arras à Saint-Pol, une vraie montagne russe, mais large, facile, permettant l'écoulement des convois et des vitesses folles. Aussi, c'est un perpétuel va-et-vient de transports, de camions, de batteries, d'autos, grisées de vitesse, et laissant derrière elles des tourbillons de poussière... La poussière!.. La première fois que ce mot vient sous mon crayon depuis notre séjour dans la région... La poussière, qui a remplacé la boue, l'infecte et gluante boue ! cause de tant de misères et de souffrances. Il semble aussi que l'on a une vie paisible, assez loin du front, à l'abri des balles et des obus. Une impression, jamais ressentie encore, de calme et de sécurité, faisant oublier presque les privations passées ou les adoucissant en tout cas dans une notable proportion... Mais ici, dans ce pays, que d'embusqués !... Artilleurs, pionniers, convoyeurs, automobilistes, télégraphistes, à couvert derrière la muraille de nos poitrines..., donnant une idée de ce qu'il peut y avoir de plus considérable encore plus en arrière, côté Saint-Pol et Amiens... — Et dire que ce sont ces gens-là qui seront les plus verbeux, les plus loquaces, les plus propagateurs de récits de bataille; de luttes corps à corps auxquelles ils n'auront assisté qu'avec les yeux de l'imagination. Penser que ce sont ceux-là qui rapporteront les trophées, les épaves de ce combat gigantesque et qui s'en feront gloire, en colportant les avoir ramassés en plein champ de bataille; qui, de plus, reviendront après cette guerre, couverts de médailles et de croix, gagnées sans risques, sans dangers, tel le visiteur d'un incendie après que les pompiers l'ont définitivement enrayé !... Tout cela meurtrit un peu le cœur et me donne à penser que j'aurais pu, si je l'avais voulu (pas plus tard qu'hier encore), occuper un de ces postes sûrs, où l'on discute ferme autour du feu ou de la table, à son aise, comme ces grands tacticiens de chambre ou de café... Et je me dis, pour me réconforter, qu'à la paix, mon devoir aura été mieux rempli et que mes récits seront plus sincères, plus vrais, parce qu'ils ne seront pas des fleurs de rhétorique, pesées et mûries au coin d'un poêle ou sur une chaise, mais qu'ils seront plus vécus parce que j'aurai connu le frisson, l'angoisse... que j'aurai frôlé la mort bien des fois, goûté aux privations, connu les douleurs physiques et morales... tout cela, face à l'ennemi !......... — Un coucher de soleil superbe : toutes les teintes, toutes les gammes des couleurs. — Des aéros, des ballons captifs, quelques jolies filles assez bien attifées, parées, ayant repris goût à la toilette. — Nuit fraîche.

Lundi, 22 mars 1915.

Beau temps jusque vers 4 heures. Puis, nuages de pluie. — Trois cuirassés ont sauté dans les Dardanelles, sur des mines flottantes ; pertes douloureuses, mais inévitables, ne devant pas arrêter le cours des **opérations**. — **Le soir, un télégramme du grand-duc**

Nicolas annonçant la reddition de la forteresse autrichienne de Przmyl ; voilà qui va singulièrement avantager les Russes en Galicie, et compenser au-delà la catastrophe des Dardanelles ! — Nuit médiocre : impatiences dans les jambes et mal au cœur. — Petite visite très émotionnante au cimetière de Haute-Avesnes, couvert de tombes de zouaves, de tirailleurs, et renfermant la dépouille d'un soldat allemand.

Mardi, 23 mars 1915.

Reçu deux lettres de maman, dont l'une recommandée, et une lettre de C***, la bienvenue ! En voilà encore un qui se bat avec acharnement depuis le premier jour de la mobilisation ! Je voudrais bien savoir ce qu'est devenue sa philosophie coutumière?... — Répondu à C***, écrit à Nette et à ma famille. — Le temps est fortement pris, et par instants, le ciel est violemment obscurci de brusques et vives ondées. — Les télégraphistes du 8ᵉ génie ont établi pour leur plaisir personnel, un poste de sans fil qui leur permet de recevoir aussitôt les communiqués officiels de la Tour Eiffel, et même de saisir les télégrammes chiffrés de Cologne, Mordecht, etc... Leur appareil est très simple, et le son très perceptible. Des veinards qui la coulent douce ! — Au soir, avec deux camarades, je bois un peu de byrrh, et, suffoqué par la chaleur, je vomis éperdument. Je couche à l'infirmerie, et suis obligé de me lever souvent pour expectorer de la bile. Mal dormi de ce fait : du tangage, du roulis, d'affreuses douleurs au creux de l'estomac.

Mercredi, 24 mars 1915.

Ciel bousculé de nuages, averses, sol faisant présager de jolis boyaux et tranchées à parcourir ! — Je me ressens de mon indisposition d'hier : jambes lasses, cercle autour de la tête, geu... de bois bien caractérisée... — Nous partons à 4 heures pour la ferme. — Marche lente, étouffante, la pluie en route, arrivée pénible par les boyaux assez sales, bien qu'ayant été nettoyés. — Porté la soupe par la clarté lunaire traversant les nuages, mais à travers des cheminements détestables ; boue gluante, infecte, collante et glissante ; puis des mares d'eau où l'on enfonce à mi-jambes, sensations de froid, souliers et chaussettes transpercés, ruisselants d'eau et de terre agglutinée. — Le bataillon que nous avons relevé n'a rien fait pour y porter quelques améliorations, et le commandant est furieux ! — Au retour je me sèche quelque peu. — Nuit passable, mais courte, ayant pris la garde deux heures.

Jeudi, 25 mars 1915

Lettre de mon père reçue ce matin : très détaillée, très intéressante, très réconfortante pour le petit soldat. — Répondu à Yvonne et à Nette — Temps pluvieux, ondées, brouillard, boyaux toujours en piteux état, notamment le cheminement conduisant du boyau I au poste de commandement de la 7e Cie ; boue liquide de 40 centimètres au moins d'épaisseur!.. J'enrage, et reviens trempé de mes différentes excursions. — Le soir, je passe dans les tranchées que je trouve bien établies, étant étayées comme il convient. La lune à travers les nuages. — Nuit passable.

Vendredi, 26 mars 1915.

Beau soleil le matin, puis temps couvert avec éclaircies. Boyaux nettoyés, sauf le cheminement et je suis crotté... pour changer ! — Reçu une lettre de Nette, toujours découragée. — Maman m'envoie des verres de lorgnon dont j'avais grand besoin. — Des aéros, quelques coups de canon. — Retour vers 5 heures.— Avons eu deux repas bien préparés par un agent de liaison du 4e bataillon. — Des hommes revenant à travers champs sont salués de quelques obus. — Arrivée à Ecoivres où nous devons rester quatre jours. — Poste de commandement dans la sellerie du château. Nuit convenable, quoique fraîche. — Canonnade par rafales.

Samedi, 27 mars 1915.

Une lettre de Jean A***, très intéressante et très inattendue ! Le seul de mes amis qui soit encore à

Lyon... Heureusement pour nous ! car il est le lien et le trait d'union entre nous tous ! — De Pierrot, rien depuis longtemps? Serait-il à nouveau malade?.. — Même temps qu'hier avec froid très vif. — Aéros violemment canonnés. — Nous mangeons tous au poste de commandement. — Je viens de brûler toutes les lettres de ma famille ; j'aurais bien voulu les conserver, mais le paquet était si volumineux ! et puis, on ne sait pas ce qui peut arriver !... — Nuit assez bonne.

Dimanche, 28 mars 1915.

Je reçois une longue lettre de maman et une de cousine Anna. Je réponds aux deux courrier par courrier, et j'envoie également une carte à Jean. — Beau temps, avec vent violent et glacial, poussière fatiguant les yeux. — Je vais à Frévin-Capelle rendre ma bicyclette à la section H 1. Il est à penser qu'on va m'en remettre une toute neuve. A nous alors les folles randonnées ! si toutefois l'état des routes, et aussi, hélas! Messieurs les Boches veulent bien me le permettre... — De bon matin, des aéros. — Calme assez prononcé. — C'est le dimanche des Rameaux. — Je regrette de n'avoir pu assister à la messe, une fois mon service fait, mais j'ai trouvé l'église archi-comble, la foule débordant les portes à plusieurs reprises. — . Je me suis plongé dans mon passé, et ce sont en somme (chose bizarre) ! des détails insignifiants, des événements de peu d'importance, qui se sont présentés le plus souvent à ma mémoire avec une netteté et une précision extraordinaires... — Qu'ont bien pu faire mes chers parents en cette journée de fête? Et mes affections?... Ah ! comme toujours, je pense à ceux que j'ai quittés... Les revoir ! quand donc sonnera ce jour bienheureux? Quand donc la victoire?... — Nuit passable, troublée par les chants de la liaison du 97e en goguette, à côté de nous, et par des maux de tête qui m'ont éveillé à plusieurs reprises.

Lundi, 29 mars 1915.

Jean A*** m'envoie régulièrement le bulletin des amis. Tout va bien jusqu'ici. — Temps superbe avec vent et bise ; toutefois, il fait moins froid qu'hier. — Je vais m'asseoir un quart d'heure au soleil, dans un chemin creux et je crois n'être plus à la guerre ! — Des aéros, de la gaieté, un repos dans tout l'être et sur toutes choses... Nuit assez bonne.

Mardi, 30 mars 1915.

Ecrit à Pierre L*** pour savoir ce qu'il devient. — Répondu à Nette pour la remonter et lui dire ma tendresse accrue encore par la séparation. Que cela lui donne un peu de ressort moral dont elle paraît manquer ! — Beau temps le matin, puis le ciel se recouvre d'une nappe de nuages peu denses. — Aéros.

— Une explosion vient de se produire au parc du génie d'Ecoivres. Il y a, paraît-il, des morts et des blessés. Accident stupide ! — Les Russes tiennent les Carpathes. les Autrichiens sont démoralisés, et l'on prévoit la panique. Hardi les gars! ... nous tenons le bon bout... — De notre côté et aux Dardanelles, rien d'intéressant. — Départ à 3 h. ½ pour la ferme ; boyaux en excellent état ; porté la soupe dans d'exceptionnelles conditions favorables. — Nuit médiocre par suite d'une appréhension dont je ne puis ici me défaire.

Mercredi, 31 mars 1915.

Nouvelles excellentes de ma famille. — Temps superbe après une aube fraîche. Aéros, boyaux bien nettoyés. — Effluves chauds et printaniers. Ah! le beau soleil ! quelle joie il vous met au cœur... — Nous faisons deux repas succulents au poste. Ai mangé avec délices un gratin aux pommes fait par le même agent de liaison du 4e bataillon. Nuit bonne.

Jeudi, 1er avril 1915.

Papa vient de m'écrire quatre longues pages serrées et bien remplies, lues avec d'autant plus de plaisir qu'à l'habitude il ne cultive guère le style épistolaire ! — Reçu également une carte d'H*** C***. Envoyé à maman des lorgnons dont le pas de vis est usé pour le faire réparer. — Aujourd'hui, la première et la plus belle journée de la guerre. Pas un nuage! un soleil étincelant, une douce chaleur, sans brise. Des aéros en grand nombre sillonnent l'espace. — C'est le poisson d'avril ! Moi qui détestais dans la vie civile toutes les plaisanteries, souvent de mauvais goût, auxquelles il donnait lieu, j'en viens à les regretter un peu. Maman n'a pas voulu laisser passer cette date du 1er avril, sans m'envoyer le poisson traditionnel, et j'ai partagé avec mes camarades, le magnifique crustacé en chocolat, bourré de bonnes choses. — Cela m'a donné des visions de mon Lyon et me suis remémoré mes siestes prolongées sur les chaises de Bellecour, aux belles journées, avec, à côté, l'amie rieuse et câline... Hélas! que de jeunes qui ne reviendront plus jamais s'asseoir sous ces ombrages... Que cela me semble loin tout de même ! et ce passé renaîtra-t-il de ses cendres?... — Sous prétexte que l'on voyait quelques volutes de fumée s'échapper du poste de commandement, l'adjudant du bataillon est venu nous faire une sortie intempestive, et jeter bas notre dîner à qui il ne manquait que quelques minutes pour être servi. De plus, il nous a menacés de nous faire relever, mesure qu'il a fait souvent brandir sans y donner suite ! Plus bête que méchant ! quoique un tantinet les deux... Enfin... glissons ! — Le colonel, ne nous trouvant pas suffisamment à l'abri, tient à nous installer dans la porcherie de la ferme ; et à cette occasion, nous procédons au nettoyage du couloir y accédant. Quel nettoyage !... Un fumier sans nom, une pourriture infecte, toutes les odeurs les plus désagérables et les plus malsaines !... De quoi attraper le choléra, la typhoïde, et tutti quanti... Jamais, me semble-t-il, nous ne pourrons y vivre... C'est d'ailleurs l'avis du commandant du 3ᵉ bataillon, qui, à ce sujet, a dit devant nous tous, sa façon de penser — Départ à 5 heures pour Haute-Avesnes, marche rapide dans les boyaux, sur la route, puis à travers champs. — Le poste de commandement est toujours sur la route d'Arras à Saint-Pol. — Je suis passablement fourbu. — Nuit assez bonne sous les toits, malgré une inévitable fraîcheur.

Vendredi, 2 avril 1915.

Journée avec alternative de soleil et de ciel couvert, prédominance de nuages, quelques rafales de vent soulevant la poussière. — Route d'Arras à Saint-Pol sillonnée de camions et d'autos folles de vitesse, et toujours des aéros. — Huit mois que la mobilisation a eu son effet ! Huit mois !... Je constate que le chemin à parcourir est long ! long !... si l'on doit aller jusqu'à Berlin... Car, en somme, nous avons trop peu avancé depuis la bataille de la Marne, et l'ennemi s'est formidablement retranché ! Au surplus, nos offensives victorieuses nous ont toujours coûté des pertes sensibles, et l'on se demande avec angoisse ce que nous coûterait une attaque de tout le front?... Alors ??? — J'incline à croire que le résultat décisif sera obtenu sur le front oriental et aux Dardanelles. Oui... mais quand?... Certes ! les journaux parlent de paix, de puissances interposatrices, de préliminaires de conciliation... C'est de bon augure, mais ne vendons pas la peau de l'ours avant de l'avoir tué, car il y a loin de la coupe aux lèvres ! — Le soir, j'offre une bouteille de champagne à la liaison. De l'argent jeté à la rue, car ce champagne était infect ! Du jus de pomme ! — Nuit bonne.

Samedi, 3 avril 1915.

Reçu une lettre de D*** me faisant part de ses inquiétudes au sujet de son jeune frère, C***, dont on est sans nouvelles depuis quelques jours. Pourvu que rien de grave ne soit survenu ! Cette famille est déjà si éprouvée ! et dans quelles angoisses doit-elle vivre ?... — X*** m'écrit également. Je n'attendais point cette lettre ; elle me place à son endroit, dans une situation assez embarrassante, puisque mes amis l'ont mis à l'écart de notre bande pour des raisons que j'ignore. — Temps pluvieux et triste : une pluie fine et serrée, avec, toutefois, quelques arrêts. — Sur notre front, calme à peu près général ; prouesses de nos aviateurs qui ont abattu deux avions ennemis. — Sur le front russe, progression de nos alliés, lente, mais sûre. — En Angleterre, des grèves ont failli éclater, des conflits aigus se sont ouverts entre patrons et ouvriers. On sent bien, sous ces menaces, la main de l'odieuse Allemagne ! Tout cela a retardé la production des explosifs. L'alcool aussi a jeté ses ravages. Fort heureusement les mâles mesures du Gouvernement ont tout enrayé, et tout est rentré dans l'ordre. — Le 4e bataillon passant en réserve générale d'armée, le service des tranchées sera effectué dorénavant par trois bataillons, d'où obligation de fournir deux jours d'abri et deux jours en première ligne. — A cette occasion, nous évacuons Haute-Avesnes pour nous installer à Ecoivres. — Deux compagnies vont en réserve, les deux autres, dont la mienne, à Ecoivres. — Le 97e a envahi le village, et notre bataillon trouve difficilement à se loger. — Nuit passable, troublée par les ronflements sonores du caporal-clairon, et les imprécations non moins bruyantes de l'agent de liaison de la 6e compagnie.

Dimanche, 4 avril 1915.

Jour de Pâques ! — Une lettre de mon père, et une carte de maman, joliment illustrée : les cloches de Pâques... — Température maussade. — J'assiste le matin à la messe de 7 h. ½ ; un violon s'y fait entendre qui me met l'âme en détresse... Le soir, au Salut, belle allocution d'un prêtre savoyard mobilisé, et chœur de soldats harmonieusement fondus (chants religieux et chants patriotiques). — Jour de Pâques ! Les cloches, les œufs, les souvenirs d'enfance, notamment à Agde (Hérault), dans le parc attenant à notre habitation. Les souvenirs encore plus mâles de mon adolescence, l'éveil de mon printemps, les flirts, les premières amours, et puis la longue liste des amusettes, des béguins ; enfin les deux figures aimées, les dernières compagnes avant la guerre, avant le départ, avant la lutte !... Que de tableaux évoqués... Les uns se perdent dans la brume du passé, d'autres aux contours encore indécis, mais plus consistants tout de même ; d'autres enfin, clairs, nets se détachant en pleine lumière, en pleine force, en arrachant des sensations, des émois, presque des larmes... Ou bien, encore, des désirs, ou bien des motifs d'espérer ! — Les premières sorties hors de la grande ville, les premières randonnées dans les environs, sur les bords du Rhône ou de la Saône, ou de l'Azergues, à travers les villages, les sites, les plaines et les monts ; les promenades en bateau, en yacht, les parties de canotage au Lac de la Tête-d'Or, les premières fritures, les petits repas pris sur l'herbe ou dans les tonnelles ; les voyages par bandes joyeuses, les couples, la gaieté, l'insouciance, le bonheur d'autant plus ressenti qu'il est léger, menu, doux à saisir... Toute ma folle jeunesse enfin ! toute ma vie !... Hélas ! les temps sont bien changés... Les fêtes, ici, se sont passées simplement, pieusement ; les soldats recueillis, graves, des groupes s'écrasant aux portes de l'église, les cloches sonnant à toute volée, le carillon de la foi, de l'espérance, de la revanche, égrenant leurs notes sur la campagne ravagée par les obus, par toutes les horreurs de la guerre, portant dans les camps ennemis, la conviction de notre patience, de notre résignation et aussi de notre certitude de victoire !... — L'ordinaire, à cette occasion, fut amélioré : des maquereaux, des œufs sauce blanche, de la confiture en supplément, Et les hommes s'en réjouirent ! — Nuit à peine passable, nombreux réveils, hantise du passé..., sommeil agité.

Lundi, 5 avril 1915.

Reçu une lettre recommandée de ma mère à l'occasion du 1er avril. Lui réponds à l'instant pour la remercier de cette surprise inattendue. Pauvre maman ! que ne fait-elle pas pour son Gaby ? — La pluie par instants à torrents ; belle perspective de tranchées pour ce soir... — Nous avons un nouveau commandant, venant du 285e ; il paraît fort gentil, malgré son parler un peu sec, mais je crois que nous nous entendrons très bien, étant donné qu'il a au plus haut point l'esprit patriotique. — Mon camarade P*** devient son ordonnance. Il jubile ! — Nous partons à 5 heures pour la ferme, sous la pluie ; je mets un manteau caoutchouté et il m'est d'une grande utilité. — Je porte la soupe à la tombée du jour avec des boyaux pitoyables : de la boue liquide, surtout de l'eau : traînée blanche qui guide mes pas. A quelque chose, malheur est bon. Ayant descendu mon pantalon bleu jusque sur les souliers en l'ayant fixé avec des épingles de sûreté, cette précaution produit d'heureux résultats. — C'est décidé : nous allons habiter la porcherie ; on y a descendu des matelas, une table, des fauteuils, mais nous y serons très mal. Des rats énormes y dansent une sarabande effrénée, et s'y montrent intrépides, circulant à votre nez et à votre barbe... Je déclare que je ne coucherai pas là, et je m'établis à la crèmerie. Je préférerais, je crois, me trouver en face des Boches, plutôt qu'avec cette gent de rongeurs qui me font une frayeur épouvantable. Tout enfant déjà, la moindre petite souris m'aurait fait fuir à des kilomètres... — Pris la garde jusqu'à 3 heures du matin ; causeries avec les artilleurs téléphonistes. Deux heures de sommeil lourd.

Mardi, 6 avril 1915.

Nouvelle lettre de ma famille et réponse immédiate de ma part. — Ecrit à Nette dont je suis sans lettre, ni carte depuis plusieurs jours. Décidément, mes affections m'oublient... Ah ! l'absence !... Partir, n'est-ce pas mourir un peu?... Temps bousculé de nuages, éclaircies, ondées ; bain d'eau et de boue. A un endroit du boyau des treize arbres, elle monte jusqu'aux genoux. Sensation délicieuse! Jambes glacées. — Nuit à la crèmerie, passable et torrentielle. — Tir ennemi sur nos batteries. Un homme est blessé en plein champ.

Mercredi, 7 avril 1915.

Reçu deux lettres : une de Nette, enfin ! et une d'Henri C***. — J'attends la photo de Nette, par

elle promise depuis longtemps déjà. — Ecrit à Jean
A***. — Temps à ondées. — Nouveau bain de
jambes et de pieds. — Départ à 4 heures pour Acq.
— Retour sans incident. — Nuit passable dans un
hangar attenant au poste de commandement. —
Fraîcheur désagréable.

Jeudi, 8 avril 1915.

Jean vient de m'écrire longuement et affectueusement. Il s'ennuie, parce que seul à Lyon de « notre
bande » et pourtant il est bien pris par ses fonctions
d'infirmier volontaire. — Ecrit à la maison une longue épître. On en sera si content ! — Silence complet
partout sur notre front : je n'ai point entendu un seul
coup de canon. — J'ai revu la petite blonde du bureau de la 7e Cie, mais je me suis tenu sur la réserve :
elle est trop courtisée ! — Nuit passable toujours au
poste de commandement, mais pas dans le hangar,
où il y fait trop froid.

Vendredi, 9 avril 1915.

Je viens d'envoyer quatre photographies de la
liaison à ma famille. Egalement aussi à Nette, à D***,
à Jean A***, et à L***. Ces photos n'ont rien
certes ! d'extraordinaire. Elles ont été même mal la-
vées, tirées à la hâte, tachées, trop claires ou trop
sombres, mais telles quelles donneront une notion ap-
proximatif de mon état. On y verra que nous avons

tous « le sourire ». Et puis, dame ! sur le front, on ne peut pas faire mieux ... Je suis sûr que cela fera plaisir tout de même à ceux à qui je les envoie. — Mardi prochain, nous devons passer huit jours en réserve générale d'armée à Hermaville. C'est, comme l'on dit vulgairement, toujours ça de pris. — Temps à averses successives, très violentes et très drues ; par instants, un ciel bas, noir comme l'encre, des nuages effrayants, un horizon menaçant. — Nous partons à 5 heures pour Ecoivres. — Poste de commandement à la sellerie. — Je suis parti sans dire au revoir à la blonde... Elle m'énerve ! — Durant les deux jours que nous devons passer à Ecoivres, je prendrai mes repas avec un camarade, G***, qui est sergent-major à ma compagnie, et avec qui les relations se font étroites et plus sûres, parce que Lyonnais aussi. — Remarqué un coucher de soleil féerique, flamboyant dans un orbe de gros nuages sombres. — Nuit médiocre : mal dormi, sommeil agité, troublé par les chants du 97e en goguette. — Reçu des nouvelles des miens, une carte d'Yvonne et une lettre de Mme C***, venant d'Agde.

Samedi, 10 avril 1915

Maman m'a expédié deux paires de lorgnons, ainsi s'il m'arrive un accident, il pourra se réparer, car, sans lorgnon, je ne verrais pas, je crois, un éléphant à dix pas !... — Ecrit à Jules D*** pour lui demander des nouvelles de son jeune frère. — Temps mi-cou-

vert, mi-bleu, avec prédominance de nuages et fraîcheur. — Sur les 9 heures, violente fusillade ennemie
sur notre gauche que quelques coups de nos canons
suffisent à arrêter. — Nuit assez agitée. Où sont mes
bons sommeils d'antan ?

Dimanche, 11 avril 1915.

Aujourd'hui, un courrier de ministre ! Cinq lettres !
De ma famille d'abord, de Pierrot L***, qui secoue sa
paresse, de X***, de Nette et d'Yvonne. — Répondu
à Henri C***, qui se bat toujours dans les Vosges.
Encore un qui fait vaillamment son devoir. — Nous
avons un temps plus serein avec un assez beau soleil ;
aussi, nombreux sont les aéros, surtout le soir. J'en
ai compté six évoluant avec maëstria sous le feu des
canons ennemis. — A 4 heures, départ pour la ferme
de Berthonval. — Admiré — si tant est qu'on peut
admirer ! — l'éclatement d'une « marmite » sur Mont-
Saint-Eloi : un claquement sec, une traînée fulgurante, un nuage noir. — Boyaux en bon état. —
J'ai porté la soupe accompagné du sifflement stri-
dent de nombreuses balles. — Nuit claire, ai pris la
garde jusqu'à 2 heures du matin. — Peu de sommeil.

Lundi, 12 avril 1915.

Je viens de lire une lettre de H*** C***. Un qui a de
la veine d'être dans la cavalerie ! Du reste, en tout,

il a toujours été chanceux. Tant mieux pour lui d'ailleurs, car c'est un bon ami et plein de cœur. — Etant allé me coucher à l'ancien poste de commandement, à la porcherie, je n'y puis rester, les fameux rats ayant envahi la cave, trottant entre mes jambes, et je m'enfuis à la crèmerie, où je passe la nuit sur un fauteuil. — Très mal dormi, bien entendu.

Mardi, 13 avril 1915.

Nous partons à 4 heures pour Hermaville où mon bataillon doit passer huit jours en réserve générale d'armée. — A Ecoivres, la voiture prend nos sacs. Je souffre passablement des pieds et me sens les jambes brisées, endolories. — Dans le bois d'Habarcq, nous faisons une pause de vingt minutes. — Je sens tout le poids de la mélancolie des choses... Le bois a été mis en coupe réglée pour les besoins des opérations. Beaucoup d'arbres, en moyenne 90 %, ont été abattus, et seuls les troncs émergent au ras du sol. La terre est couverte de fleurs : anémones, pâquerettes, violettes, boutons d'or. Des oiseaux lancent leurs notes éperdues, des gamins insouciants font la cueillette des fleurs et confectionnent de gros bouquets... Malgré la guerre, la nature se réveille, la vie continue comme si rien ne s'était passé. C'est l'éternel recommencement... Et je songe au passé ! Ma poitrine se dilate, il me semble que je respire un air nouveau, que la paix a gagné tout mon être, et que l'existence antérieure renaît plus vivace, plus belle, plus douce... Hélas ! je pense aussi que ce calme, ce repos sont relatifs, et qu'il faudra à nouveau entendre le claquement lugubre des bouches à feu et le crépitement sec de la fusillade ; que peut-être aussi recommenceront les corps à corps tumultueux et les assauts à la baïonnette... Mais pourquoi rêver ainsi tristement?... A chaque jour suffit sa peine, et Dieu donnera au petit soldat la force nécessaire. — A la sortie du bois, au bord de la route, des ossements humains achèvent de pourrir, tout ce qui reste de cadavres français ou ennemis tombés là après la bataille, et qui dégagent une odeur pestilentielle qui me fait souvenir du col de la Chipotte, dans les Vosges. — La campagne est vallonnée : des terres labourées, des champs, des prés, des gens qui travaillent la terre, des chevaux qui labourent, sous le soc de la charrue, traçant des sillons. — Des convois, des routes pleines de cavaliers et de fantassins. En face, le village avec son château, et, toute proche, l'église dont le clocher a la forme d'un obélisque. — Nous n'avons pas de poste de commandement ; le commandant en est tout marri, et nous invite à chercher un local avec des matelas. Recherches infructueuses. Finalement, nous échouons au poste de police. A bien réfléchir, nous n'y serons pas si mal que ça ! — Le village n'est occupé que par des hussards, le 13e, faisant partie du 10e corps. Ils sont resplendissants de santé, tous Bretons, ou à peu près, propres, corrects, assez intéressants. — Il paraît qu'Hermaville contient quelques

échantillons du beau sexe. J'en ai les preuves le soir,
dans un café. Quelques jolies filles : on dit même
qu'elles sont faciles. — Tous les cafés sont consignés
à certaines heures, et une surveillance très active
est exercée. Qui vivra verra... — Nuit assez bonne,
étant exténué.

Mercredi, 14 avril 1915.

Bonnes nouvelles de ma famille dans la joie de me
savoir au repos. — Temps sombre et pluvieux. —
Promenade dans Hermaville. — Le village est assez
curieusement bâti : supposez deux grandes rues bor-
dées de fermes et de maisons rustiques, et se coupant,
en leur milieu, en croix. — On m'indique un endroit,
où, sous couvert de cartes postales à acheter, on s'y
livre à tout autre commerce. Je m'y rends par curiosité pure, mais ne peux me faire une idée de ce
qu'il en est, la présence de soldats m'ayant gêné dans
mes investigations. J'y ai toutefois remarqué deux
ou trois jolies filles, à l'air dégagé et malicieux. — J'ai
visité le parc d'aviation, installé en haut du village.
sous trois hangars : des biplans M. Farman, flambant
neufs, plusieurs mécaniciens, mais n'ai pu assister à
aucun vol par suite du mauvais temps. — Nuit bonne.

Jeudi, 15 avril 1915.

Je reçois une lettre de Jean A*** qui me rend
songeur... Il me conseille de cesser toutes relations

avec X***. Raisons obscures qui ne laissent pas que de m'inquiéter. J'y devine une histoire de femme, peut-être une infamie entre lui et Nette... Pourtant?... Ce que je pourrais admettre d'un inconnu, d'un étranger, je ne puis le tolérer de la part d'un ami, ou soi-disant tel. Je ne veux pas y penser, mais si la chose est vraie, c'est honteux, et pour moi affreusement douloureux... Quelle conduite tenir?... Attendons. — Ecrit à ma famille, répondu à L***, envoyé aussi une carte à M***, ancien condisciple du Lycée Ampère, et enfin, j'ai répondu à Jean à qui je demande des éclaircissements, une certitude. — Sur le soir, les nuages se dissipent un peu, et le temps redevient clair. Flâneries, causeries, lectures, nouvelle visite au camp d'aviation et à une certaine maison isolée, soupçonnée d'être des plus hospitalières. C'est curieux, j'en éprouve une répulsion instinctive, et je voudrais pouvoir y pénétrer. Mais je ne puis obtenir de preuves certaines, et cela me paraît d'ailleurs être « emplacement réservé » de Messieurs les aviateurs principalement. — Au retour, je suis invité au mess des sous-officiers à une petite soirée chantante. — Nuit bonne.

Vendredi, 16 avril 1915.

Nouvelles lettres de ma famille, d'Yvonne et de X***! — Beau temps, soleil étincelant, quelques aéros. — Le matin, revue par le général B***, qui se montre très satisfait. — Je fatigue beaucoup des

pieds à cause d'ordres nombreux à porter à droite et
à gauche, et je souffre d'une chaleur lourde et du
poids du sac. — Flâneries le reste du jour, causeries
avec G***. — Assisté le soir au Salut dans l'église
d'Hermaville; chants superbes par un artiste lyrique.
— Nuit bonne.

Samedi, 17 avril 1915.

Répondu aux miens pour leur dire combien je
jouissais du repos et du calme, et combien plus que
jamais j'avais foi en mon retour dans ma belle ville
de Lyon. — Temps superbe ; les aéros sillonnent le
ciel. Quel dommage qu'il me soit interdit, étant simple
soldat, de me procurer le plaisir et l'émotion intense
de monter un de ces biplans ! Maman peut être tranquille : elle craignait que je n'en aie l'envie, aussi l'ai-
je rassurée en lui disant que cela était défendu aux
petits pioupious comme moi.

Dimanche, 18 avril 1915.

Reçu carte photo de X***. C'est incompréhensible... Mon cousin Henri m'a adressé aussi une longue
lettre très amicale et très encourageante, et quelques
lignes de Pierre L*** m'ont fait plaisir, — Aujour-
d'hui, j'éprouve une grande mélancolie; une grande
tristesse m'étreint... On ne sait que faire, l'ennui
vous gagne et mille regrets vous assaillent; un grand
poids vous oppresse, le découragement s'empare de

vous, l'ombre s'étend sur votre cerveau, sur votre cœur... Minutes très pénibles, très angoissantes, où l'on désespère alors qu'on espère toujours ; moments critiques où l'on donnerait sa vie pour rien, où l'on se sent las, abattu, parce que loin de tout ce qui vous est cher... et que l'on doute !... On doute de ses affections, de leur affectueuse amitié ; on a peur de ses amis restés là-bas, on craint pour soi-même l'indifférence, on redoute par-dessus tout l'oubli... Car, incontestablement, on oublie à l'arrière ! On s'est créé une nouvelle existence, on s'est refait des relations, un milieu, et l'on agit et l'on pense comme si plus rien n'existait en dehors de lui, comme si une barrière infranchissable s'était peu à peu, journellement, pierre à pierre, dressée entre les défenseurs du sol et ceux qu'ils gardent !... Mon Dieu ! épargnez moi cette épreuve morale, plus affreuse encore que toutes celles connues jusqu'ici, et écartez de mon esprit ces pressentiments moroses, qui résonnent d'autant plus en mon être, qu'une affaire me touchant de très près semble avoir commencé à affirmer... L'âme humaine est si égoïste... — Temps beau, mais avec des rafales de vent soulevant une désagréable poussière. — Le matin, à 10 heures, j'ai assisté à la grand'-messe. Sermon d'un missionnaire mobilisé, trivial, vulgaire, dont les paroles paraissent mieux faites pour frapper les populations de l'Asie Mineure que nos intelligences latines. Chants exécutés par un artiste lyrique, à la voix claire, nette, chaude, prenante. Malheureusement, l'acoustique était des plus défectueuses. — Flâneries du dimanche, causeries avec les camarades. — Nuit passable, agitée, avec nombreux réveils.

Lundi, 19 avril 1915.

Je reçois une lettre de ma famille et une lettre, plus une carte de X***. Quelle est donc cette abondance de nouvelles, de la part de ce dernier?... Aurait-il donc vraiment quelque chose à se faire pardonner?... ou plutôt à cacher?... — Le temps est beau et chaud, après une aube fraîche. — A neuf heures, nous arrive l'ordre de changer de cantonnement pour nous rendre à Chelers. Et les potins d'aller leur train ! Beaucoup d'hommes pensent que nous allons changer de secteur, et pousser un bon coup. Je ne le crois pas, car de nombreux mouvements de troupes se produisent actuellement dans la région. Tout le matin, passent des régiments d'artillerie (le 89e et le 60e), avec leurs convois. — Nous partons à une heure pour Chelers, à un kilomètre derrière le bataillon. Il fait une chaleur lourde, écrasante, et mon sac que je n'ai pu loger dans une voiture, me pèse énormément— Nous traversons Tilloy-les-Hermaville, à la sortie duquel j'aperçois deux lièvres en amoureuse conversation. Puis, laissant Monchel-Berles à notre droite, et plus loin Tincques, à notre gauche, nous gagnons Chelers à travers champs. — Le pays est riche, semé de boqueteaux et de villages cossus. — Par l'indifférence et la négligence coupables du lieutenant du bataillon, nous sommes gratifiés d'un mauvais cantonnement et sans table pour écrire. — Le village de Chelers est joli d'aspect et renferme naturellement un beau château (ils abondent ici), un grand parc, un étang. De nombreux estaminets, quelques maisons bourgeoises, ou en tout cas aisées. — A la tombée du jour, interminable convoi d'autobus et de camions automobiles transportant le 20e corps, retour de Belgique, notamment le 146e de ligne. Tout cela ne se voit pas à dix pas, et pourtant le convoi marche à une vitesse considérable. — Nuit assez bonne, la paille où je m'allonge étant épaisse et fraîche.

Mardi, 20 avril 1915.

Ecrit à ma famille à qui j'apprends notre séjour à Chelers. — Le matin, il passe encore de l'artillerie du 60e, au trot accéléré ; le soir, nombreux automobiles portant le 69e régiment d'infanterie. Même rideau de poussière. — Les bruits les plus contradictoires courent depuis deux jours au sujet de notre déplacement ; certains pensent qu'on va partir dans les Vosges, en Alsace, en Italie... Toujours est-il que je ne connais pas d'ordre à ce sujet... — Je souffre de maux de tête assez violents, mais c'est l'effet du printemps sans doute. — La jeune fille de l'estaminet, où je suis allé boire une chope de bière, est assez jolie et gracieuse, c'est une amie de celle d'Acq, et, comme elle, évacuée de Souchez.

Mercredi, 21 avril 1915.

J'ai reçu une lettre de Jules D*** très anxieuse, car il est toujours sans nouvelles de son frère. Dans quelles transes doivent vivre tous les siens ! — Temps « pisseux », comme on dit à Lyon. — Encore et toujours des convois. — Départ à une heure du soir pour Acq. — Pourquoi revenons-nous de ce côté?... Mystère ! — Marche pénible, les pieds douloureux, les jambes flageolantes, le souffle court, la tête chaude, enfiévrée. — Nous passons à Tincques, déjà nommé, assez joli village où nous croisons le 61e bataillon de chasseurs allant au repos ; nous longeons Berles par la route de Saint-Pol à Arras, sillonnée d'autos, nous jetant à la face des nuages de poussière ; puis Berlette-Savy, importante bourgade ; enfin laissant Aubigny et Frévin-Capelle à notre droite, nous pénétrons à Acq. Il était temps !... J'arrive fourbu, les chevilles brisées, les pieds en feu. — Sur ma route, j'ai remarqué quelques belles filles bien constituées, bien en chair, assez affriolantes. — Nous ne savons pas ce que l'on va faire de nous. Les bruits les plus incohérents continuent à courir. Mon impression personnelle est que maintenant nous allons changer de secteur. D'ici peu, nous serons fixés ! — Acq me paraît morne, triste, j'en étais, pour ainsi dire, déshabitué. — Nuit passable, réveils fréquents.

Jeudi, 22 avril 1915.

Maman m'a écrit deux lettres, dont l'une fort anciennne. Encore une bêtise postale! Je viens de répondre à ma mère pour la mettre au courant des événements et la fortifier dans la confiance. — J'adresse aussi quelques mots bien affectueux à L*** C*** pour l'assurer de ma vive sympathie à l'occasion de la mort de sa mère. — Le silence de Nette devient effrayant ! J'en suis à me demander quelle est la plus saine façon de l'interpréter? Ne vaut-il pas mieux n'y point prêter garde, et de mon côté faire le mort? Pourtant, si son mutisme dépend de causes indépendantes de sa volonté? Maladie, voyage, retards postaux? — Temps plutôt nuageux. — Une profusion de ballons captifs en continuelle observation, — Des pièces, installées en avant d'Acq, tirent toute la journée, et comme j'en avais presque perdu l'habitude pendant notre repos, leur fracas n'en est que plus énervant et assourdissant. — Assisté au Salut avec la même foi et le même empressement. — Nuit assez bonne au poste de commandement habituel.

Vendredi, 23 avril 1915.

J'ai écrit à la maison. On sera si heureux de me savoir toujours au repos. — Répondu à D***, à L*** aussi longuement que je l'ai pu. On n'oublie certes pas ses amis ! Il se confirme que nous devons partir d'ici peu : on fixe le 26 comme date. On irait au repos à Frévillers, puis l'on prendrait soit le secteur Carency-Souchez, soit l'Alsace, soit les Dardanelles. — Nous quittons Acq à 5 heures pour Mont-Saint-Eloi où mon bataillon doit cantonner, la localité d'Ecoivres ne devant plus nous abriter. — Poste de commandement pas trop mal installé dans une grande bâtisse au premier. L'on bouche les trous au moyen de tentes et de portes arrachées. Dans la grand'-rue, foule de soldats, ce qui me paraît imprudent, l'ennemi pouvant bombarder et causer de grands ravages. — Fusillade et canonnade assez vives au milieu de la nuit.

Samedi, 24 avril 1915.

Reçu ce matin deux lettres de ma famille, dont une de mon père toujours très intéressante, car il me donne des détails sur la marche des événements, et qu'il les commente dans le sens le plus favorable à nos armes. Lui aussi est bien patriote ! — J'ai eu encore une gentille et amicale carte de Jean A*** par qui je sais tous les faits et gestes de « notre bande » au front, comme moi. Brave Jean ! qui se morfond de ne pouvoir nous suivre... Ne fait-il pas d'ailleurs œuvre utile là-bas?... (1). — Le soir, on me remet encore

(1) Depuis, Jean A***, quoique réformé, a signé un engagement volontaire dans la section Autos, le 22 mai 1915.

une lettre de Nette. Enfin ! Elle m'annonce qu'elle vient de Paris, ce qui me met dans une rage folle et me plonge dans la plus sombre neurasthénie... Dire qu'elle a passé à 200 kilomètres à peine de moi, et qu'elle a dû, là-bas, sous couvert de je ne sais quel voyage d'affaires, s'en donner sans compter... Il vaut mieux ne pas s'appesantir sur cet événement et le considérer comme quantité négligeable. Je lui adresserai toutefois une réponse un peu cavalière pour ce procédé et surtout cette façon sournoise de me l'avoir caché. — Le temps est gris, le vent violent, des nuages courent au ras du sol. — Nous sommes dans l'attente d'un ordre de départ. Que va-t-il se passer?... Question angoissante... — Mont-Saint-Eloi renferme quelques échantillons du sexe faible, faciles, paraît-il ; mais j'ai un peu peur de m'y piquer le nez en m'y frottant. En conséquence, l'abstention me paraît une sage précaution. Au surplus, cela ne me dit rien... Nuit bonne.

Dimanche, 25 avril 1905.

Une lettre recommandée de maman qui m'envoie de l'argent et qui est affolée parce que sans nouvelles depuis le 13. Retard postal bien entendu, voulu aussi sans doute. N'importe ! Je comprends l'angoisse dans laquelle doivent vivre les miens n'ayant pas reçu de mes lettres, alors qu'ils savent que je leur écris à peu près tous les jours. C'est cela qu'il y a de plus dur dans la guerre... Qui m'aurait dit que maman serait aussi courageuse et qu'elle tiendrait bon comme elle l'a fait jusqu'ici?... Ah! les mères françaises comment pourra-t-on jamais dire leur héroïsme et leur abnégation !...

Aujourd'hui, quelques rares échappées de soleil nous ont fait croire au printemps, après les mornes journées d'hier et d'avant-hier. — Départ à 3 h. ½, pour la ferme de Berthonval. Les boyaux ont été élargis, et ma crainte de les trouver sales a été à peu près dissipée. — A l'habitude, sur le soir, nombreux aéros en reconnaissance, leur vision étant beaucoup plus nette à cette heure, la clarté diurne tombant directement du ciel sur la terre en nappes éclairantes. — Ai pris la garde à la laiterie, où se trouve toujours le poste de commandement, jusqu'à 2 heures du matin. J'ai longuement rêvé, longuement pensé à ceux que j'aime, si loin de moi par l'espace, si près pourtant par le cœur !... — Par suite de la garde, sommeil très court et malaisé.

Lundi, 26 avril 1915.

Pas de courrier ! Le vaguemestre ne compte même pas en apporter demain, le centre de la division s'étant déplacé. Il vient seulement prendre les lettres de départ. J'écris à ma famille une carte des plus rassurantes et des plus tendres pour la tranquilliser. — Temps ensoleillé ; chaleur par instant lourde, pénible.

— Le 57e bataillon de chasseurs vient nous remplacer demain, et a pris déjà les emplacements de réserve. Le 160e est à notre droite. Un de ses hommes considère, à l'entendre, notre secteur comme le Paradis, par rapport à l'enfer belge où l'ennemi, à très faible distance (10 mètres), s'amusait à constamment jeter des bombes et se livrait à des attaques, d'ailleurs toutes repoussées. — Les Anglais se montrent excellents quand ils le veulent, et même trop aventureux. — Les nouvelles sont stationnaires. On paraît avoir essuyé un échec sérieux (côté Ypres) et il a fallu des sacrifices sévères pour le réparer. — Côté russe et Dardanelles, rien. — L'Italie enfin se déciderait-elle à marcher? Les journaux semblent déclarer l'affaire conclue. — Les boyaux conduisant aux tranchées ont été transformés en véritables avenues, et l'on peut y passer quatre de front. — Une attaque paraît probable à la suite du renforcement énorme apporté dans le secteur par le 3e et 20e corps, et par la profusion réunie de batteries de tous calibres. Certains bruits même circulent déjà, et l'on fixe une date. J'ai pris pour habitude d'attendre sans trop prêter foi à ces racontars, et je m'en suis généralement bien trouvé. — Je me suis installé de ma propre autorité à la laiterie, et mangeant aux cuisines, je trouve la « soupe » appétissante. — Pris la **garde** de 2 heures du matin à 6 heures. — Nuit, par suite, assez fatigante.

Mardi, 27 avril 1915.

Le matin, nous avons un brouillard fort dense, puis le soleil nous fait risette. — Le canon tonne, côté Arras. — A 4 heures, nous partons pour Frévillers. Les Allemands tirent sur Mont-Saint-Eloi que nous traversons toutefois sans incident. — Nos nouvelles batteries, installées derrière la crête, sont repérées, ainsi que le siège de la brigade. Il paraîtrait que nous avons été vendus. D'aucuns prétendent qu'on a arrêté deux officiers boches. — Nous passons à Acq occupé par les 4e et 7e tirailleurs algériens, puis à Camblin-l'Abbé, bourg assez important. C'est là où doit se trouver Léon M***, un de mes amis, jeune médecin auxiliaire. Mais, malgré toutes mes démarches et mes recherches, je n'ai pu le joindre. Il m'eût été bien doux cependant, de le revoir et de nous retrouver ! D'autant que nos deux familles sont liées et que nous avons des souvenirs communs... — Nous continuons notre route sur Cambligneul, Villers-Châtel, où se trouve une ambulance divisionnaire, Mingoual, Bethonsart, et enfin Frévillers. A Cambligneul, je laisse mon sac à la voiture du bataillon ; et à Béthonsart, je croise le 1er de la Légion étrangère. Une brume épaisse recouvre à nouveau la campagne s'accrochant aux arbres de la route et, à ces endroits, s'égouttant en pluie, de sorte que le sol en est, en la projection des arbres, tout imprégné, et que les autres parties de la route sont sèches. J'arrive exténué de cette marche, les

20

jambes coupées au ras des chevilles ! — Nous occupons une écurie, près la popote des officiers, tout au bout du village.

Mercredi, 28 avril 1915.

Ai trouvé ici deux lettres de ma famille, une de ce cher C***, toujours dans les Vosges, et une d'Yvonne m'annonçant avoir fait partir sa photographie. Le soir, le vaguemestre me remet encore une lettre de Jean A***, sans réponse à ce que je lui demandais... — Un temps magnifique ! trop chaud même ; une torpeur qui vous rive au sol et vous interdit tout mouvement. J'ai quelques moments de désespérance, mais à ce beau soleil, ils s'évanouissent encore assez vite... — A 5 heures on nous donne un concert par la musique du 159e, dans un pré ombragé. Cela m'a rappelé Bellecour... Hélas ! l'on n'y voyait point nos élégantes, et je me suis contenté d'y songer mélancoliquement... — Nuit assez bonne.

Jeudi, 29 avril 1915.

Nouvelles lettres des miens, rassurées et paisibles. Carte de L***, qui dissipe mes inquiétudes au sujet de Nette. Soupir de soulagement ! Leur rupture, celle de Jean et de Pierre, avec X***, proviendrait d'une affaire assez délicate ayant rapport à l'E. M., mais sur laquelle ni l'un, ni l'autre ne veulent me donner de détails. — Toujours le même temps magnifique : soleil et ciel méditerranéens, mais la chaleur est lourde bien que tempérée par la brise, légèrement imprégnée des senteurs marines. — Le village de Frévillers se compose de deux rues à angle droit, dont l'une a bien un kilomètre de long ; les fermes en bordent les côtés, alignées comme à la parade. — Nous n'entendons le canon que d'une façon à peine perceptible, à la manière d'un tambour, recouvert d'étoffe. — L'attaque des Dardanelles a repris avec la coopération des forces de terre dont le débarquement s'est opéré sans incident. — En Belgique, la bataille fait rage : nous reprenons peu à peu le terrain perdu ; le carnage dépasse toute imagination, et la lutte revêt un caractère fantastique et homérique... — Mon carnet de route étant fini, j'achète un petit cahier quelconque, attendant celui que maman doit m'envoyer, pour ne pas interrompre mon journal. — Je viens, par une idée baroque, de me faire couper la moustache, ce qui a provoqué l'hilarité de mes camarades de liaison, et des appréciations différentes. — Je voudrais pouvoir écrire quelques « Nouvelles », faire un « Journal » ; les idées ne me font pas défaut, mais ce qui me manque, ce sont bien le confortable, la tranquillité d'esprit, et même l'indispensable écritoire et bureau de travail. J'ai d'ailleurs une certaine lassitude à prendre le crayon plusieurs heures de suite. Je suis casematé dans un réduit plein de paille, où les betteraves en fermentation dégagent une odeur désagréable et qui entête. Au surplus, je ne puis m'éloigner, étant réclamé à tout instant pour porter des ordres ou écrire des notes. — Le paysage est toujours le même : champ labourés, haies, boqueteaux, plissements de terrain à peine sensibles. A l'horizon, clochers pointant dans le ciel. — Nuit passable.

Vendredi, 30 avril 1915.

Dans une lettre de maman, reçue ce matin, j'ai trouvé un brin de muguet porte-bonheur. Nette vient aussi de m'écrire quelques mots bien gentils. — Le temps est beau, avec quelques échappées nuageuses. — On nous prévient que nous quitterons Frévillers demain pour Houvelin, à 2 kilomètres au nord-ouest. Le 3e bataillon doit prendre les tranchées dans le secteur Souchez-Carency, à gauche du bois de Berthonval. — Pas d'ordre au sujet d'une attaque. — Le soir, nous mangeons sur l'herbe des pigeons aux petits pois, et une omelette aux oignons. Ce repas champêtre était du plus curieux effet ! — Hélas ! un nouveau cuirassé « le Léon Gambetta » est coulé par un sous-marin autrichien, à Sainte-Marie de Leuca, aux bords du canal d'Otrante... Quelle tristesse ! 600 victimes, dont un contre-amiral et son état-major... — Aux Dardanelles, progression des forces de terre. — En Belgique, avance lente. — L'Italie interviendra-t-elle?... Il serait grand temps! — Nuit passable, ayant souffert de la chaleur.

Samedi, 1er mai 1915.

Toujours un temps trop chaud... Nous partons à midi pour Houvelin. La route serpente et descend vers le village. Le poste de commandement est confortable : une grande pièce avec tables fort commodes, chaises, fauteuils même. Au premier, une autre pièce pour coucher, avec d'épaisses bottes de paille toute fraîche, où l'on sera fort bien. Les habitants sont fort affables. — La poussière m'a abîmé les yeux, et j'en suis encore absolument couvert. — On vient de m'équiper presque luxueusement : j'ai touché une veste en velours léger, moiré, peau de serpent, et une « salopette » bleu foncé. Je me trouve fort beau par comparaison !... — Une jolie rivière limpide serpente dans le vallon, lançant à droite et à gauche des ramifications : c'est la Scarpe. — Au soir, je dîne avec des camarades chez les braves gens du P. C. qui nous servent dans des assiettes, avec une nappe et des verres, cuillers, fourchettes, etc., enfin un bien-être que je n'avais pas connu depuis mon départ de la maison familiale. Le menu excellent : œufs sur le plat, pâté de lièvre, saucisson, confiture, vin, rhum... C'est, ma foi ! fort appréciable ce changement, et l'on se sent revivre... — Tout à l'heure, en tirant de l'eau du puits pour boire plus frais, je me suis fait prendre trois doigts au treuil. Un tour de plus, et ils s'y broyaient ! Vive douleur ! Un peu d'eau oxygénée et teinture d'iode, avec cela, il n'y paraîtra plus. — Écrit à C*** et à Nette dont l'image est toujours présente. — Nuit bonne dans une pièce chaude.

Dimanche, 2 mai 1915.

Répondu à ma famille longuement et affectueusement. Je vois d'ici la joie que lui apportent mes lettres ! — Temps nuageux avec petite averse le soir. — Nous sommes ici dans un Eden et mangeons comme quatre au P. C. Encore un excellent menu, avec une salade de cresson que j'ai cueilli moi-même dans la rivière qui en est abondamment pourvue, une omelette et un civet de lapin délicieux. Comme il fait bon vivre ! Ah ! la vie comme on y tient tout de même, surtout après avoir failli la perdre... — Je fais une rapide, mais pieuse visite, à l'église de Magnicourt-en-Comté, à l'extérieur vieilli et délabré, mais propre et coquette à l'intérieur. — J'éprouve une douleur assez vive sous le bras provenant sans doute de ma blessure digitale. — Nous n'entendons plus le canon, et goûtons ici le charme du calme et de la paix... Je commence la rédaction d'un journal que je nomme « l'Antiboche » et dont je serai l'unique reporter. — Neuf mois de campagne !... Cela commence à tirer, et je n'entrevois pas la fin !...

Lundi, 3 mai 1915.

Reçu une lettre de ma mère qui m'annonce l'envoi d'un carnet pour continuer mon « Journal de route ».

Je viens de répondre en vantant les charmes de notre vie si tranquille et si paisible. Cela durera-t-il long-temps?... Ceci est le secret de Dieu. Quoi qu'il en soit, je serai plus reposé, plus lucide, et plus fort aussi pour un nouvel assaut, si la patrie l'exige. — Temps superbe, le baromètre est au beau fixe. — En écrivant au P. C. derrière les persiennes, je songe parfois, et la vue du petit jardinet, avec sa grille de fer, me donne l'illusion que je suis à la campagne, villégiaturant dans une retraite quelque peu ignorée, et où je n'aurais comme invités que les oiseaux venant chanter sur les arbres. Cela me rappelle assez les environs de Lyon, et il me semble que j'y attends quelque impossible maîtresse, ou quelque rendez-vous galant.— A la nuit, nous préparons les cantonnements d'un bataillon de dépôt (14e et 83e) et je conduis la 33e Cte dans le sien, sous une pluie violente, qui vient démentir mes connaissances atmosphériques. Le recrutement est de Toulouse, la plupart des hommes n'ont pas vu le feu. Ils sont drôles avec leur parler méridional, et redoutent, par-dessus tout, l'averse... Pauvres gens... Ils en verront bien d'autres, sans doute... — Remarqué quelques jeunes filles assez libres d'allure et de conversation. — Je me couche à minuit, trempé. Malgré cela, nuit bonne.

Mardi, 4 mai 1915.

Le temps est nuageux avec des averses orageuses : des éclairs, le tonnerre. — Rien à signaler. — On se

laisse vivre, avec quelque mélancolie, quelque amer-
tume, quelques regrets... — Je viens de lire le récit
d'un combat dans la mer du Nord : un contre-torpil-
leur anglais coulé, 2 allemands, plus 2 sous-marins
allemands. — Les Russes résistent victorieusement.
— Sur notre front, le bombardement de Dunkerque
proviendrait d'un gros canon tirant à 38 kilomètres.
Egalement, bombardement de Metz. — L'Italie ne
marche pas ! — Des Dardanelles, aucune nouvelle.

Mercredi, 5 mai 1915.

Mon père vient de m'écrire longuement, et d'une
façon toujours intéressante. Sa confiance en la victoire est toujours aussi ferme, et je la partage. Ah !
quand donc chanterons-nous enfin l'hymne triom-
phal?... — Reçu également une lettre de Nette, explicative sur son séjour à Paris, et triste, affreusemnt
triste»! — J'écris à mon père pour lui dire combien je
suis heureux de le lire, et à Jean A***, j'adresse
quelques mots affectueux. — Aujourd'hui, le ciel est
sombre, gris, et il pleut... — Ordre de quitter Houvelin à 7 heures du soir. L'ordre d'attaque vient d'être
lancé, et il s'agit de trouer !... Je m'y attendais... Ces
quelques jours de calme n'étaient que pour retremper
notre énergie et redoubler nos forces. Je suis prêt.!
Pourtant, en écrivant aux miens, j'essuie une crise de
larmes ! Une de ces faiblesses passagères qui vous se-
couent... et vous soulagent ! Nous quittons le village

à regret pour nous jeter dans l'inconnu... La nuit tombe, et c'est absolument fourbu, les jambes brisées, que j'arrive à Camblin-l'Abbé vers 11 heures du soir. Là, fouillis inextricable : les troupes affluent, et le village regorge, à tel point qu'on a dû utiliser l'église.— Nous cherchons vainement une grange convenable et devons-nous contenter d'une cave, sous une écurie de chevaux. La voûte n'est guère solide, étayée qu'elle est en maints endroits, mais nous n'avons pas le choix. — Je sommeille quelque peu.

Jeudi, 6 mai 1915.

On me remet une lettre de maman, qui ne se doute pas que nous allons marcher au feu ; une autre lettre de Jules D*** et une de C***. — Je réponds à ma famille en lui faisant pressentir l'assaut, mais en lui disant aussi toute ma foi dans l'issue victorieuse. A quoi bon troubler sa quiétude, et lui causer des angoisses?... — Mortelle attente ! L'ordre d'attaque n'arrive pas... Il fait une pluie fine et serrée, et on redoute le mauvais temps, probablement. Une fièvre et un énervement bien compréhensibles s'emparent de nous tous ; les potins vont leur train, les questions se pressent sur les lèvres, les regards se font interro-gateurs. — Notre cave s'écroule dans la journée, sous le poids d'un cheval qui choit tout doucement, sous une pluie de moellons, au milieu de nous. Nous sor-tons au plus vite de notre réduit, et procédons au re-

trait de nos équipements enfouis. Une légère émotion...
et rien de plus ! — Je patauge tout le jour durant,
dans la boue et le gâchis, traînant ma personne. Les
rues sont emplies de soldats, et les cafés assaillis. Des
convois, des automobiles, circulent constamment. —
Je couche à côté des chevaux. La nuit est passable.

Vendredi, 7 mai 1915.

J'ai vingt-six ans aujourd'hui... Encore un anniversaire qu'on ne fêtera pas en famille, dans mon Lyon
adoré ! ! !...

Samedi, 8 mai 1915.

*Ce jour-là, Gaby n'écrivit rien sur son carnet de
route : il laissa seulement une page blanche dans l'intention évidente d'y relater, quand il le pourrait, les
événements et les impressions de cette journée. Il n'en
eut pas le temps, puisque d'après les quelques mots qui
suivent, son régiment partit brusquement.*

Dimanche, 9 mai 1915.

Réveil brusque à minuit... L'ordre de départ est
annoncé. — Il fait plutôt frais. — Le bataillon se ras-
semble, dans la nuit, derrière l'église, dans une grande

prairie. — Les hommes ont l'air décidé. Moi... je suis calme, très calme même et confiant. Je pars le cœur plein d'allégresse, plein de courage, plein d'espoir !.. — Nous prenons à 1 h. ½ la route de Mont-Saint-Eloi, puis traversons le bois des Alleux, pour prendre position, en réserve, dans le chemin creux...........

....

....

Ici, s'arrête le carnet de route de Gaby... Ce même jour, il est tombé dans le rayonnement de la victoire, grièvement blessé d'un éclat d'obus, dans cette offensive victorieuse où son régiment se couvrit de gloire en combattant héroïquement à la baïonnette, faisant ainsi une avance de cinq kilomètres en une heure et 600 prisonniers ! — Ce fut sur la route d'Arras à Béthune que ses camarades ramassèrent Gaby, là où la liaison venait de se reformer. Les brancardiers le portèrent ensuite à l'ambulance divisionnaire de Villers-Châtel (Pas-de-Calais), où il est mort le 22 mai, en soldat et en chrétien...

Sa mère a tenu à lui rendre ce témoignage, confirmé d'ailleurs par ses chefs, ses camarades, ses amis, et aussi par le prêtre-infirmier qui l'a assisté. Celui-ci a affirmé que Gaby avait été aussi brave au milieu de ses souffrances physiques et de ses angoisses morales, que sur le champ de bataille où, « insouciant du danger, toujours gai, plein d'entrain, comme l'a écrit son commandant, il donnait à tous le plus bel exemple d'énergie et de patriotisme..... »

*Quelle plus douce consolation pour le cœur de sa
mère ! Et quelle fierté pour elle que cette belle mort de
son* UNIQUE FILS *!* . . . .
. . . .

LETTRE DU COMMANDANT L*** A LA MÈRE DE GABY, QUI LUI AVAIT APPRIS LA MORT DE SON FILS.

1er septembre 1915.

MADAME,

Permettez-moi d'abord de vous présenter mes excuses pour le long retard mis à répondre à une lettre
qui méritait une réponse immédiate. J'étais absent
de Paris, où j'étais en convalescence depuis le 13 août,
et j'avais oublié, en quittant l'hôpital, de laisser mon
adresse J'ai trouvé votre lettre seulement à mon retour.

Je l'ai lue avec une profonde émotion, avec même
des larmes, tant elle est imprégnée de nobles sentiments ! Je ne m'étonne plus maintenant de la haute

valeur morale de votre fils... Pauvre enfant ! Il était du petit groupe de mes agents de liaison, mes fidèles, qui me suivaient partout. Toujours gai, plein d'entrain, insouciant du danger, nous l'aimions tous !

Le 9 mai, dans l'après-midi, alors que nous venions d'enlever plusieurs lignes de tranchées ennemies, le bataillon organisait une position en avant de la route Béthune-Arras. J'étais sur la route même ; ils étaient près de moi, tous... Déjà, deux ou trois avaient été atteints plus ou moins grièvement, quand un gros obus vint frapper votre fils, éclatant au milieu de nous. Je le vis tomber, le sourire aux lèvres... Tout d'abord, sa blessure ne nous avait pas paru très grave, je l'avais immédiatement fait panser, et comme il était impossible de le transporter en plein jour au poste de secours, nous l'avions placé à l'abri, dans un boyau, étendu sur une claie, en attendant les brancardiers. Il était là tranquille, aussi souriant, souffrant sans doute, mais sans une plainte ! Je lui dis « au revoir » en lui serrant affectueusement la main. Je ne pensais certes pas alors que quelques jours plus tard il devait être amputé et en mourir...

S'il peut y avoir une consolation dans le malheur qui vous frappe, Madame, c'est de pouvoir vous dire que votre fils est mort de la mort du soldat, qu'il a sacrifié sa vie sans hésitation, ayant toujours donné à tous le plus bel exemple d'énergie, de courage français, de celui qui vit au danger.

Je vous remercie de votre belle lettre, Madame, et du sentiment qui vous l'a dictée. Je la garderai précieusement, et m'efforcerai, quand je retournerai au feu, de me montrer digne de commander des soldats comme votre fils qui sont l'honneur d'un régiment, et auxquels nous devrons uniquement le salut...

Veuillez agréer, Madame, avec l'hommage de mon profond respect, l'assurance de la part bien sincère que je prends à votre immense douleur.

Commandant L***

Lyon. — Imprimerie Emmanuel VITTE, 18, rue de la Quarantaine.